KB265145

임동석중국사상100

명심보감

明心寶鑑

范立本 編 / 林東錫 譯註

(淸州版 初刊本)

마음을 밝혀주는 보배로운 거울

"상아, 물소 뿔, 진주, 옥. 진괴한 이런 물건들은 사람의 이목은 즐겁게 하지만 쓰임에는 적절하지 않다. 그런가 하면 금석이나 초목, 실, 삼베, 오곡, 육재는 쓰임에는 적절하나 이를 사용하면 닳아지고 취하면 고갈된다. 그렇다면 사람의 이목을 즐겁게 하면서 이를 사용하기에도 적절하며, 써도 닳지 아니하고 취하여도 고갈되지 않고, 똑똑한 자나 불초한 자라도 그를 통해 얻는 바가 각기 그 자신의 재능에 따라주고, 어진 사람이나 지혜로운 사람이나 그를 통해 보는 바가 각기 그 자신의 분수에 따라주되 무엇이든지 구하여 얻지 못할 것이 없는 것은 오직 책뿐이로다!"

《소동파전집》(34) 〈이씨산방장서기〉에서 구당(丘堂) 여원구(呂元九) 선생의 글씨

《명심보감》 통계일람표

구분	차례	편명	장수	누계	일련번호	비고
卷上	1	계선편繼善篇	47	47	001 – 047	
	2	천명편天命篇	19	66	048 – 066	
	3	순명편順命篇	16	82	067 – 082	
	4	효행편孝行篇	19	101	083 – 101	
	5	정기편正己篇	117	218	102 – 218	
	6	안분편安分篇	18	236	219 – 236	
	7	존심편存心篇	82	318	237 – 318	
	8	계성편戒性篇	15	333	319 – 333	
	9	근학편勤學篇	22	355	334 – 355	
	10	훈자편訓子篇	17	372	356 – 372	
卷下	11	성심편省心篇	256	628	373 – 628	
	12	입교편立教篇	17	645	629 – 645	
	13	치정편治政篇	23	668	646 – 668	
	14	치가편治家篇	16	684	669 – 684	
	15	안의편安義篇	5	689	685 – 689	
	16	준례편遵禮篇	21	710	690 – 710	
	17	존신편存信篇	7	717	711 – 717	
	18	언어편言語篇	25	742	718 – 742	
	19	교우편交友篇	24	766	743 – 766	
	20	부행편婦行篇	9	775	767 – 775	
增補	1	증보편增補篇	2	777	776 – 777	
	2	팔반가八反歌	8	785	778 – 785	
	3	효행편孝行篇	3	788	786 – 788	
	4	염의편廉義篇	3	791	789 – 791	
	5	권학편勸學篇	4	795	792 – 795	
總計					795	

책머리에

이순耳順의 나이에 가만히 생각해 보았다.

그 동안 살아오면서 뜻대로 안 된 일도 많았고 뜻밖에 잘된 일도 많았다. 그러나 잘된 일은 곰곰 생각해 보면 남의 도움으로 말미암지 않음이 없었고, 뜻대로 안 된 일은 결국 나 자신으로 말미암지 않은 일이 없었다. 바로 그릇된 욕심이 그 뜻대로 일이 되지 않았던 일의 원인이요, 남의 탓으로 돌린 것이 괴로움을 당했던 그 때의 이유였던 것이다.

우리는 얼굴을 비추어보는 거울을 몇 개씩은 가지고 있다. 그러나 내 마음을 비추어보는 정신의 거울은 제대로 가지고 있는지 잊고 산다. 몸과 정신은 균형을 이루고 있어야 한다. 또 스스로 균형을 이루도록 몸은 음식과 운동으로 보양하고, 정신은 명상과 독서로 항상 수양해야 한다. 얼굴을 비춰보는 거울이 자신의 용모나 옷차림이 남에게 실례가 되지 않도록 단정하게 하고자 점검하기 위한 것이라면 정신의 거울은 내 자신을 수양하고 지족과 안분, 남을 배려하는 마음, 교양의 정도와 행복감을 스스로 점검하고 느끼며 다짐하는 거울이다. 그러한 거울로서 우리나라 조선시대부터 누구나 읽고 감탄하며 일상생활의 언어 속에 녹여온 책이 바로 이 《명심보감明心寶鑑》이라는 훌륭한 교양서이며, 이름 그대로 '마음을 밝혀주는 보배로운 거울'이라는 뜻을 가지고 있다.

이 책은 우리에게 수백 년 동안 영향을 주었고 그것이 우리 심성에 커다란 영양분으로 자리잡고 있는 마당에 이 책을 다시 완역하여 마음의 거울로 삼게 된 것 자체가 나에게 큰 행복감을 주고 있다. 매일 읽기가 어렵다면 항상 곁에 두고 손에 잡히는 대로 어느 쪽이나 넘겨 보이는 대로 읽어보아도 마음의 평정을 찾을 수 있고, 감사하며 고개 끄덕임으로 하루의 시작과 마무리를 삼아도 될 정도의 참가치를 지닌 책이라고 자부하고 싶다. 우리는 육신을 비추어보는 거울은 얼마든지 가지고 있으니 이제 마음을 비추어보는 거울도 하나 준비해 놓고 수시로 나를 비추어보자. 어디 세상에 악을 지을 시간이 있겠는가? 《명심보감》은 바로 그러한 이치를 일러주는 반성의 거울이요, 앞으로 살아가면서 남을 원망하지 않아도 되는 수양의 지침서이다. 이러한 거울이 때묻지 않도록 닦고 또 닦아 깨끗한 거울로 간직하여 참된 삶을 살아가기로 노력해 보기로 했다. 그리고 원문이 주로 대구나 연구聯句로 되어 있어 이를 원문대로 외워 대화에 이용해 보면 훨씬 그 참맛이 드러나기에 지금부터라도 차근히 입에 외우고 다니리라 다짐해 본다.

우리나라 사람이라면 누구나 《명심보감》에 나오는 한두 구절쯤 외우지 못하는 이가 없을 것이다. 흔히 어느 집이나 '가화만사성家和萬事成' 같은 구절은 예쁘게 써서 가정의 화목을 위한 가훈으로 삼기도 하고, 우리가 어릴 때만 해도 서당이나 학교에서 이를 외우고 쓰며 그 구절구절마다 그것이 세상 살아가는 하나의 방편임을 확신하기도 하였다. 유대인에게 《탈무드》가 있었다면 우리에게는 이 《명심보감》이 있었다. 온갖 지혜를 일러주었으며, 어린이에게는 훌륭한 교육 교재로, 나이 들어서는 안분安分과 지족知足의 안정감을 주는 그러한 책이었다.

그런데 이 《명심보감》은 본디 중국 명明나라 때 무림武林 사람 범립본范立本이라는 이가 홍무洪武 26년(1393)에 편집한 통속적인 명언집이었다. 고전의 훌륭한 구절이나 격언, 속담, 이언俚諺은 물론 그 무렵까지 민간에 흔히 쓰이던 구어체 대구對句나 경구警句들을 모아 20가지 편장으로 나누어 편찬한 것이다. 이것이 우리나라에 들어와 단종 2년(1454)에 이미 청주에서 〈복각본〉이 나왔으나 내용이 불교, 도교의 것이 많고 문장도 순수 고문체가 아닌 이유로 즉시 잊혀졌다가 1550년에 〈초략본〉이 나타났고(담양본), 그 뒤 중국에서조차 정보를 얻을 수 없게 되자 엉뚱한 노당 추적이 저술한 한국 책으로 잘못 알려지는 촌극을 빚고 만 것이다.

　　이 책은 조선시대에 복간되어 아동들의 입학 입문서로서 《천자문》, 《계몽편》, 《동몽선습》을 떼고 나면 책거리를 거쳐 바로 이 《명심보감》으로 들어갔으며 지금까지 500년을 넘어 지금도 우리 심성에 깊이 자리잡고 있다. 그리하여 이 책의 한 두 구절쯤 입에 달고 다니지 않으면 제대로 사람 대접을 받지 못하는 인간됨의 척도를 일러주는 수신서였다.

　　그런가 하면 일본에 우리 판본이 건너갔고, 일본 지식인이라면 이 책을 금과옥조처럼 여겨 자신들의 저술과 문장에 즐겨 인용하였으며, 이를 연구하여 근세 일본의 정신적 밑바탕을 이룬 엄청난 양식이 되어주었다. 게다가 베트남에 전수되어 지금도 출판과 번역이 이어지고 있으며, 한문으로 씌어진 그 많은 중국 서적 중에 최초로 서구어(스페인어)로 번역되어 소개된 기이한 기록도 가지고 있다. 그리하여 서구의 이름난 철학가와 종교학자들은 이 책을 읽고, "서양에 성경에 있듯이 동양에는 명심보감이 있다"라 여겨 성경에 상응하는 구절들을 정리하여 선교의 기본 교재로 먼저 학습해야 하는 책으로 소중히 여겼다.

　　이처럼 《명심보감》하면 우리 한국이 가장 먼저, 그리고 널리 읽었고, 가장 영향력이 컸던 책임에도 오히려 우리가 그저 상식적으로 그저 '조선시대부터 흔하게 읽었던 책'쯤으로 여기고 있는 동안 해외에서는 그 가치가

찬연히 빛나고 있었던 것이다. 그럼에도 실제 우리나라에서는 이제껏 완정한 정리가 제대로 되지 못한 채 지금까지 이어온 것이다.

더구나 책의 애초 편찬 작업이 중국에서 중국인에 의해 시작된 것임에도 실제 중국에서는 기대만큼 성황이나 보급을 이루지 못하다가 참으로 신기하게도 한류 바람으로 〈대장금〉 연속극에 이 《명심보감》을 읽는 모습이 방영되자 지금 중국에서도 이 책 찾기와 새로운 조명에 열기가 고조되고 있다니 심히 아이러니가 아닐 수 없다.

이 《명심보감》은 상하 20편으로 구성되어 있다. 초간본 청주판은 모두 775장의 격언, 속담, 이언, 어록, 속어, 금언과 옛 문헌 속 문장이 절록되어 있다. 그리고 중국에서 원나라가 물러가고 한족이 세운 명나라가 들어선 지 26년만인 1393년 무렵(武林, 지금의 절강 杭州) 사람 범립본의 손에 의해 편찬되었다. 바로 이 해는 우리 조선이 건국한 이듬해였다. 이 책이 전래되자 조선의 건국이념과 유가사상의 절대적 가치를 인정하여 즉시 복간覆刊을 서둘러 단종 2년(1454)에 청주에서 '큰 글자로 교정하여 간행한다'는 뜻의 「新刊校正大字《明心寶鑑》」이라는 책이름으로 간행하게 된 것이다. 중국에서 편찬된 지 62년만이다. 여기서 '신간대자'라 함은 좀더 널리 보급하기 위하여 큰 글자로 교정을 거친 다음 새롭게 간행하였다는 뜻일 터이니 중국 원전이 아마 소자小字였을 가능성이 있으며, 우리는 이 책을 중국 못지 않게 중시하여 그보다 더 큰 글자로 간행함으로써 보급에 대한 의욕과 눈에 쉽게 익힐 수 있는 교재로서의 제몫을 다할 수 있는 가치를 부가한 것이리라. 그리고 친절하게 매 조(條, 章)마다 ○로써 구분하여 분장分章까지 세심하게 나누어주는 친절함도 보였다. 이는 월남판이나 다른 나라 판본이 분장 구분이 없는 것과는 커다란 대조를 이루고 있다. 따라서 이는 우리에게 전래된 다음 우리가 독자적으로 추가한 작업이 아닌가 한다.

그런데 이상하게도 그 뒤 이 초간본은 희미해지고 도리어 3분의 1 분량의 초략본이 나타났으며, 그로부터 초간본은 완전히 잊혀진 채 작업자도 알 수 없는 초간본이 지방별, 시대별로 출간되어 온 조선에 성행하게 되었다. 나아가 범립본이라는 중국인 편찬자의 이름은 물론, 이 책이 중국에서 나왔다는 것조차 까맣게 모른 채 미궁을 헤매더니 급기야 고려말 노당露堂 추적(秋適, 1246~1317)이 이 책을 저술하였다고 여겨, "한국인에 의해 한국에서 저술된 책"인 양 잘못 알려지게 되었다. 그래서 지금도 많은 사람들은 《명심보감》이 우리나라에서 만들어졌고, 혹 추적이라는 사람이 지은 것으로 오해해 왔으며, 지금도 더러는 추적이 지은 것으로 명기하여 출간된 도서가 버젓이 세상에 나돌고 있다. 그런가 하면 조선 후기부터 구한말, 일제 강점기를 거치면서 증보되었으며 거기에 청淸 서정徐珽의 《계궁지桂宮志》에 실려 있는 〈팔반가八反歌〉를 실었고, 나아가 삼국시대 인물들과 조선 후기 인물의 효행, 애국, 청렴 등의 우리나라 자료를 더 보태어 민족의식 고양에 한 몫을 하는 책으로 후미를 장식하기에 이른다.

그러다가 현대에 이르러 일부 학자들이 이 책에 관심을 가지고 학술적 연구와 분석, 고증을 시작하게 되었다. 이에 1974년 이우성 교수에 의해 초간본 청주판이 발견되어 원점이 어디였었는지가 마침내 소상하게 밝혀지게 되었다. 특히 이 청주판 초간본에는 범립본의 서문과 유득화庾得和의 발문, 그리고 간기刊記까지 있어 움직일 수 없는 확증적 자료를 제공해 주고 있다. 그러나 이 판본은 안타깝게도 8쪽이 낙질된 상태였다. 그 무렵 필자는 이 판본을 근거로 미흡하나마 역주를 서둘렀으나 그 미진함과 안타까움에 수소문 끝에 중국 장위동張衛東 교수가 근세 중국 어휘 전공으로 한국 역학서譯學書와 고서에 대한 관심이 깊어 체류 중 자주 만나 이야기를 나누게 되었다. 이야기 끝에 명심보감이 화제가 되었으나 그저 지나가는 정도였는데 그가 심천대학深圳大學으로 적을 옮겨 귀국하고 나서 얼마 뒤 월남판《명심 보감》을 구했다며 편지와 함께 복사본을 보내온 것이었다. 그리고 그곳에서 《명심보감》 연구에 박차를 가하였으며 국제 학술회의에서 논문도 발표하고 대학원 석사반 학생으로 하여금 학위논문도 작성하도록 하고 있다며 나의 자료도 부탁하였다.

　그리하여 흥분을 감추지 못한 채 이 월남판《명심보감》(Minh Tam Bao Giam)을 얻어 청주본에서 누락 낙장된 〈교우편交友篇〉과 〈존신편存信篇〉, 그리고 〈부행편婦行篇〉 등 8쪽 내용을 찾아 복원하고자 하여 출판할 준비를 서두르고 있었다. 그러나 이 또한 분장이 전혀 달라 청주판 목록에 제시된 장수章數와의 대조에 확신을 가질 수 없었다.

　그런데 둘 모두 일본 사정에 어둡기는 마찬가지였다. 그러던 차, 금년 6월 더운 날 한창 다른 책 역주작업에 정신이 없었는데 연구실로 부산 동명대 성해준成海俊 교수가 전화를 주었다. 그는 일본에서 근대 한일사상사를 연구 주제로 하였으며 그 중《명심보감》이 일본에 미친 영향을 주로 하고 있었다. 그리고 아울러 청주판《명심보감》 완정본完整本이 쓰쿠바(筑波)대학 도서관에 고스란히 소장되어 있으며, 일본은 물론 한국, 중국, 스페인, 월남의 이 《명심보감》 판본과 연구 과정에 대하여 너무나 소상히 알고 있다고 알려

주었다. 그로부터 흥분 속에 잠도 이루지 못하고 며칠이 지나 한 보따리 소포가 도착하였다. 성 교수의 박사학위논문 《日本における『明心寶鑑』受容の思想史的研究》(東北大學, 1999)와 청주판 초간본 복사묶음, 그리고 《명심보감》에 관한 소논문 16편이었으며 나아가 북경 친지로부터 구했다는 도광본 《명심보감》(내용은 《현문》)의 특이한 자료까지 들어 있었다. 하늘의 도움이었다. 그리고 내가 일본 학계에 대해 문외한이었던 것이 못내 안타까웠다. 성교수의 논문을 찬찬히 읽어보았더니 가위可謂 지구상 《명심보감》에 대한 모든 자료는 다 모으고 동서양 사정까지 훤하게 알 수 있는 귀한 보물로서 본 책의 역주에 소중하게 참고로 삼을 수 있었다.

　　좌우간 이렇게 우여곡절을 겪으며 다시 한국 사람에게 얼굴을 보여준 청주본은 임진왜란 때 약탈당하여 일본에서 살아 숨쉬고 있었으며 나아가 멀리 스페인과 서구에 영향을 주었다니 책 하나가 이토록 눈물겨운 유전流轉의 과정을 거쳤구나 하는 감회를 지금도 접을 수가 없다.
　　이제 명실공히 《명심보감》은 한층 높고 세밀하며 어느 정도의 수준을 기하는 역주본으로 독자와 학계에 제공할 수 있게 되었음을 큰 자부심으로 삼으며, 아울러 그 바탕에 성해준 교수의 도움이 절대적이었음을 이 지면으로나마 밝히며 동시에 지극한 감사를 표한다.

莎浦 林東錫이 負郭齋에서 적음.

일러두기

1. 이 책은 청주판 《초간본初刊本 명심보감明心寶鑑》(1454. 단종 2년, 淸州版, 1977년 東邦文化社 영인) 전체를 역주한 것이다. 이 청주판은 제 119, 120, 125, 126, 127, 128, 129, 130 등 모두 8쪽이 결락되어 있다.

2. 이에 일본 쓰쿠바(筑波)대학 소장 청주판은 결손이 없어 한국에서 발견된 청주판과 대조하여 결락된 부분을 모두 완정하게 보전補塡하여 넣고 이 또한 모두 역주하였다.

3. 그 외에 〈초략본(통속본)〉(增補吐解 無雙明心寶鑑, 世昌書館, 1966)과 관련 자료를 대조하여 완역에 참고하였다.

4. 해석문을 앞에 넣고 원문을 넣되 원문은 구문을 정리하여 대구의 형식 등을 맞추어 제시함으로써 시각적으로 쉽게 이해할 수 있도록 하였다.

5. 원문 다음에 주석을 제시하되 인명, 지명, 용어 및 풀이를 더하여야 할 개념들을 정리하여 실었다.

6. 이이서 '참고 및 관련자료' 난을 마련하여 원전, 출전, 인용된 고전은 물론 기타 관련 자료를 충분히 싣고 다른 판본(초략본, 월남본)과의 차이가 있을 경우, 이 또한 자세히 밝혀 학술적 검증과 학문적 연구에 도움이 되도록 하였다.

7. 월남판 《명심보감》(Minh Tam Bao Giam)과 일일이 대조하여 문자 차이, 분장 차이, 착간과 탈락 등에 대해서는 참고 및 관련자료 난에 자세히 싣고 설명하였다.

8. 청주판 원전에 근거하여 총 775번까지의 일련번호를 제시하고 아울러 괄호 안에 편별 번호를 실어 검색에 편리하도록 하였다.

9. 각 장(조)마다 역자가 임의로 제목을 부여하였으며 이는 전체의 뜻을 임시로 제시한 것이며 절대적인 것은 아니다.

10. 현재 시중에 출간된 번역본을 충분히 참고하였다.

11. 《석시현문昔時賢文》,《증광현문增廣賢文》,《격언련벽格言聯璧》및 경사자집
    經史子集 등 중국 여러 경서나 통속서는 물론, 원명대 희곡 작품, 이학가
    어록, 불교와 도교 어록집 등에 인용된 용례의 구절도 가능한 한 모두
    찾아 이를 해당란의 주와 참고란에 언급하여 대조할 수 있도록 하였다.

12. 해석문은 직역을 위주로 하되 일부 의미의 전달을 순통하게 하기 위하여
    의역한 것도 있다.

13. 원본과 〈초략본〉을 대조하여 〈초략본〉에 실린 문장은 일련번호 끝에
    *로 표시하여 쉽게 구분할 수 있도록 하였다.

14. 〈초략본(통속본)〉에만 있는 문장들도 빠짐없이 해당 부분에 참고로
    실었다.

15. 통속본의 〈증보편〉, 〈팔반가〉, 〈효행편〉, 〈염의편〉, 〈권학편〉은 원전에
    이어 일련번호를 연결하여 791항까지 이 또한 모두 싣고 역주하여
    참고로 삼을 수 있도록 하였다.

16. 책 뒤에 청주판 원본을 축소하여 실었으며 결락된 부분은 일본 쓰쿠바
    대학 소장본을 보충하여 넣었다.

17. 이 책의 역주에 참고한 문헌과 논문 등은 다음과 같다.

❈ 참고문헌

1. 《明心寶鑑》(初刊本, 淸州版) 東邦文化社印本 1977.
2. 《明心寶鑑》(初刊本, 淸州版) 日本 筑波大學 所藏本.

3. 《原本明心寶鑑講義》金星元 明文堂 1982.

4. 《明心寶鑑》(Minh Tam Bao Giam) Vietnam Khanh Hoi. 1998.

5. 《無雙明心寶鑑》世昌書館 1966.

6. 《明心寶鑑新釋》李民樹(역) 乙酉文化社 1973.

7. 《懸吐完譯 明心寶鑑》成百曉 역주 傳統文化研究會 1993.

8. 《日本における『明心寶鑑』受容の思想史的研究》成海俊 박사학위논문. 日本 東北大學 1999, 日本

9. 《菜根譚》林東錫(역주) 建國大出版部 서울 2003.

10. 《賢文》林東錫(譯註) 김영사 서울 2004.

11. 《幼學瓊林》(上下) 林東錫(譯註) 고즈윈 서울 2005.

12. 《東國新續三綱行實圖》大提閣(印本) 1974.

13. 《朝鮮朝初學教材研究》金世漢 啓明大漢文研究會 1981.

14. 《朝鮮譯學考》林東錫, 亞細亞文化社印本 1983.

15. 《太上感應篇》(上下) 宋, 李昌齡(著) 清, 黃正元(注), 清, 毛金蘭(增補) 學林 出版社 上海. 2004.

16. 《中國傳統蒙學全書》李少林(主編) 中國書店. 北京, 2007

17. 《禪家龜鑑》正音社(法頂역)

18. 《禪家龜鑑·儒家龜鑑·道家龜鑑》(西山大師集) 良友堂. 1994.

19. 《國學基本讀物》世一書局(臺灣) 1982.

20. 《敦煌兒童文學研究》雷僑雲, 中國文化大學 中國文學研究所 碩士論文 (臺灣).

21. 《韓國教育史資料集》文教部.

22. 《增補文獻備考》印本.

23. 《通文館志》印本.

24. 《漢語成語考釋詞典》劉潔修 常務印書館, 北京, 1989.

25. 《御定小學集註》宋, 朱熹. 明, 陳選(集註) 〈四庫全書〉(文淵閣) 子部(1)
儒家類 臺灣商務印書館(印本).

26. 《小學》(上下) 原本集註 世昌書館. 明文堂(覆印本) 1973 서울.

27. 《小學纂註》漢文大系本 明治 43년(1910), 大正 11년(1922) 13쇄본 富山房
東京. 臺灣 新文豐出版社(印本) 1978 臺北.

28. 《小學》先哲遺著 漢籍國字解全書 明治 43년(1910) 早稻田大學出版部
東京.

29. 《小學》林東錫 譯註. 東西文化社. 2009 서울.

30. 《伊川擊壤集》四部叢刊本 書同文 電子版 北京.

31. 《童蒙訓》宋, 呂本中(撰) 〈四庫全書〉 子部(1) 儒家類 臺灣商務印書館(印本).

32. 《家範》宋, 司馬光(撰) 〈四庫全書〉 子部(1) 儒家類 臺灣商務印書館(印本).

33. 《近思錄》宋, 朱熹·呂祖謙(同編) 〈四庫全書〉 子部(1) 儒家類 臺灣商務
印書館(印本).

34. 《近思錄集註》淸, 茅星來(撰) 〈四庫全書〉 子部(1) 儒家類 臺灣商務印書館
(印本).

35. 《近思錄集註》淸, 江永(撰) 〈四庫全書〉 子部(1) 儒家類 臺灣商務印書館
(印本).

36. 《揚子法言》漢, 揚雄(撰) 〈四庫全書〉 子部(1) 儒家類 臺灣商務印書館(印本).

37. 《中論》漢, 荀悅(撰) 〈四庫全書〉 子部(1) 儒家類 臺灣商務印書館(印本).

38. 《文中子中說》隋, 王通(撰) 〈四庫全書〉 子部(1) 儒家類 臺灣商務印書館
(印本).

39. 《二程遺書》宋, 朱熹(撰) 〈四庫全書〉 子部(1) 儒家類 臺灣商務印書館(印本).

40. 《二程外書》宋, 朱熹(撰) 〈四庫全書〉 子部(1) 儒家類 臺灣商務印書館(印本).

41. 《二程粹言》宋, 楊時(撰) 〈四庫全書〉 子部(1) 儒家類 臺灣商務印書館(印本).

42. 《節孝語錄》宋, 徐積(撰). 宋, 江端禮(編) 〈四庫全書〉 子部(1) 儒家類 臺灣商務印書館(印本).

43. 《儒言》宋, 晁說之(撰) 〈四庫全書〉 子部(1) 儒家類 臺灣商務印書館(印本).

44. 《上蔡語錄》宋, 謝良佐(撰). 朱熹(刪定) 〈四庫全書〉 子部(1) 儒家類 臺灣商務印書館(印本).

45. 《延平問答》宋, 朱熹(撰) 〈四庫全書〉 子部(1) 儒家類 臺灣商務印書館(印本).

46. 《二程集》宋, 程顥·程頤(纂) 〈四部刊要〉 子部 儒家類 漢京文化事業公司 (活字本) 1983 臺北.

47. 《顔氏家訓》林東錫(譯註) 고즈윈, 서울 2004.

48. 《弟子職》漢文大系本.

49. 《太極圖說》周敦頤 諸子百家叢書本.

50. 《通書》周敦頤 諸子百家叢書本.

51. 《觀物篇》邵雍 諸子百家叢書本.

52. 《中國儒學百科全書》中國大百科全書出版社 1997 北京.

53. 《朝鮮圖書解題》朝鮮總督府 大正 8년(1919).

54. 《韓國圖書解題》高麗大學校 民族文化研究所 1971 서울.

55. 林東錫, 〈初刊本明心寶鑑 및 그 編者에 대한 一考〉林東錫. 朴鵬培교수 회갑기념논문집. 1986.

56. 林東錫, 〈古文眞寶·十八史略·明心寶鑑在韓流傳之情況〉(中文) 林東錫. 中國第十三屆國際蘇軾學術研討會論文集. 2002. 9. 中國 四川 眉山.

57. 林東錫, 〈明心寶鑑과 昔時賢文의 同一句節 比較考〉 林東錫. 中國語文學論集 31집. 2005.

58. 林東錫, 〈明代 三種 格言集의 比較 研究〉 林東錫. 中國語文學論集 32집. 2005.

59. 張衛東, 〈『明心寶鑑』及其所記漢越音〉 漢字傳播暨中越文化交流國際學術研討會 발표 논문, 中國 深圳. 2003.

60. 成海俊, 〈『太上感應篇』と『明心寶鑑』〉 文藝研究 144집 1997. 일본.

61. ＿ , 〈日本『明心寶鑑』 전파와 수용 양상에 관한 연구〉《日本文化研究》 9집, 2003.

62. ＿ , 〈中國『明心寶鑑』의 受容과 傳播〉《東北亞文化研究》 5집, 2003.

63. ＿ , 〈에도 유학관 林羅山의 사상〉(『明心寶鑑』 인용을 중심으로)《日本語文學》 24집, 2004.

64. ＿ , 〈小瀬甫庵의 사상〉(『明心寶鑑』 인용을 중심으로)《韓國日本近代學會》 2004.

65. ＿ , 〈동아시아의 『明心寶鑑』 연구〉《退溪學과 韓國文化》 36호, 2005.

66. ＿ , 〈『명심보감』 스페인어 번역의 정신문화적인 의의〉《東北亞文化研究》 9집, 2005.

67. ＿ , 〈일본『명심보감』 수용에 나타난 특징〉《日本文化研究》 19집 2006.

68. ＿ , 〈한국『명심보감』의 전파와 수용 양상에 관하여〉《退溪學과 韓國文化》 39호, 2006.

69. ＿ , 〈『명심보감』의 저자 및 서문에 관하여〉《日語日文學》 33집, 2007.

70. ＿ , 〈『명심보감』 본문 각 편의 내용 고찰〉《南冥學研究》 23집, 2007.

71. ＿ , 〈각국『명심보감』 판본 연구〉《東北亞文化研究》 13집, 2007.

72. __ , 〈증보편 『명심보감』의 내용 및 사상 고찰〉《日語日文學》40집, 2008.

73. __ , 〈野間三竹의 『北溪含豪』와 『明心寶鑑』〉《日語日文學》41집, 2009.

74. 《孔子家語》《荀子》《新語》《新書》《新序》《說苑》《潛夫論》《中論》《文中子》《管子》《韓非子》《呂氏春秋》《淮南子》《論衡》《老子》《莊子》《列子》《搜神記》《博物志》《抱朴子》《韓詩外傳》《世說新語》《史記》《漢書》《後漢書》《三國志》《晉書》《宋書》《南齊書》《梁書》《晉書》《魏書》《北齊書》《周書》《南史》《北史》《隋書》《舊唐書》《新唐書》《舊五代史》《新五代史》《宋史》《國語》《戰國策》《十八史略》《貞觀政要》《中國史》《四書集註》《十三經注疏》《新編諸子集成》《百子全書》《藝文類聚》《太平廣記》《文選》《太平御覽》《中國大百科全書》《辭海》《中文大辭典》《三才圖會》《三禮辭典》《中國歷代人名大辭典》

※ 기타 공구서 등은 기록 생략함.

해제

I.《명심보감明心寶鑑》개황

　　지금 시중에는 수십 종의 《명심보감》이 소개되어 있다. 그중에는 해석본, 원문영인본, 주석본, 심지어 어린이용이란 이름까지 붙여진 것 등 헤아릴 수 없이 많다. 체제나 분량도 저마다 달라 그 진가를 가리기 어려울 만큼 난간 상태를 이루고 있다. 이는 그만큼 한문 공부의 초입 단계뿐 아니라, 그 내용이 교훈적이며, 익히 들어 알고 있으니 꼭 갖추고 있어야겠다는 생각 때문이리라. 따라서 평범한 독서인이라 할지라도 그 책 속에 한 두 구절쯤은 외우지 못하는 사람이 없을 정도이다.

　　우리나라에 한자가 전래된 뒤 교육의 도구는 한자로 표기된 책이었음은 부인할 수 없다. 그러나 교육은 사회, 정치의 변동에 따라 공교육과 사교육으로 이원적 발전 과정을 겪게 된다. 다만 공교육은 국가 기관의 설립으로 국가적 사업이요, 나아가 규모나 명맥이 분명하므로 비교적 그 기록이 그나마 존재할 수 있지만, 사교육은 명맥의 간단間斷으로 인해 기록이 희미한 경우가 허다하다. 그러나 공교육과 사교육은 모두 인재를 길러내고 국민의 지식 수준을 높여준 공헌은 같다. 사교육 가운데 민간 교육의 서당, 학당, 정사 등 향리별로 세워졌던 교육시설에서는 기초적 자학교재나 인륜 교재를 중심으로 교육과정이 짜여질 수밖에 없었다. 그 대표적인 교재가 바로 《천자문》, 《계몽편》, 《동몽선습》, 《동몽요결》 등과 바로 이 《명심보감》, 《소학》 등이었다. 이들은 그 내용과 과정이 어린이, 즉 배우기 전에는 몽매하다는 뜻의 동몽童蒙 교재로 불렸다. 이러한 동몽 교재들은 분량도 적고 체제도 간단하며, 종류도 많지 않으나 그 내용이 대체로 문자습득과 유교적 인륜도덕, 예법과 충효를 다루고 있어 생활에 많은 영향을 끼쳐왔다.

　　그중 《명심보감》은 이 동몽 교재의 가치를 넘어 개인의 수양서 역할도 하였다. 이러한 《명심보감》은 본디 중국인이 편찬하여 이웃 나라로 전파되었다. 우리나라는 조선 초 이 책이 들어오자 곧바로 청주에서 큰 글자로 복간하여 보급하였다. 그리고 일본으로 전래되었으며 서양 선교사들에 의해 멀리 스페인에 '동양 한문 기록 책으로서 최초의 번역'이라는 기록을 가진 채 전해졌으며 그 내용이 서구 종교학자나 철학자들에게 읽혀져 동양을 이해하는 중요한 창구인 동시에 선교를 위한 기초 선습교재로서의 역할을 다하였다. 그러나 정작 중국에서는 그 존재가 그리 활발하지 못하였고, 〈초간본〉(청주판)을 냈던 우리나라에서는 원본보다는 〈초략본〉이 통행되면서 〈초간본〉은 잊혀지고 말았다. 그러다가 1974년 낙장된 〈초간본〉이 국내에서 이우성 교수에 의해 처음 발견되어 연구가 진행되었으나 사실 귀중한 이 책은 임진왜란 때 일본에게 약탈되어 일본 쓰쿠바(筑波)대학에 세계 유일 완정본完整本으로 고스란히 전하고 있었다. 그 동안 우리나라에서 통행되던 〈초략본〉은 원본의 3분에 1에 지나지 않았고, 뒤편의 증보도 원본과는 전혀 다른 것이었다. 게다가 저자가 고려 말 노당露堂 추적秋適이라 알려졌던 것도 이제는 바로잡아야 한다. 우선 동해안에서 발견되었다는 청주판은 8쪽이 낙장되어 있다. 즉 119, 120, 125, 126, 127, 128, 129, 130(空頁)쪽이며 구체적으로는 「존신편」 전체(7장), 「언어편」 8장, 「교우편」 18장, 「부행편」 전체(9장) 등 42장이다.

　　이에 쓰쿠바대학 소장의 완정본(養安院書)을 근거로 초략본, 월남본 등과 대조하여 작성된 통계표를 보이면 다음과 같다.

〈명심보감〉 章(條) 통계표

No	편명	목록	각편	실제수	초략본	월남본	No	편명	목록	각편	실제수	초략본	월남본
1	繼善	47	47	47	11	32	11	省心	255	355	256	85	115
2	天命	19	19	19	7	10	12	立敎	17	17	17	10(1)	14
3	順命	16	16	16	5	7	13	治政	23	23	23	8	16
4	孝行	19	19	19	5(1)	13	14	治家	16	16	16	8	7
5	正己	117	117	117	16(1)	59	15	安義	5	5	5	3	5
6	安分	16	82	18	5(2)	9	16	遵禮	21	21	21	6(1)	19
7	存心	83	83	82	21	43	17	存信	7	7	7	0	5
8	戒性	15	15	15	9	6	18	言語	25	25	25	7	17
9	勤學	22	22	22	8	15	19	交友	24	24	24	8	14
10	訓子	17	17	17	10(1)	15	20	婦行	8	8	9	5	7
計									772	938	775	237	428

　표에서 '목록'은 《명심보감》 앞쪽에 실려 있는 전체목록에 제시된 숫자이며 '각편'은 각 편마다 주기注記한 숫자로서 목록표 숫자와 일치하지 않는다. 그리고 '실제수'는 ○로 표시된 숫자를 말한다. 여겨서 「안분편」 각 편의 숫자 82는 18의 오기이다. 그리고 「존심편」의 경우 제 37, 38번을 분리하지 않았으며 이를 감안하더라도 전체가 82장이다. 아울러 「성심편」의 255, 355는 모두 오류이며 실제 256장이다. 맨 끝 「부행편」은 8장이라 하였으나 실제 9장이다.

　이로써 실제 청주판 〈초간본〉은 모두 755장이다. 다음으로 〈초략본〉의 (　) 안의 숫자는 원 청주본에 없는 구절이 더해져 있는 숫자이며, 이는 〈초략본〉 통계에 넣지 않은 수이다.

　한편 〈월남본〉의 숫자는 단순 비교가 될 수 없다. 분장이 청주본과 전혀 다르며 많은 곳에서 장을 합치거나 분리하였기 때문이다.

　　좌우간 여기에서 보듯이 〈초략본〉은 총 19편 237장으로 〈초간본〉 전체의 31%에 지나지 않는다. 특히 「존신편」에서는 단 한 구절도 취하지 않아 편명 자체가 사라지고 말아 뒤에 〈초략본〉 여러 서문이나 발문에는 "明心寶鑑十九篇"이라 하기도 하여 「존신편」의 존재를 모르고 있었다.

　　한편 「천명편天命篇」은 다른 판본(〈월남본〉 등)에는 「천리편天理篇」으로, 「근학편勤學篇」은 「권학편勸學篇」으로 이름이 달리 기재되어 있다.

Ⅱ. 편찬자 범립본范立本

　　청주판 《명심보감》 초간본에는 서문과 발문 및 간기刊記가 실려 있어 이 책의 편찬과 조선에서의 출간 과정을 자세히 알 수 있다. 우선 이 《명심보감》의 편자는 물론 중국인 범립본이다. 그의 서문을 보면 "그는 선배와 이미 알고 있는 통속적인 여러 책의 요긴한 말을 모아 계보서를 만들어 《명심보감》이라 이름 지었으며(是故集其先輩, 已知通俗諸書之要語, 慈尊訓誨之善言, 以爲一譜, 謂之明心寶鑑), 남이 다행히 이 책을 보아주면 역시 유학幼學의 자제를 가르칠 수 있고, 풍속과 교화를 돈후히 함에 보탬이 되어 악을 멀리하고 선을 받들 수 있다"(賢者, 幸甚覽之, 亦可以訓其幼學之子弟, 有補於風化敦厚, 諸惡莫作, 衆善奉行)라 하여 편집의도를 밝혔다. 그러면서 자신이 서문에 밝힌 《태상 감응편》의 구절과 절효선생의 〈훈자문訓子文〉 구절 정작 전문을 모두 인용하지 않고 뒤쪽은 생략하되 대신 서문에만 언급하였다. 이는 어린아이들의 학습부담을 덜어 주기 위해 줄인 것이 아닌가 한다.

　　그러나 안타깝게도 편자 범립본은 서문 말미의 무림인이라는 것 외에는 그다지 알려져 있지 않다. 다만 원말 송초의 독서인, 지식인, 교육자 정도였을 것으로 추측된다. '무림'은 지금의 절강성 항주杭州를 가리키며, 남송(1127~1279) 때 임안부臨安府라 불리던 수도였고, 학문의 긍지를 그대로 지닌 채 지식인이 모여 살던 번화한 고도이다. 그리고 '홍무 26년'은 한족이 몽고족이 세운 원나라를 북쪽으로 몰아내고 남쪽을 근거지로 하여 지금의 남경을 수도로 정한 명明의 첫 황제 주원장(朱元璋. 1368~1398년 재위)의 첫 연호인 동시에 건국 후 26년째이다. 우리나라에서는 고려를 이어 조선이 건국한 이듬해(太祖 2년)이기도 하다.

Ⅲ. 우리나라에서의 ≪명심보감≫

1. 청주판 〈초간본〉

우리나라 조선에서 이 책을 복간하게 된 경위는 청주판에 실려 있는 유득화庚得和의 발문을 근거로 자세히 알 수 있다. 발문에 의하면 이 책은 본디 중국본(唐本) 밖에 없던 것을 충청감사 민상국(閔相國, 閔騫)이 널리 보급시키려고 판각을 시켜 한 달이 안 되어 그 사업을 마쳤으며(此書, 但有唐本, 監司 閔相國, 思欲廣布, 鳩工鋟梓, 不有而功訖) 이 발문이 유득화庚得和에 의해 쓰여진 것이 경태(景泰, 明 代宗) 5년(1454, 단종 2년) 11월 초하루임을 알 수 있다. 이처럼 시간이 급하다고 여겨 한 달이 채 안 되어 작업을 마쳤다는 것은 보급에 대한 화급한 가치부여 때문이었을 것임은 자명한 일이다.

그리고 그 발문 다음에는 출판 작업에 참여한 인명이 나열되어 있다.

즉, 청주목사淸州牧使 황보공皇甫恭, 도사都使 김효급金孝給, 목판관牧判官 구인문具人文, 그리고 충청도 도관찰출척사都觀察黜陟使 민건閔騫 등이다.

이에 위의 서문序文과 발문跋文을 중심으로 살펴보면 원책은 중국에서 홍무 연간에 나왔으며(구체적으로 26년 1939. 조선 태조 2년) 조선에서는 그로부터 62년 뒤인 1454년(端宗 2년, 景泰 5년)에 이미 복각본이 나왔음을 알 수 있다. 나아가 이 책은 그로부터 140년 뒤 임란 때 일본에 의해 약탈당하여 지금 쓰쿠바 대학에 살아 있으며 그 무렵 조선에서는 전혀 모르고 있는 사이 코보에 의해 멀리 스페인어로 번역되었으니 그 책 한 권의 운명은 이처럼 기구했던 것이다.(자세한 내용은 다음 스페인 부분을 참고할 것)

그리고 현재 유행하는 〈초략본〉 가운데 간기가 있는 것으로서 현존 가장 오래된 담양본潭陽本의 율곡栗谷 서문이 가정嘉靖 경술(庚戌, 1550)년인 점으로 보면 복간본(청주판) 다음 〈초략본〉이 나오기까지 96년이 걸린 셈이다.

2. 초략본(통행본, 통속본)

다음엔 이 《명심보감》이 원본 복간본보다 〈초략본〉(통행본, 통속본)이 더 널리 유행한 이유에 대해서 살펴보기로 한다. 우선 원본의 복간(1454)이 중국에서 출판된 지 62년 뒤이고 국내 복간 뒤 〈초략본〉(담양본, 1550년 이이의 서문)이 그로부터 다시 96년 뒤의 일이다. 그리고 원본에서 〈초략본〉으로 이행되는 과정에서 문장의 조항 면에서 이미 약 3분의 1로 줄었다. 원책의 특징은 우선 편집의도가 "초학자를 가르쳐(亦可以訓其幼學之子弟), 풍교가 돈후해지고(風化敦厚), 선善을 받들어 행하기(衆善奉行)"를 바라는 데에 있었던 만큼, 여러 전적에서 교훈이 될 만한 명구는 물론 미언여구까지 두루 뽑아 편집했다. 거기에다가 친구들의 요어要語는 물론 이미 널리 알고 있는 통속적인 여러 책의 요어까지도 모았다.(集其先輩己知通俗諸書之要語) 따라서 유가의 말과 불가, 도가(仙家 포함)는 물론 널리 주·진·한 제자서에서도 채록했고, 송·명대에 흥했던 이학가 어록이 대부분을 차지하고 있으며, 그 무렵 유행하던 속언(속담, 격언, 성어)까지 채집되어 있다. 문체로 보아서는 물론 문언문인 고문체古文體 위주의 정형, 격식문이 많으나 송대 이학가들의 어록은 그 자체가 백화어인 구어체口語體이므로 그대로 실려 있을 수밖에 없고, 속언은 완전 구어체인 채로 실려 있다. 여기서 '요어'란 일상 생활 중에 친구들과의 대화에 언뜻언뜻 인용되는 격언들을 말하며 이는 주로 백화어로 듣고 말해야 서로 통한다. 이러한 상황 속에서 우리에게 전해진 뒤 〈초략본〉으로 유행할 수밖에 없었던 이유를 세 가지 쯤으로 상정해 볼 수 있다.

우선 조선시대 건국이념이 주자학朱子學이었던 만큼 배불숭유排佛崇儒에 의해 불가의 어록이 삭제되었다. 유명종 교수는 〈노당 추적의 명심보감초 총언〉(1995)에서 "명심보감의 유교화"에 대해 심도있게 다루고 있다.

　다음으로 내용이 확실치 않은 문장이 일부 제거되었다. 이를테면 원본에 "○○曰(云)"이라 한 것은 실제 그 책이나 사람의 어록에 지금은 찾을 수 없는 구절들이 너무 많다. 학문적 신빙성을 갖지 못한 구절을 자꾸 그 출전이라 되뇔 수 없었을 것이다.

　이어서 백화체 문장이 삭제되었을 것으로 보인다. 백화체(구어체) 문장은 성리학자의 어록이나 그 무렵 유행하던 속언俗諺에 나타나기 마련인데, 이 백화어는 중국어를 따로 배우지 않고 한학 문장만 익히던 조선시대 한학자들에게는 오히려 어려운 점이 많았다. 지금 중국어를 기초만 배운 사람이라면 금방 알 수 있는 표현도 조선시대 문언문文言文만 익힌 학자로서는 쉽게 다가오지 않고 해석이 매끄럽지 못하여 한계와 미진함을 느낄 수밖에 없었을 것이다. 이 때문에 조선시대 성리학자들이 중국의 어록체(朱子語類 등) 문장에 쓰인 백화어 허사虛辭를 익히기 위해 따로 《어록해》라는 책을 만들었던 상황에 비춰보면 그럴 수밖에 없었다고 긍정하게 될 것이다. 따라서 백화어가 많이 채록된 원본에 손질이 가해진 판본이 유행할 수밖에 없어서 같은 〈초략본〉이면서도 〈담양본〉, 〈갑진본〉, 〈정축본〉 등에 출입이 보이는 것이다. 더구나 원본 「존신편存信篇」의 경우 겨우 7장밖에 되지 않는 구절이 모두 탈락됨으로써 뒤에는 이 편이 있는 줄도 모르고 주로 "명심보감 19편"이라 거론하는 지경에 이르고 말았다.

　그런데 이렇게 초략한 인물에 대해서는 거의 알려져 있지 않다. 이는 임의로 자기 판단에 의해 이룩된 것이고 이 또한 세상에 밝힐 연구업적이라 볼 수도 없으므로 기록으로 남기지 않았을 것이리라. 다만 혹자는

'초략의 편집은 추적이 했을 것'이라고 비쳤으나 이 또한 신빙성은 없다. 1900년대 이후 판본에는 지송욱池松旭, 양진태梁珍泰, 윤태성尹泰晟, 장이만張二萬, 이상훈李相熏 등의 이름이 보이나 이는 근세의 일로서 본디 초략한 인물의 업적과는 다른 경우이다.

지금까지 전하는 많은 〈초략본〉에는 거의가 청주판 초간본을 보지 못한 채 서문들을 남기고 있다. 즉 율곡 이이(1536~1584)의 서문과 발문, 신좌모申佐模의 발문, 이휘재(李彙載. 1795~1875)의 발문, 김해부사를 지낸 성재性齋 허부(許傅, 1797~1886)의 서문, 응와凝窩 이원조(李源祚, 1792~1871)의 서문, 가림嘉林 조기승趙基升의 서문, 계당溪堂 류주목柳疇睦의 서문, 그리고 추적의 20대 후손 추세문秋世文의 발문, 심규택沈奎澤의 발문 등이 있다. 그런가 하면 손진수孫晉琇, 서찬규(徐贊奎. 1825~1905) 등도 명심보감에 대하여 극찬한 글들이 전하고 있다.(이상 성해준, 〈한국 명심보감의 전파와 수용양상에 관하여〉(2006)를 참고할 것)

한편 이렇게 초략된 책에 다시 우리의 기호나 실정에 맞게 편목編目이 늘어나거나 우리 역사에 관계된 문장을 삽입시킨 것은 바로 주체성의 발로로 우리나라 초학, 유학, 몽학의 수요와 필요에 의해 적절히 보강한 것이라 여겨진다. 즉 원본 20편에는 없는 「증보편增補篇」, 「팔반가편八反歌篇」(《桂宮誌》), 「효행편속孝行篇續」(원본 있으나 증보된 것), 「염의편廉義篇」, 「권학편勸學篇」 등이 그것이다.

특히 「효행속편孝行續編」에는 신라 때의 손순득종孫順得鐘이야기, 향덕向德 고사, 그리고 조선 철종哲宗 때의 예천인醴泉人 도씨都氏의 이야기를 싣고 있으며, 「팔반가」에는 《계궁지》에 수록되어 있는 것을 전재 첨록하였으며,

「염의편」에는 인관印觀과 서조署調의 설화와 헌종憲宗 때의 홍기섭洪耆燮의 고사, 고구려 온달溫達의 이야기까지 실어 어린 아이들의 민족 의식 고양과 읽을 거리로 첨가했다. 이는 철종 때 이야기까지 나오는 것으로 보아 한말에야 이루어진 것이 아닌가 여겨지며 매우 세심한 배려로 보여진다. 더구나 「권학편」의 경우 주희朱熹의 〈권학문〉은 초간본에는 있으나 이를 알지 못한 채 다시 채록하는 경우를 빚고 말았다.

다음으로 《고서목록古書目錄》(李相殷, 保京文化社, 1987)에 의하면 지금 국내에 전하는 《명심보감》 판본들은 대체로 다음과 같다.

1. 《明心寶鑑抄》 仁祖 15년(1637) 1책 26장. 寫本, 奎章閣.
2. 《明心寶鑑抄》 顯宗 5년(1664) 1책 28장. 木板本, 奎章閣.
3. 《明心寶鑑抄》 高麗 秋適(編?) 池松旭(編) 木板本, 京城 新舊書林, 1913, 國立圖書館.
4. 《明心寶鑑抄》 高麗 秋適(編?) 梁珍泰(抄) 木板本, 全州 多佳書舖(抄) 1916, 國立圖書館.
5. 訂本 《明心寶鑑抄》 高麗 秋適(編?) 木板本, 京城 東一書館, 1917, 國立圖書館.
6. 《明心寶鑑抄》 高麗 秋適(編?) 尹泰晟(編) 木板本, 京城 天一書館, 1919, 國立圖書館.
7. 具諺吐解 《明心寶鑑》 高麗 秋適(編?) 木板本, 京城 天一書館, 1919, 國立圖書館.

8. 《明心寶鑑後》高麗 秋適(編?) 張二萬(編) 木板本, 京城 新安書林, 1923,
   國立圖書館.
9. 《明心寶鑑》高麗 秋适(編?) 古活字本(木板本), 潭陽 秋西九方, 1926, 嘉靖
   庚戌(1550) 李珥 서문. 國立圖書館.
10. 懸吐 《明心寶鑑》高麗 秋適(編?) 李相焄(校) 石板本, 水原 三成書林,
    1935, 國立圖書館.
11. 懸吐《明心寶鑑》高麗 秋适(編?) 石板本, 京城 三文社, 1935, 國立圖書館.
12. 增補具解《明心寶鑑》高麗 秋適(撰) 新活字本, 서울 大志社, 1958, 國立
    圖書館.
13. 한글註解《明心寶鑑》高麗 秋適(撰) 新活字本, 大邱 鄉民社, 1963, 國立
    圖書館.
14. 《明心寶鑑抄》1책 23장. 木板本. 藏書閣.

   이로 보면 인조, 현종 때 사본과 목판본 외에는 모두 1900년대 뒤에 나온
것들이다.

3. 추적秋適 편찬설

《명심보감》은 명明나라 때 무림인武林人 범립본范立本이 편찬한 것임에
이의가 있을 수 없다. 다만 중국에서는 널리 유전되지 못하여 지금은 거의
잊혀진 책이다. 우리나라에는 일찍이 복각본覆刻本·초간본抄刊本이 성행
하여 지금껏 널리 읽히고 있다. 게다가 편자인 범립본에 대해서도 기록이
없어 자세히 알 길이 없으며 다만 우리나라에서 발견된 복각본(1454)에
있는 범씨 자신의 서문에 의해 초학자를 가르치기 위해(亦可以訓其幼學之子弟)
도움이 되도록 편집한 것이라는 것만 알 수 있을 뿐이다.

초간본이 발견되기 전까지는 편자에 대한 추측이 난무하여 한 때는 고려
말 문인 추적(1246~1317)으로 여겨지기도 했다. 물론 갑진본(서울대 소장, 목판본,
1664년 현종 5년 태인泰仁에서 출간된 지방판으로 권말에 "숭정후崇禎後 갑진甲辰 태인泰仁 손기조
孫基祖 개간開刊"이라는 간기가 있음)과 정축본(어떤 간본은 필사한 것으로 숭덕崇德 원년
정축丁丑 계하季夏 개간開刊의 간기까지 베껴 썼으며 이해는 인조 15년(1637)에 해당한다.
그런데 모두 《명심보감초明心寶鑑抄》라 하여 분명히 〈초략본〉으로서 원본과는
다르며 따로 원본이 있음을 밝히고 있음에 주의해야 한다. 그러다가 19세기
말엽에 '초抄'자가 사라지고, 1860년대에 대구 지방에 살던 추씨 후손 추세문
秋世文이란 사람이 세보가전世譜家傳 서적을 이 책과 함께 그 무렵 김포부사
金浦府使 허부許傅에게 서문을 고집스럽게 청하면서 자신 가문의 20대 선조인
고려 말 명신 노당露堂 추적秋適의 작으로 추인하는 일이 생겼다. 이 서문
序文은 고종高宗 6년(1869)의 일이며 그 무렵 허부도 사양했으나,

"고집스럽게 청하기에 그 조상을 추념追念하는 정성을 가상히 여겨 가승
家乘을 근거로 썼다"(固辭而固請, 嘉其追遠邀誠 謹按其家乘而序之)

라 하였다. 게다가 담양 판본엔 율곡栗谷 이이李珥의 서문이라 하여,

"《명심보감》은 무엇을 위하여 지은 것인가? 옛사람은 인仁에 바탕을 두었으나 후학들은 이익을 좇고 의를 잊고 있음에 이를 (경계하고자) 지은 것이다. 대체로 사람이 나서 천명지성과 기질지성이 있으니……"(《明心寶鑑》者, 何爲而作也? 古之仁, 後學之徇利忘義而作也. 蓋人之生, 有天命之性, 有氣質之性……)

라는 문구를 남기기도 하였고, 또 어떤 판본의 범례凡例에는

"노당선생이 후학에게 일러주기 위하여 지은 책으로 오직 이 책이 남아 있을 뿐인데, 그조차 세대가 오래되었고 판각이 많아 오류가 있다. 그 때문에 바로잡는다."(露堂先生茸詔後學之書, 獨賴此編之存, 而世遠板多有訛誤, 故攷正.)

라 하여 오랜 세월에 판각의 오류가 있어 고쳤다는 말 앞에 노당(露堂, 秋適)을 명기하였다. 추세문의 서문에는 "潤賴此篇之尙存, 故遇信料式, 久愈深高. 凡此十九篇, 片言隻字, 無非正修齊治之提綱聚維, 而公之所罵修燈根者, 千教不打, 非是書而何?"라 하여 19편이 전체인 줄 알았으며, 같은 고향인 달성 서찬규(徐贊奎, 1825~1905)는 아예 《천선제명록闡先題名錄》에서 "余嘗愛露堂秋文獻公明心寶鑑, 其爲書蓋蒐輯前修格言, 而蓋公平生眷眷服行之餘"라 하여 추적의 편찬에 전혀 의심을 갖지 않았다.

이처럼 여러 학자들의 서문과 발문, 곧 율곡栗谷 이이李珥, 공암孔巖 허부許傅, 응와凝窩 이원조李源祚, 가림嘉林 조기승趙基升, 류주목柳疇睦의 서문과

덕수德水 이이, 영천靈川 신좌모申佐模, 진성眞城 이휘재李彙載, 20대 후손 추세문 등의 발문이 나오자 그 뒤로는 아예 의심없이 「추적의 작」이라고 기정 사실화하여 《동현호록東賢號錄》, 《조선역대명신록朝鮮歷代名臣錄》, 《동국 문헌비고東國文獻備考》, 《담양읍지潭陽邑誌》 등에도 《명심보감》은 추적이 지은 것으로 기록되기에 이르렀다.

1971년 12월에 경북 달성군 서면 본리동의 인흥서원仁興書院의 대들보 위에서 이 책이 목판본으로 발견되면서 세상에는 추씨설로 완전히 굳어져서 그 뒤 번역본마다 모두 추적의 편찬이라고 못을 박았고, 어떤 본에는 초상 까지 싣기도 했으며, 또한 고등학교 한문 교과서에서조차 추적의 작으로 알려져 있다고 설명해 놓기도 했다. 한편 근자에 김성원金星元 등은 〈초략본〉 의 초략자는 추적이 아닌가 여겨진다고 주장하기도 하였으나 이 또한 오류 이다. 그 외 1983년 8월에는 신법인申法印 스님에 의해 서산대사가 《명심 보감》의 작자라는 설이 나오기도 하였다. "휴정休靜 서산대사가 《명심보감》의 참 저자이다. 서산대사의 대표작 《선가귀감》, 《유가귀감》, 《도가귀감》등 세 권의 귀감과 《선교석》, 《심법요초心法要抄》, 《선교결禪敎訣》 등 3권의 법어집은 짧은 단문형식으로 이루어졌는데 《명심보감》 또한 짧은 단장문 형식이다. 특히 《유가귀감》에서는 거의 3분의 1의 분량에 해당하는 14군데의 장절이 《명심보감》과 거의 똑 같고, 고스란히 옮겨 적은 것 같은 구절을 도처에서 볼 수 있어 명심보감은 서산대사가 지은 것"이라 주장한 것이다. 그러나 이는 신빙성이 매우 희박하다. 이는 시대의 선후를 생각하지 않은 연구 착오에서 비롯된 것이다. 시대상으로 휴정 서산대사(1520~1604)보다 앞선 서문(1393)과 간기(1454)로 반론의 근거는 확실하며 내용상으로도 현존 여타 〈초략본〉보다 많고 광범위하며 문체상으로도 중국인에 의해 편집될 수밖에 없는 이유의 여지가 충분히 있다. 이에 대해서는 인산학연구원仁山學研究院 김윤수金侖壽 선생의 〈『명심보감』에 인용된 『경행록』에 대하여〉(1989)에서 자세히 반론을 펴고 있어 더 이상의 언급은 피한다.

Ⅳ. 해외에서의 《명심보감》

1. 중국

　중국 왕중민王重民은 『명심보감』에 대해 《중국선본서제요中國善本書提要》(上海古籍出版社, 1983)에서 "원저는 누가 지었는지 나타나 있지 않으며"(原著不著撰人姓氏) "한편으로는 송대 유학자의 어록 위주이며, 한편으로는 도가의 권선문"(一爲宋儒語錄, 一爲道家勸善文)이라 하여 명대 범립본의 존재를 알지 못하였으며, 나아가 송대 이학가 및 도가의 어록과 권선문, 즉 《음즐록陰騭錄》, 《공과격功果格》, 《태상감응편太上感應篇》 따위의 통속서와 같은 것으로 여겼다.

　그런가 하면 정지명鄭志明은 《중국선서여종교中國善書與宗敎》(臺灣學生書局, 1988)에서 "민간 선서로서 보존되어 왔으며, 그 통속성 때문에 문인이나 선비들에게는 읽히지 않았으며"(民間善書的保存, 因其爲通俗性讀物, 致使文人雅士不觀) 나아가 "사지에나 문인들 기록에는 실리지 않았던"(史志載籍不錄) 책이라 하였다. 여기에서 정씨의 논리는 어느 정도 근거가 있으나 왕씨의 주장은 정확성이 결여되어 있다. 그러나 진경호陳慶浩의 〈번역성서방문자적중국서飜譯成西方文字的中國書, 명심보감明心寶鑑〉(《中外文學》, 프랑스과학연구센터)에서는 정확히 범립본과 서문의 작성 연대를 밝혔고, 내용도 처세, 교양, 훈육, 동몽 등을 중심으로 한 유불선 종합의 격언서임을 밝히고 있다.

　이 《명심보감》이 중국 명초에 나온 이래 같은 명대 조율晁瑮은 《보문당서목寶文堂書目》에서 그 책의 이름을 저록하였고, 뒤를 이어 교정校訂한 사람 왕형(王衡, 1564~1607)과 중정重訂한 인물 장문계張文啓의 이름이 보인다. 왕형은 가정 연간의 태창(강소성) 사람으로 《명사明史》(218)에 전이 실려 있고, 《태창주지太倉州志》에도 전이 실려 있을 만큼 그 무렵 이름이 높았던 인물이다.

그런가 하면 장문계의 경우 《항주부지杭州府志》(31)에 의하면 의사의 신분이었으며 지식인으로서 고서와 학문에 상당히 관심을 가지고 있었다. 이들에 의해 중간된 《명심보감》은 석원石園 전학제全學第 심첩沈捷의 서문이 있다. 그 서문에 "명심보감은 마치 하늘에 삼신이 영원을 두고 우주에 매달려 있는 것과 같은 그러한 홍서"(寶鑑一書, 如三辰在上, 恒古嘗懸宇宙之鴻書)라 극찬을 아끼지 않고 있다.

그 외에도 《명실록明實錄》(1587, 10, 辛酉)의 기록에 의하면 복건도어사福建道御史 임문영林文英의 〈소진오사疏陳五事〉라는 상소문에 "나이를 갖춘 유학자로 하여금 『대고大誥』와 『명심보감』을 암송하고 가르치도록 하면 사람들의 마음이 밝아지고 사설邪說이 사라질 것"(副以老儒, 責令誦習大誥及明心寶鑑等書, 則人心明而邪說破矣)이라 하여 그 무렵 천하를 떠들썩하게 하여, 홍무, 영락 연간에 엄격히 금지하던 백련교白蓮敎의 사교邪敎에 대항할 수 있는 책이라 건의함으로써 이에 따라 《신제두음석관판대자명심보감新提頭音釋官版大字明心寶鑑》(2책, 1596)이 발간되기도 하였다. 한편 그 무렵 유행하던 몽학 및 처세교훈, 수신도덕의 책들이었던 《문사교림文詞敎林》, 《태공가교太公家敎》, 《잡초雜抄》, 《익지문益智文》, 《수신록隨身錄》, 《진언요결眞言要訣》, 《신집문사구경초新集文詞九經抄》 등에는 이 『명심보감』의 구절이 100여 개 이상 인용되고 있다고도 한다.(鄭阿財) 이렇게 민간에 널리 퍼진 명심보감은 이민을 떠나면서도 이 책을 소지하여 동남아 각지 화교 사회로 자연스럽게 전래되었으며 다시 서양 선교사들에 의해 멀리 서구에 소개되는 계기가 되었던 것이다. 그리하여 청말인 광서 31년(1905) 역시 이 《명심보감》이 상주常州에서 간행되어 오늘에 이르고 있다.

그런가 하면 최근 성해준 교수로부터 얻은 중국 소장본 『명심보감』이
있다. 이 책은 『명심보감』보다 훨씬 뒤에 나온 무명씨의 『현문賢文』 계열의
격언서가 중국에서는 지금까지 널리 보급되어 일반인들에게는 도리어
『명심보감』은 잊혀지다시피 한 상황이며, 이에 따라 이름만 들어본 『명심
보감』이 『현문』인 줄 착각, 겉 표지는 《명심보감》이지만 속 내용은 상권은
『석시현문』, 하권은 『증광현문』으로 되어 있는 책이 청 도광道光 19년(1839)
욱문당郁文堂에서 펴낸 것이다. 『현문』의 구절은 『명심보감』과 겹치는 것이
너무 많다. 『현문』에 대해서는 본인 역주의 《현문》 및 〈명심보감과 석시
현문의 동일구절 비교고〉(『中國語文學論集』 31집. 2005), 그리고 〈명대 삼종 격언
집의 비교 연구〉(中國語文學論集 32집. 2005) 등을 참고하기 바란다.

　　이제껏 학자들의 조사에 의한 중국 소장 현존 『명심보감』 판본은 다음과
같다.(成海俊, 〈중국 『명심보감』의 수용과 전파〉, 2003 참조)

1. 新鼎官版證譌大字育夢《明心》正文(2권) 明, 范立本(輯) 明刻本, 1책, 10行
   27字, 白口四周單邊無直格. 中國北京圖書館 所藏.《北京圖書館古籍善本
   書目》에 의함.
2. 重刊《明心寶鑑》(2권) 明, 嘉靖 32년(1553), 曹玄刻本, 2책, 9行 18자, 黑口
   四周雙邊. 中國北京圖書館 所藏.
3. 新刻音釋《明心寶鑑》正文(2권) 明, 范立本(輯), 明末刻本, 1책, 10行 24자,
   白口四周單邊. 中國北京圖書館所藏.

4. 新刻校正刪補《明心寶鑑》(2권) 明, 范立本(輯), 鄭振鐸《書目》(北京圖書館編) (1936년)에 의함.

5. 新刊大字《明心寶鑑》(2권) 明刻本, 王重民《中國善本書提要》에 의함.

그런가 하면 중국 판본이면서 일본에 소장된 명심보감 판본 목록은 다음과 같다.

1. 《明心寶鑑》正文. 日本 內閣文庫 所藏.

2. 《明心寶鑑》定本. 日本 尊經閣文庫 所藏.

3. 新提頭音釋官版大字《明心寶鑑》(2권) 明, 范立本(集) 萬曆 29년(1596) 書林 鄭繼華刊行. 《日本書肆目錄》(山本書店新集書報)(44) 1959년 10월에 의함.

4. 官版無訛《明心寶鑑》. 勉耘堂梓行. 日本 肥前島原松平文庫 所藏.

5. 重訂《明心寶鑑》. 內題:《新校明心寶鑑正文》. 日本 日比谷圖書館加賀文庫 所藏.

6. 新刻全本《明心寶鑑》正文. 日本 國會圖書館 所藏.

7. 新刊《明心寶鑑》正文. 日本 伊達文庫本 所藏.

다음으로 대만에서는 대만국립도서관에 월남판 『명심보감』이 소장되어 있으며, 그 외 초략된 『명심보감』이 《태상감응편》과 불교 내용을 섞어 『명심보감』(附 三聖經)이라는 이름으로 유통되고 있어 마치 불교 서적인 것으로 알려져 있기도 하다. 그리고 앞서 밝혔듯이 방호 교수의 《방호육십자정고 方豪六十自定稿》(臺灣 學生書局 1969)에 의해 멀리 스페인에 《명심보감》 존재가 널리 알려져 있기도 하다.(이상 成海俊, 〈동아시아의 『명심보감』 연구〉, 2005 참조)

2. 일본

　명심보감은 일본에 두 경로로 전래되었다. 하나는 무로마치(室町) 시대 오산승五山僧이 홍무 연간 지금의 강소 태창에 들어갔을 때 입수한 것이다. 이것이 바로 일본에서 말하는 〈명각본〉이며, 그 무렵 명나라는 남방 위주로 발전을 시작한 시기이며 바로 이 때에 일본은 무로마치 시대로 중국 강소 지역과 가장 활발한 교류와 교역을 시작한 시대이기도 하다.

　다음으로 임진왜란 때 조선을 통해 청주본을 강제 약탈해간 판본이다. 이는 우리나라 동해안에서 1974년 이우성 교수에 의해 발견된 판본과 같은 것이다. 조선으로부터 건너간 청주본 명심보감은 도요토미 히데요시(豊臣秀吉. 1536~1598) 군대의 무력에 의해 도자기, 활자 등과 함께 건너가 그가 죽은 뒤 도쿠가와(德川家康, 1542~1616)에게 넘어가 이것이 어삼가(御三家, 尾張, 紀伊, 水戸) 세 집안에 분산 소장되었다가 그중 미토(水戸) 집안에 내려오던 것이 지금 쓰쿠바(筑波) 대학 도서관에 '양안원서養安院書'라는 소장인이 찍힌 채 전해져 오고 있다.(성해준, 〈한국 명심보감의 전파와 수용 양상에 관하여〉, 2006)

　특히 일본은 그 뒤 에도(江戸) 시대에는 여러 차례 이 책을 출간하였고, 그 무렵 유명 지식인이라면 누구나 빠짐없이 이 책을 애지중지하였으며, 더없이 귀중한 자료로 여겨 이를 자신들의 글에 인용하였다. 《선림구집禪林句集》이 그 대표적이며, 그 외 소뢰보암小瀬甫庵, 임라산林羅山, 천정료의淺井了意, 패원익헌貝原益軒 등이 있다.(성해준, 일본 명심보감 수용에 나타난 특징, 2006)

　이에 따라 일본은 자체 간행한 화각본(和刻本, 寬永 8년, 1631)을 비롯해 〈명각본明刊本〉, 〈청주본淸州本〉, 〈청간본淸刊本〉, 〈초략본抄略本〉, 〈증보본增補本〉 등 다양한 판본이 존재하게 되었고, 그에 대한 연구와 활용 및 영향력은 중국이나 우리나라보다 더한 정도였다.

우선 〈명간본〉은 범립본의 서문(1393) 이후일 것이나 실제 간행 연도는 알 수 없고, 오산승이 가져온 판본은 아닐 것으로 보고 있다. 이 내각문고 內閣文庫 소장본은 책이름이 "신경판정와음석제두대자명심보감정문新京板正 譌音釋提頭大字明心寶鑑正文"이라 하였고, 권두에 "태창구산왕형교太倉緱山王衡校, 림필생林弼廷, 진씨재陳氏梓"라 하였을 뿐이다. 그 교정자 구산緱山 사람 왕형 (1564~1606)의 생졸 연대로 보아 적어도 16세기 말에 나온 것으로 보이며 이는 범립본 서문이 쓰여진 1392년 보다 적어도 200여년 뒤의 일이다. 그러나 이 판본을 근거로 한 〈화각본〉(1631)은 그보다 앞선 조선 간행의 〈청주본〉(1454)에 비해 장수가 적고 내용의 양도 〈청주본〉보다 적다. 그런가 하면 〈청주본〉에는 없는 구절이 있어 두 판본 사이의 상관관계는 아직도 자세히 알 수 없다.

또다른 〈명간본〉으로 여겨지는 존경각문고尊經閣文庫 소장의 《명심보감 정본明心寶鑑定本》은 권두에 "石園全學第沈捷頓首撰, 武林張文啓開之重訂" (上下卷)이라 하여 역시 출간 연대는 뚜렷하지 않으나 내각문고 소장본에 비해 양이 곱절이나 된다.

다음으로 〈청간본〉은 일본 도원도서관 소장으로 "관판무와명심보감官版 無譌明心寶鑑"으로 되어 있다. 이는 상권에 "明心寶鑑正文卷之上", 하권에는 "新鐫明心寶鑑正文下卷"으로 되어 있으며 끝에는 "명심보감정문종"이라 표시되어 있다. 그리고 이 책은 왕형 교정본 및 〈화각본〉과 거의 같다.

한편 〈화각본〉은 이미 관영寬永 3년(1626)에 출간되었었다는 기록이 있고, 이어 8년(1631) 뒤에 나온 많은 판본이 일본에 존재하고 있다. 뒤를 이어 교 토, 오사카 및 에도 시대까지 80여년간 끊임없이 출간되었으며 에도 시대 에는 이 《명심보감》이 정치 사회에 중요한 책으로 널리 퍼져나갔다.

　이들을 〈청주본〉과 비교해 보면, 20 편목 가운데 「천명편天命篇」은 「천리편天理篇」으로 〈월남본〉과 같다. 따라서 애초 범립본 당시 편명이 「천리편天理篇」이었으나 조선에서 복간(1454)될 때 「천명편」으로 바뀐 것이 아닌가 한다. 다음으로 청주본 「정기편正己篇」은 117조(장)이지만 〈명간본〉과 〈화각본〉은 86조(장)로 31조(장)나 적다. 특히 〈청주본〉은 ○로 분장 표시를 뚜렷이 하여 이 또한 조선 복간 때 독자적으로 분장 표시를 가한 것이 아닌가 한다. 이 청주본의 유일한 완정본完整本은 쓰쿠바대학 소장본 하나밖에 없다.

　좌우간 일본에서의 『명심보감』은 일본 지식인에게는 절대적인 필독서로의 그 지위를 한껏 누렸음을 여러 기록에서 찾을 수 있다. 게다가 이처럼 일본의 『명심보감』에 대한 학문풍토는 멀리 스페인으로 뻗어나가는 다리 역할까지 함으로써 중국에서 출발한 『명심보감』이 한국(조선)에서 다듬어져 완정본이 된 다음, 일본으로 건너가 꽃을 피웠고, 서구로 향하여 동양사상의 창구가 되는 역할을 톡톡히 해낸 셈이며, 다시 돌아와서 이제 한중일 삼국에서 열매를 맺을 차례에 접어든 것이다.

(이상, 성해준 〈에도 유학관 林羅山의 사상〉(2004), 〈堪忍記の思想〉(2001), 〈太上感應篇と明心寶鑑〉(1997), 〈小瀨甫庵의 사상〉(1997), 〈野間三竹의 北溪含豪와 明心寶鑑〉(2009), 〈貝原益軒の勸善思想〉, 〈일본 明心寶鑑 전파와 수용 양상에 관한 연구〉(2003) 등을 참고하기 바란다.)

3. 월남

월남에도 일찍이 《명심보감》이 전래되었다. 명明 만력萬曆 2년(1574) 엄종간嚴從簡의 《수역주자록殊域周咨錄》이라는 책에 이미 월남의 《명심보감》에 대한 언급이 들어 있으며, 월남 한문소설 《자허유천조록子虛游天曹錄》이라는 책에 《명심보감》 구절을 인용한 것이 보인다. 지금 남아 있는 판본으로는 《Minh Tam Buu Giam(明心寶鑑)》(越南新德出版社)이 대만 중앙도서관에 소장되어 있으며, 그 외 《명심보감석의明心寶鑑釋義》(1957)가 파리 국립도서관에 소장되어 있으며 이 책은 특히 이듬해(1958) 우리나라 이승만李承晩 대통령이 월남을 방문했을 때 기증되기도 했다 한다.(성해준, 〈각국 명심보감 판본 연구〉, 2007)

본인이 입수한 Ta Thanh Bach의 《명심보감(Minh Tam Bao Giam)》은 월남 한월음漢越音과 월남음越南音을 매 한자마다 표기하고 간단한 해석을 덧붙인 것으로서 1998년에 나온 것이다. 이 책은 청주본의 「천명」이 「천리」로, 「근학」이 「권학」으로 편명 차이가 있고 분장은 청주본과 전혀 다르며, 일부 청주본에 있으나 없는 것, 〈청주본〉에 없으나 더 있는 것 등 차이가 많다. 이에 본인은 본 《명심보감》 역주에 분장과 글자 이동 등을 매절마다 일일이 부기하여 밝혔다. 그리고 중국 장위동 교수는 〈明心寶鑑及其所記漢越音〉(漢字傳播暨中越文化交流國際學術研討會, 2003, 12)이라는 논문을 발표하였다. 그의 조사에 의하면 월남에는 왕소순王小盾이 엮은 《월남한남문헌목록제요越南漢喃文獻目錄提要》를 통해 월남에는 8종의 《명심보감》이 있는 것을 확인하였고, 그중 하노이에는 동경同慶 3년(1888), 성태成泰 19년(1907), 계정啓定 9년(1924) 등 3권이 있고, 파리에는 명명明命 17년(1836), 동경同慶 3년(1888), 중국 근문당近文堂에서 간행한 판본 등 3권이라 소개하고 있다.

　한편 이 월남판본은 모두 428조가 실려 있으나(명심보감 판본 수 도표 참조) 이 숫자는 청주본 『명심보감』과 단순 비교할 수는 없다. 연속되는 여러 문장을 하나의 장으로 처리하기도 하고 혹은 분리하기도 하여 일일이 맞추어 보아야 알 수 있다. 게다가 〈청주본〉에는 없는 문장도 있어 수치로 대비하는 것은 별 의미가 없어 보인다.

4. 스페인 및 서유럽

《명심보감》은 한문으로 기록된 서적 가운데 최초로 서구에 번역 소개된 책이라는 진기한 기록을 가지고 있다. 바로 스페인 선교사를 통해서였다. 그것도 두 차례에 걸쳐 다른 경로로 번역되었으니 참으로 신기한 일이다.

즉 1592(혹, 1595)년 임란 중에 번역된 것과 1767년 두 차례에 걸쳐 각기 다른 선교사에 의해 이루어졌다.

우선 《명심보감》 최초의 번역은 스페인 선교사 코보(Cobo)의 작업이다. 그는 에스파냐 트레드 출신으로 첫 선교지인 멕시코로 파견되었으나 그곳 총독과의 알력으로 1565년 같은 스페인 식민지였던 필리핀으로 선교지를 옮기게 된다. 그런데 그곳에서 다수의 중국인 화교들과 접촉하면서 중국어를 익히게 되었고, 한자와 한문에 대한 기초적 지식도 학습할 수 있었다 한다. 그는 다시 1592년 일본 사츠마(薩摩)에 상륙하였는데 마침 도요토미 히데요시의 조선 침략 1개월 뒤였으며 조선침략의 본부가 있던 나고야에서 환대를 받으며 필리핀과의 인연을 바탕으로 일본과 필리핀의 우호협정 임무를 부여받았다고 한다. 그는 이 때에 〈청주본〉을 근거로 번역을 서둘러 스페인어의 "맑고 정결한 마음의 보배로운 거울이 되는 책" (Libro del Espejo Preco Clarory Limpio Corazon)이라는 이름으로 번역을 완성, 이를 선교에 활용하고자 하였다. 그러면서 "이교도가 편찬한 책이지만 우리들의 성서와 같은 중요한 내용이 들어있다"는 논지를 펴며 동양인의 높은 도덕관, 윤리관부터 이해해야 선교에 성공할 수 있다고 확신하였다. 그는 이 일을 마치자 1595년 12월 23일 중국 선교의 동행자이며 코보 자신의 친구 베나비데스(Benavides) 신부에 의해 스페인에 전달되어 당시 황태자에게 헌상되었다. 그 번역본은 중국 남방福建 발음에 의해 《Beng Sim Po

Cam》이라 하였다. 이것이 335년 동안 세상에 알려지지 않다가 1929년 프랑스 학자 폴 펠리오(Paul Pellot. 1878~1945)에 의해 알려지게 된 것이다. 특히 코보의 원고는 우리나라 '청주본淸州本'이 엮은이의 이름인 줄 잘못 알았다 하니 참으로 신기한 일이기도 하다.

다음으로 또 다른 경로로는 도미니크 수도회 선교사 드 나바레떼(Domingo Fernandez Navarrete. 1616~1689)에 의한 번역이다. 그는 역시 에스파냐 카스티라라에서 태어나 코보처럼 1648년 멕시코로 갔지만 중국 선교에 대한 미련을 버리지 못하고 마침내 중국으로 건너가 복안福安이라는 곳에 교회를 설립하였으며 1676년 《명심보감》 번역에 착수하였다. 그는 서문에서 "중국에서 만난 최초의 서적으로 간결명료하여 번역에 착수하게 되었으며, 이 책은 이교도 중국인에게 가톨릭 신자의 성스러운 켐피스(Kempis)와 같은 것"이라 하였고, "고귀한 정신을 갖춘 마음의 거울"이라는 뜻이라면서 중국 원음을 그대로 써서 《Ming Sin Pao Kien》이라 이름을 정하였다. 그리하여 "성 토마스 아퀴나스가 그의 「카테나 아우레아」(Catena Aurea)를 이해하기 위하여 성스러운 학자들의 어록을 많이 인용했듯이 이 책 지은이도 덕의 길을 제시하는 데에 가장 적절하다고 여긴 중국 자신들 현인들의 말을 모은 것"이라고 정확하게 그 의미를 파악하고 있었다.

이 나바레떼의 《명심보감》은 독일 철학자 라이프니츠(1646~1716), 프랑스의 케네(1694~1774), 프랑스 볼테르(1694~1778) 등 유럽 사상가들에게 읽혀져 널리 퍼졌으며 1704년 영어로 번역 출판되었다. 그리고 1863년 뮌헨대 요한 하인리히 플래트(Johann Heinrich Plath. 1800~1874)에 의해 독일어로 번역되었다.

한편 대만 정치대학 교수이며 신부인 방호方豪 교수가 1952년 이를 확인하고 드디어 1958년 12월에 유네스코의 후원으로 마드리드 도서관에서 "동방과 서방"이라는 주제로 학술회의를 개최, 2종류의 《명심보감》이 전시되었으며, 아울러 코보의 고향에 기념비가 세워지는 등 대대적 행사를 갖기도 하였다. 이 내용은 《방호류십자정고》(臺灣 學生書局, 1969)에 그대로 담겨 있다.

이처럼 우리나라 청주본을 근거로 한 《명심보감》이 이역만리 유럽을 뒤흔든 불씨가 되고 동양을 이해하는 창구가 되었다니 그 유전流轉 과정에 감회가 깊지 않을 수 없다.(이상 成海俊, 〈明心寶鑑 스페인어 번역의 정신문화적인 의의〉(2005) 참조.)

V. 결언

《명심보감》은 우리나라에 들어온 뒤로 끊임없이 판각, 유포되어 지금껏 계속 널리 읽히는 수양서이며 동몽 교재로서 무엇보다 그것을 엮은이는 분명히 중국인 범립본이다. 따라서 종래 추적 설은 이제 모두 고쳐져야 하며 더구나 서산대사 저작설은 전혀 신빙성이 없다. 특히 서문과 발문을 검토해 보면 초간본은 복간 형식으로 전체를 모두 판각한 것으로 보여지며, 그 뒤 〈초략본〉으로 변질되면서 백화체 문장이 제거되었고, 이어서 불가와 도가의 어록을 삭제하였으며, 조선 후기에 이르러서는 다시 우리 실정에 맞게 우리 것이 첨가되어 출판된 것으로 보여진다.

그 뒤 초간본 유포가 적었고 〈초략본〉이 세상에 널리 퍼지면서 엮은이에 대한 구구한 이론이 분분하게 되었다. 특히 지금 초간본을 중심으로 살펴 보면 상당량의 백화체 문장이 있었으며 이들은 대부분 고문위주의 국내 학문 풍토 때문에 초략본을 만들 때 사라져 버렸음을 알 수 있고, 오히려 뒷부분에 우리 실정에 맞는 신라, 조선시대 효행 등 고사를 삽입했다. 이제 《명심보감》은 지금도 널리 읽히는 수양과 교양을 위한 책에 비추어 새로운 관점에서 정리되고 연구되어야 할 것으로 생각된다.

한편 이 《명심보감》이 임란 때 일본으로 건너가 고스란히 소장되어 있고 나아가 멀리 서구까지 갔으니 이에 대한 새로운 조명도 심도 있게 짚어 볼 필요가 있다. 그리고 한중일 및 월남 등 동양 4국 모두 이 《명심보감》의 영향을 받았으며 지금 새롭게 열기가 고조되고 있다. 그중 실제 우리나라가 거의 주도적 연구에 앞장 설 때가 된 것 같다. 이때에 《명심보감》에 대한 종합적인 연구서(성해준)가 출현한 것은 학계의 커다란 수확이라 할 수 있으며,

아울러 이제는 종합적인 주석과 보급이 있어야 할 것이다. 나아가 그간 논란이 되어 왔던 엮은이의 문제, 원본인 청주본의 문제, 초략본 편찬 과정 등은 깨끗이 일단락되어야 할 것이다.

《明心寶鑑》范立本 서문

〈明心寶鑑序〉

夫爲人在世, 生居中國, 稟三才之德, 爲萬物之靈, 感天地覆載, 日月照臨, 皇上水土, 父母生身, 聖賢垂敎, 而從敎者, 達道爲先.

非博學無以廣知, 不明心無以見性, 雖有生而知之者, 近世奇稀. 昔夏禹王, 聞善言, 猶然下拜, 何況凡世人乎? 曩古聖賢遺誌, 經書千言萬語, 只欲敎人爲善, 所以立仁義禮智信之法, 分君子小人之品, 別賢愚之階, 辨善惡之異.

盖爲經書, 嘉言善行甚多, 所以今人懶觀, 習行者少, 況今學者, 不過學其文藝爲先, 未有先學德行爲本!

及近勸世, 多勸脩物外之善, 因少勸爲當行之善, 事其昔賢文等書, 亦迺於世流傳. 今之好聽善言君子, 觀而爲奇, 罔之古今之要語. 是以使人迷惑其心, 少欲聞聖賢, 日用常行之要道, 以致不肯存心守分, 强爲亂作胡行.

夫爲善惡禍福, 報應照然, 富貴貧窮, 成敗興衰似夢, 時刻須防不測朝夕, 如履薄氷. 常存一念, 中平飛橫, 自然永息.

伏觀,《太上感應篇》曰:「故吉人語善視善行善, 一日有三善, 三年, 天必降之福; 凶人語惡視惡行惡, 一日有三惡, 三年, 天必降之禍」節孝徐先生曰:「言其所善, 行其所善, 思其所善, 如此而不爲君子, 未之有也; 言其不善, 行其不善, 思其不善, 如此而不爲小人, 未之有也」所謂言善者, 可以感發人之善心; 言惡者, 可以懲創人之逸志.

是故, 集其先輩已知通俗諸書之要語, 慈尊訓誨之善言, 以爲一譜, 謂之《明心寶鑑》. 賢者, 幸甚覽之, 亦可以訓其幼學之子弟, 有補於風化敦厚. 諸惡莫作, 衆善奉行, 留於其意, 存於其心, 自然言行相顧, 貫串無疑所爲, 焉從差誤矣?

洪武二十六年, 歲在癸酉二月旣望, 武林後學 范立本序.

무릇 사람으로 세상에 살면서 중국에 태어나 살고 있지만 삼재(天地人)의 덕을 받아 만물의 영장이 되었다. 천지가 감응하여 일월로 비춰주고, 황상의 수토水土에 부모가 나를 낳아주시고 성현이 가르침을 내려주셨으니 그 가르침을 따름에는 도를 통달함을 우선으로 삼는다.

널리 배우지 않으면 널리 알 수 없고, 마음을 밝게 하지 않으면 본성을 드러낼 수 없으니, 비록 나면서 아는 자가 있다고 하나 근세에는 그런 경우를 보기 어렵다. '옛날 하나라 우왕은 좋은 말을 들으면 기꺼이 절을 하였다'(5-69)라 하였는데, 하물며 평범한 세상 사람임에랴? 옛날 성현이 남긴 기록으로 경서의 수천 만 마디의 말은 단지 사람을 선하게 가르치고자 하는 것일 뿐이었다. 그 때문에 인의예지신仁義禮智信의 법을 세우고, 군자와 소인으로 품덕을 구분하였으며, 현우賢愚의 단계를 나누고, 선악의 차이를 변별해준 것이다.

대체로 경서에 가언선행이 심히 많은 것은 그 무렵 사람이 보기를 게을리 하고 익히고 실천하는 자가 적었기 때문일 것이다. 하물며 지금 배우는 자는 그저 문예文藝를 우선으로 삼는 데 지나지 않을 뿐, 옛사람의 덕행을 본으로 삼지 아니하고 있음에랴!

가까운 데에 미쳐서 세상에 선을 권하되 주로 사물 밖의 선을 닦기를 권할 뿐, 마땅히 행해야 할 선은 적게 권하므로 옛 선현의 글을 높다고만 여기고 있으며 또한 그 때문에 그러한 책이 세상에 전하고 있는 것이리라. 지금 좋은 말 듣기를 좋아하는 군자가 있다 해도 그런 경우를 보면 그저 기이하다고 여길 뿐 고금의 중요한 말은 놓치고 있으며, 이 까닭으로 사람의 마음을 미혹하게 하고 성현의 말을 듣기에는 욕심을 적게 부리도록 하여, 일상에 떳떳이 행할 중요한 도에 대하여는 마음과 분수에 맞게 지켜내지 못한 채 마구 허튼 짓과 그릇된 행동을 하게 된다.

무릇 선악과 화복은 보답과 응험이 아주 뚜렷하며, 부귀나 빈궁, 성패와 흥쇠는 꿈과 같은 것일 뿐이니 시시각각 조석지간의 헤아릴 수 없는 일을 예방하기를 마치 살얼음 밟듯 해야 한다. 늘 이러한 일념을 가지고 있으면 평지에 날아덮치는 횡액도 저절로 영원히 없어지게 될 것이다.

엎드려 살피건대 《태상감응편》에 "그러므로 길인은 말이 선하고 보는 것이 선하며 행동이 선하니, 하루에 이 세 가지 선을 가지고 있기를 3년을 하고 나면 하늘이 틀림없이 복을 내려줄 것이다. 흉인은 말이 악하고 보는 것이 악하며 행동이 악하니, 하루라도 이러한 세 가지 악한 것을 가지고 있기를 3년을 하고 나면 하늘이 틀림없이 화를 내릴 것이다”(현존《명심보감》에는 없음. 041 ‘화복의 문은 따로 없으니’ 참고란을 볼 것)라 하였고, 절효 서선생은 “그 선한 바를 말하고 선한 바를 행하고 선한 바를 생각하라. 이렇게 하고도 군자가 되지 않은 자는 없느니라. 그 불선을 말하고 불선을 행하며 불선을 생각하면서 이렇게 하고도 소인이 되지 않은 자는 없도다”(현존본에는 없음. 171 ‘군자가 되고자 하느냐’ 참고란을 볼 것)라 하였다. 이른바 착한 말이란 사람의 선심을 감발시킬 수 있는 것이요, 악한 말이란 사람의 훌륭한 뜻을 징계하도록 하는 것이다.

이 까닭으로 선배들의 이미 알려진 통속적인 여러 책의 요긴한 말과 자애와 존경의 가르침에 대한 훌륭한 말을 모아, 하나의 책을 만들어 이름을 《명심보감》이라 하였다. 어진 자가 다행스럽게 이를 살펴보아준다면 또한 어린 자제의 가르침으로 삼을 수 있고 풍속과 교화의 돈후함에 보탬이 될 것이다. 그리하여 여러 악을 짓지 않으며, 많은 선을 받들고 실행하며 자신의 뜻에 이를 머물게 하고, 그 마음에 이를 존속시킨다면 자연히 말과 행동이 서로 돌아보아, 일관되게 그 하는 바의 의혹이 사라지게 될 것이니 어디로 부터 차질이나 오류가 생겨나겠는가?

홍무 26년(1393) 계유년 2월 기망(16일) 무림후학 범립본이 서문을 쓰다.

【中國】 문명화된 지역임을 내세운 것.
【三才】 天地人. 사람이 가장 영묘함을 타고 났음을 말함.
【天地覆載】 天覆地載와 같음. 하늘은 덮고 있고 땅은 만물을 싣고 있음.
【博學】 博學과 같음.

【見性】본성을 드러냄. 본성은 性善을 뜻함.

【生而知之】태어나면서부터 모든 것을 앎.《論語》述而篇에 "子曰:「我非生而知之者, 好古, 敏以求之者也.」"라 하였고, 〈季氏篇〉에는 "孔子曰:「生而知之者上也, 學而知之者次也; 困而學之, 又其次也; 困而不學, 民斯爲下矣.」"라 함.

【奇稀】기이하고 드묾.

【聞善言下拜】훌륭한 말을 들으면 수레에서 내려와 절을 함.《孟子》公孫丑(上)에 "孟子曰:「子路, 人告之以有過則喜. 禹聞善言則拜. 大舜有大焉: 善與人同. 舍己從人, 樂取於人以爲善. 自耕稼陶漁, 以至爲帝, 無非取於人者. 取諸人以爲善, 是與人爲善者也. 故君子莫大乎與人爲善.」"이라 하였고, 公孫丑(下)에도 "子路, 人告之以有過則喜. 禹聞善言則拜"라 함. 본《明心寶鑑》169, 170을 볼 것.

【曩古】지난 옛날.

【仁義禮智信】五常. 사람으로서 지켜야 할 다섯 가지 떳떳한 倫理, 倫常.

【所以今人懶觀, 習行者少】'所以'는 까닭, 이유. 述語에 해당함. '今人'은 經書가 씌어지던 무렵을 가리킴. 경서에 가언선행이 많았던 까닭은 그 무렵에도 보기를 게을리 하고 익히고 실행하는 자가 적었기 때문이었음.

【文藝】문장만을 잘 짓고 수식에만 뛰어남.

【物外之善】뒤의 '當行之善'에 상대하여 仁義道德이 아닌 사물 밖의 잘 하는 것만을 권함.

【迺】'乃'와 같음.

【流傳】流布되어 傳해 오고 있음.

【罔之】'罔'은 '無, 亡'과 雙聲으로 같으며, '喪'과 疊韻으로 같음. '失'의 뜻.

【胡行】 마구하는 행동. 정제되지 않은 행위. 蠻行과 같음.

【不測朝夕】 저녁에는 아침을, 아침에는 저녁의 일을 예측할 수 없음.
〈元曲〉에 "天有不測風雲, 人有旦夕禍福"이라 함. 393을 볼 것.

【如履薄氷】 살얼음 걷듯이 조심함. 《詩經》小雅 小旻에 "不敢暴虎, 不敢
馮河. 人知其一, 莫知其它. 戰戰兢兢, 如臨深淵, 如履薄冰"라 함.

【中平飛橫】 '中平'은 평지. 아무 위험이 없는 중간의 안전한 곳. '飛橫'은
날아서 덮치는 橫厄, 橫災.

【太上感應篇】 道敎 經典의 하나. 勸善懲惡을 주제로 하고 있으며 본디
晉 葛洪의 《抱朴子》를 근원으로 하여 北宋 末에 李昌齡에 의해 이루어
졌으며 《宋史》藝文志에는 "李昌齡《感應篇》一卷"이 저록되어 있으며
《淸史稿》에도 "《太上感應篇注》二卷. 惠棟撰"과 "《感應篇贊義》一卷.
兪樾撰"이 저록되어 있음. 지금 널리 전하는 것은 淸 黃正元 注와 淸 毛
金蘭의 增補本임. 본문에 인용된 구절은 《太上感應篇》 결론으로 실려
있으며 "胡不勉而行之?"로 끝을 맺고 있음.

《太上感應篇》

《太上感應篇》

【節孝先生】徐積(1028~1103). 자는 仲車. 節孝는 시호. 宋 楚州 山陽 사람.
胡瑗에게 학문을 배웠으며 英宗 때 進士에 올랐으나 중년에 귀가 먹어
고통을 겪음. 哲宗 때 楚州敎授가 되어 敎學에 힘썼으며 監中岳廟의
직위를 맡음. 徽宗 때 節孝處士라는 시호를 받았으며 저술로《節孝語錄》,
《節孝集》 등이 있음.《宋史》(459) 卓行傳에 전이 있음.〈四庫全書〉子部(1)
儒家類에 "《節孝語錄》宋, 徐積(撰). 宋, 江端禮(編)"이 들어 있음.

【懲創人之逸志】'懲創'은 뜻을 징계하고 제재를 가함. 일지는 높은 뜻.
빼어난 心志. 남의 악한 말을 보게 되면 자신은 이를 反面敎師로 삼아
반성하고 다짐하여 높은 뜻을 더욱 계발할 수 있음.

【先輩】동시대의 앞선 사람. 본디 나이에 관계없이 科學에 먼저 급제한
이를 높여 부르는 칭호였음.

【諸惡莫作, 衆善奉行】이 두 구절은《太上感應篇》에 실려 있음.

【洪武】明 太祖 朱元璋의 연호. 1368~1398년까지 31년간이며, 26년은
1393년(朝鮮 太祖 2)에 해당함.

【旣望】음력으로 16일.

【武林】지금의 浙江 杭州의 옛 지명. 范立本의 貫鄕. 唐나라 때 錢塘,
南宋 때 臨安으로 도읍이었으며, 뒤에 杭州라 부름.

《明心寶鑑》(淸州版) 庾得和 발문

跋

《寶鑑》之爲書, 博考經傳, 采摭要語, 分爲二十篇. 是皆切於人倫日用,
而其要不過先明諸心而已. 若將此鑑, 常接乎目, 每警于心, 善可法惡
可戒, 則天之所佑, 奚可罄紀? 此書, 但有唐本, 監司閔相國, 思欲廣布,
鳩工鋟梓, 不月而功訖. 人人易印, 無人不學善敎, 興民風淳, 傳之後世,
而無窮矣, 豈曰小補之哉!
景泰五年甲戌十一月初吉, 奉直郞, 淸州儒學, 敎授官, 庾得和謹跋.

牧判官 奉直郞 具人文
通政大夫, 淸州牧使兼勸農兵馬團鍊使, 皇甫恭
都事奉直郞 金孝給
嘉善大夫忠淸道都觀察黜陟使兼監倉安集轉輸勸農管學事提調刑獄
兵馬公事 閔騫

발跋:
《명심보감》이란 책은 경전經傳을 널리 살피고 요어要語를 채집하고 주워
모아 20편으로 나눈 것이다. 이는 모두가 인륜과 일상생활에 절실한 것으로
그 요체는 먼저 여러 사람의 마음을 밝게 하도록 하는 데에 있을 뿐이다.
만약 앞으로 이 거울로써 늘 눈에 접하고 매번 마음에 경계를 삼아 선은
가히 법으로 여기고 악은 경계로 삼는다면 하늘의 도움이 어찌 책에 기록된
것에만 그치겠는가?

이 책은 다만 당본(중국본)만 있어 충청감사 민상국閔霜國이 널리 보급하고자, 공인을 모아 인쇄에 붙여 한 달이 채 못 되어 작업을 마친 것이다. 사람마다 쉽게 인쇄하여 누구에게나 선한 가르침을 배우지 않는 이가 없도록 하여 백성을 흥발시키면 풍속이 순박해져서 이를 후세에 전함이 무궁할 것이니, 어찌 그저 조그만 도움이라고 말할 수 있겠는가!

경태 5년(1454) 갑술 11월 초길(초하루) 봉직랑 청주유학교수관 유득화가 삼가 발문을 쓰다.

목판관牧判官 구인문具人文, 청주목사淸州牧使 황보공皇甫恭, 도사都使 김효급金孝給, 충청도 도관찰출척사都觀察黜陟使 민건閔騫 등이다.

【經傳】 經은 성인이 쓴 五經, 六經 등. 傳은 賢人이 經을 풀이한 책. 《博物志》文籍考에 "聖人制作曰經, 賢者著述曰傳·曰章句·曰解·曰論·曰讀, 鄭玄注《毛詩》曰箋, 不解此意. 或云毛公嘗爲北海郡守, 玄是此郡人, 故以爲敬"라 함.
【采撫】 '采'는 '探'와 같음. '撫'은 '줍다'의 뜻.
【明諸心】 마음을 밝도록 함. '諸'는 '저'로 읽으며 '之於', '之乎'의 합음자.
【罄紀】 기록 그 자체로 그치는 것. 罄은 '텅 비다'의 뜻이며 '紀'는 '記'와 같음.
【唐本】 중국본. 국내에는 판각되지 않았음을 말함.

【閔相國】그 무렵 忠淸監司였던 閔騫. 忠淸道都觀察黜陟使, 嘉善大夫, 監倉, 安集轉輸勸農管學事, 提調刑獄兵馬公事 등을 지냈으며 相國은 지내지 않았음.

【鳩工】'鳩'는 '모으다'의 뜻.

【鋟梓】'鋟'은 '판목에 새기다'의 뜻이며, '梓'는 가래나무. 고대에는 가래 나무를 인쇄용 목재로 써서 '梓'를 흔히 인쇄의 뜻으로 썼음.

【訖】'작업을 끝내다'의 뜻.

【景泰】明 代宗(朱祁鈺)의 연호. 1450∼1456년까지 7년간이었으며 5년은 1454년 甲戌해였음. 이 해는 朝鮮 端宗 2년이었음.

【初吉】초하루.

【奉直郞】직급 이름. 조선시대 文官 從五品.

【庾得和】淸州儒學敎授官이었던 인물.

【牧判官】민생 판결을 맡던 지방 관리.

【具人文】자는 章叔(1409∼1462). 호는 睡翁, 본관은 綾城. 청주판관, 집현전 교리를 거쳤으며 世祖 즉위에 반대하여 고향 海美로 낙향, 세상과 두절하며 지냈음. 그 때문에 그가 살던 곳을 '杜門洞'이라 불릴 만큼 충절을 지켰으며, 端宗을 추모하여 寧越을 자주 다녀오기도 하였음. 시호는 忠莊, 吏曹判書에 추증됨.

【皇甫恭】당시 淸州牧使兼勸農兵馬團練使를 지냈던 인물. 皇甫는 複姓.

【金孝給】당시 都事奉直郞을 지냈던 인물. 구체적인 사적은 알 수 없음.

明心寶鑑序
夫為人在世生居中國稟三才之德為萬物之
靈感天地覆載日月照臨
皇上水土父母生身聖賢垂教而従教老達道
為先非博學無以廣知不明心無以見性雖有
生而知之者近世奇稀昔夏禹王聞善言猶然
下拜何況凡世人乎暴古聖賢遺誌經書并言
萬語只欲教人為善阿以立仁義禮智信宣

新列大字明心寶鑑上
繼善篇第一凡四十七條
子曰為善者天報之以福為不善者天報之以禍○
尚書云作善降之百祥作不善降之百殃○徐
神翁曰積善逢善積惡逢惡仔細思量天地不錯○
善有善報惡有惡報若還不報時晨未到○尚
書云作善自福生作惡自災生○福在積善禍在
積惡○平生作善天加福若是惡頑受禍殃善惡
到頭終有報高飛遠走也難藏○行藏虚實自家

초간본(청주판, 1454) 《명심보감》 서문일부와 본문

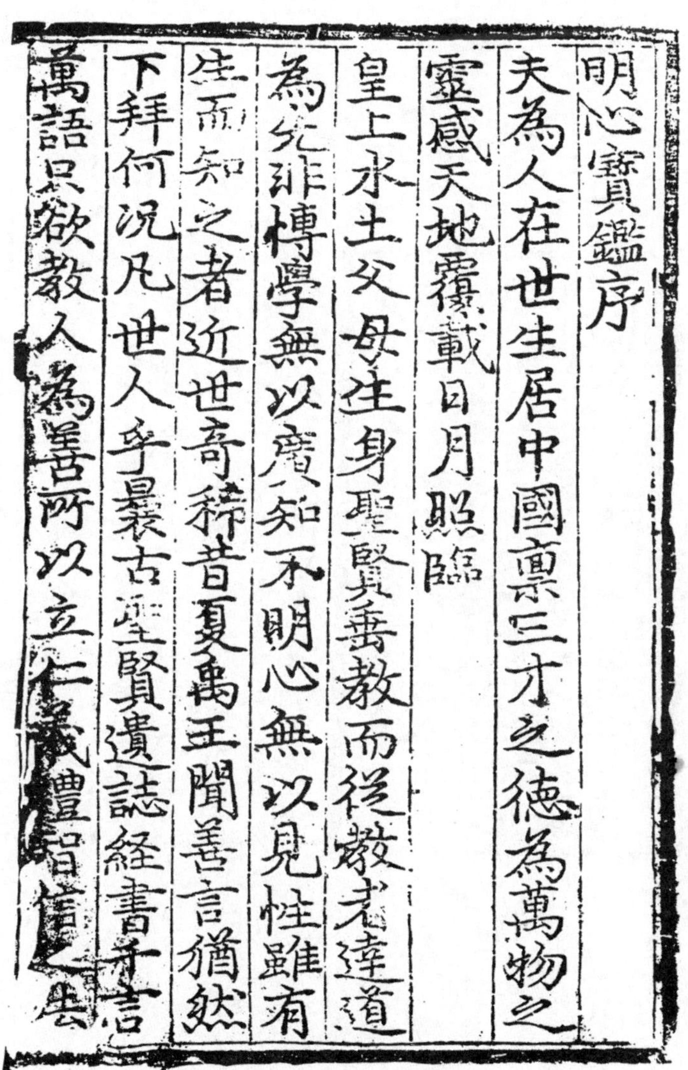

明心寶鑑序

夫爲人在世生居中國稟三才之德爲萬物之
靈感天地覆載日月照臨
皇上水土父母生身聖賢垂教而後教老達道
爲先非博學無以廣知不明心無以見性雖有
生而知之者近世奇稀昔夏禹王聞善言猶然
下拜何況凡世人乎暴古聖賢遺誌經書千言
萬語只欲教人爲善所以立仁義成豐智信之

초간본《명심보감》 서문 일부

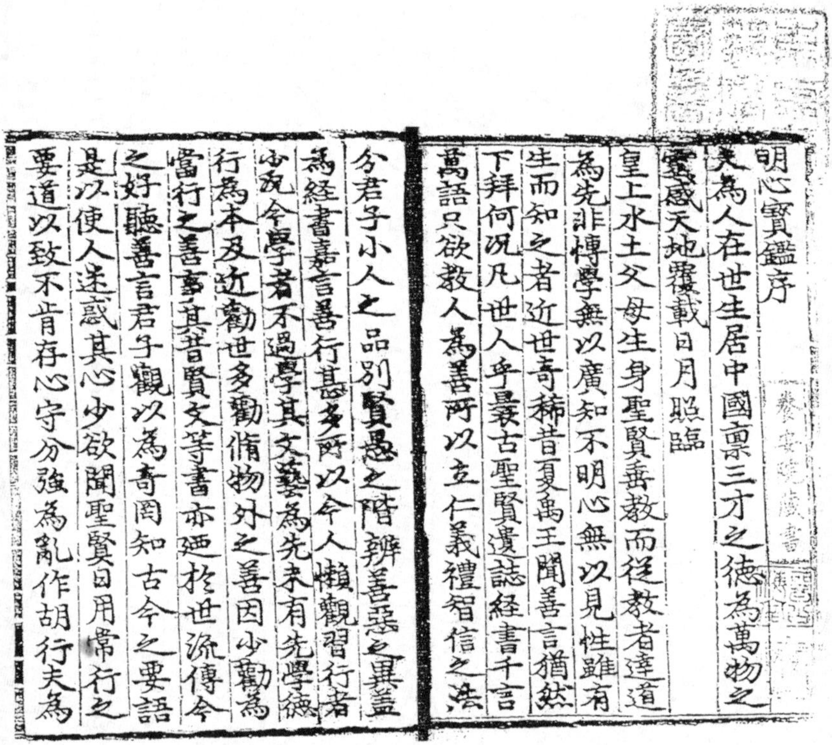

明心寶鑑序

夫為人在世生居中國禀三才之德為萬物之
靈感天地覆載日月照臨
皇上水土父母生身聖賢垂教而徔教者達道
為先非博學無以廣知不明心無以見性雖有
生而知之者近世奇稀昔夏禹王聞善言猶然
下拜何況凡世人乎曩古聖賢遺誌経書千言
萬語只欲教人為善所以立仁義禮智信之法

分君子小人之品別賢愚之階辨善惡之異盖
為経書嘉言善行甚多所以今人懶觀習行者
少况今學者不過學其文藝為先未有先學德
行為本及近勸世多勸徇物外之善因少勸為
當行之善事真昔賢文等書亦延扵世流傳今
之好聽善言君子觀以為奇罔知古今之要語
是以使人迷惑其心少欲聞聖賢日用常行之
要道以致不肯存心守分強為亂作胡行夫為

일본 쓰쿠바(筑波)대학 소장 《명심보감》

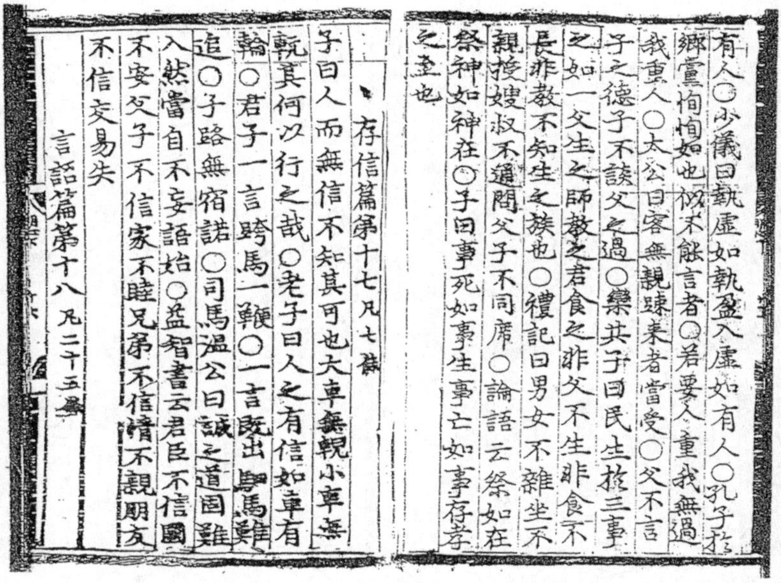

有人○少儀曰執虛如執盈入虛如有人○孔子於
鄉黨恂恂如也初末饒言者○若要人重我無過
我重人○太公曰客無親踈來者當受○父不言
子之德子不諛父之過○欒共子曰民生於三事
之如一父生之師教之君食之非父不生非食不
長非教不知生之族也○禮記曰男女不雜坐不
親授嫂叔不通問父子不同席○論語云祭如在
祭神如神在○子曰事死如事生事亡如事存孝
之至也

、存信篇第十七凡七條
子曰人而無信不知其可也大車無輗小車無
軏其何以行之哉○老子曰人之有信如車有
輪○君子一言跨馬一鞭○一言既出駟馬難
追○子路無宿諾○司馬溫公曰誠之道固難
入然當自不妄語始○益智書云君臣不信國
不安父子不信家不睦兄弟不信情不親朋友
不信交易失

言語篇第十八凡二十五條

쓰쿠바대학 소장본. 우리나라 발견본에 낙질되어 없는 부분(일부).
부록 및 해제를 참조할 것.

明心寶鑑序

明心寶鑑者何為而作也
古之人憂後學之徇利忘
義而作也蓋人之生有天
命之性有氣質之性天命

明心寶鑑凡例
一囂堂先生褒葺詔後學之書攬頼此篇之存
而世遠板刓多有訛誤故玆正錢梓
一篇內所引只就賢聖格言短章取義故以隨
錄先後不以世代次序
一命篇次第似有異於八條先後而此非徇序
用工之書只是隨處示戒之言故仍舊編錄
一異家子流列於篇中者雖無害於聖人擇言
之道而至於衛正之義不可不嚴故要加校
正者先聖訓

《명심보감》 조선시대 〈초략본〉 서문 일부와 범례

縣吐具解 校正增補
新無雙明心寶鑑

繼善篇

子ㅣ曰爲善者는 天이 報之以福하고 爲不善者는 天이 報之以禍니라
○子는孔子ㅣ니 後皆倣此라
子ㅣ가라사대, 착함을하는자는, 하날이, 복으로써, 갑고, 착하지못함을하는자는하날이, 재화로써, 갑나니라

漢昭烈이 將終에 勅後主曰勿以善小而不爲하고 勿以惡小而爲之하라
○昭烈의名은備오字는玄德이오 後主의名은禪이니昭烈의子라
한나라, 소렬황뎨가, 장차, 죽을때에, 후쥬에게, 조칙하야갈아대, 착한것이면져, 다고, 써하지말지말고, 악한것이면, 져더래도써하지말라

莊子ㅣ曰一日不念善이면 諸惡이 皆自起니라
○莊子의 名은周라
장자ㅣ갈아대하로도착함을, 생각지아니하면, 모든, 악한것이, 다, 스사로, 닐어

太公이 曰見善如渴하고 聞惡如聾하라 又曰善事란 須貪하고 惡事란 莫樂하라
○太公의姓은姜이니呂尙也라
태공이갈아대, 착한것을보거든, 목말음, 갓치하고, 악한것을, 듯거든, 귀먹음갓치하라, 또갈아대착한일을란, 모름죽이, 탐하고, 악한일을란, 즐기지마라

馬援이 曰終身行善이라도 善猶不足이오 日月行惡이라도 惡自有餘니라
○馬援은東漢 伏波將軍也라
마원이갈아대, 몸이맛츠도록, 착함을행하야도, 착한것은, 오히려, 부족하고, 날마달로악함을행하야도, 악한것은, 남으미잇나니라

司馬溫公이 曰積金以遺子孫이라도 未必子孫이 能盡守오 積書以遺子孫이라도 未必子孫이 能盡讀이니 不如積陰德於冥冥之中하야 以爲子孫之計也니라
○溫公의 名은光也

增補懸吐無雙《明心寶鑑》1966. 世昌書館

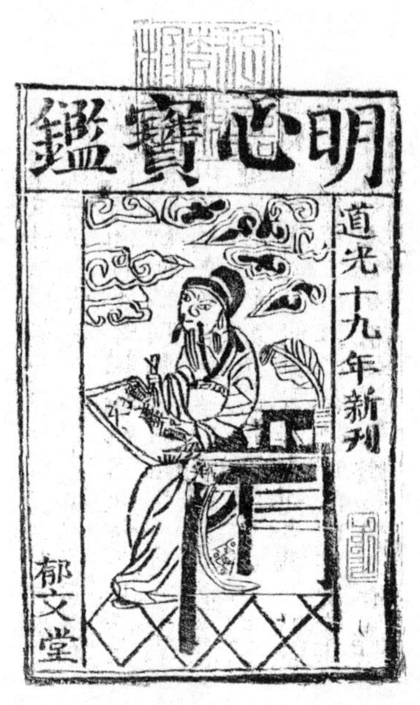

清 道光 19년(1839)《明心寶鑑》. 표지와 상하권 도입부분. 내용은《昔時賢文》과 《增廣賢文》을 싣고 있어《명심보감》과 전혀 다름. 해제 참조.

TẠ THANH BẠCH
dịch chú

明　心　寶　鑑
MINH TÂM BẢO GIÁM

DỊCH VÀ CHÚ THÍCH RÕ RÀNG

善理命行己分心性學
繼天順孝正安存戒勸

NHÀ XUẤT BẢN VĂN HỌC

MINH TÂM BẢO GIÁM

THIÊN THỨ NHẤT

繼　善
KẾ THIỆN

(Kế tiếp làm thiện để giữ bản tính của trời cho)

子　曰：爲　善　者　天　報　之
Tử　viết：vi　thiện　giả　thiên　báo　chi
Đức Khổng nói rằng: làm thiện, lành ấy trời báo chưng, đấy

以　福；爲　不　善　者，天　報
dĩ　phúc；vi　bất　thiện　giả，thiên　báo
lấy phúc; vì làm chẳng thiện ấy, trời báo

之　以　禍．
chi　dĩ　họa.
đấy　lấy　họa.

Khổng Tử nói: *"Người làm điều thiện (ở lành) thì trời sẽ ban lợi phúc cho ơ; kẻ làm điều bất thiện (ở ác) thì trời sẽ bắt gặp tai vợ".*

尚　書　云：作　善　降　之　百
Thượng　Thư　vân：Tác　thiện　giáng　chi　bách
Sách Thượng Thư rằng: Làm thiện xuống đấy trăm

祥；作　不　善　降　之　百　殃．
tường；tác　bất　thiện　giáng　chi　bách　ương.
điềm lành; làm chẳng thiện xuống đấy trăm vạ.

Sách Thượng Thư nói: *"Người làm điều thiện, trời sẽ ban cho trăm phúc, kẻ làm điều bất thiện, trời sẽ giáng cho trăm họa".*

徐　神　翁　曰　積　善　逢　善，
Từ　Thần　Ông　viết：Tích　thiện　phùng　thiện，
Tu　Thân　Ông　rằng：Chứa　thiện，lành gặp thiện，lành，

積　惡　逢　惡，仔　細　思　量，
tích　ác，　phùng　ác，　tử　tế　tư　lượng，
chứa　ác, dữ　gặp　ác, dữ　kỹ　lưỡng　nghĩ　lường，

天　地　不　錯．
thiên　địa　bất　thác.
trời　đất　chẳng　sai, lầm.

Ông Từ Thần Ông nói: *"Chứa thiện gặp thiện, chứa ác gặp ác. Phải suy nghĩ kỹ càng, chớ làm điều gì trái với trời đất".*

善　有　善　報，惡　有　惡　報；
Thiện　hữu　thiện　báo，　ác　hữu　ác　báo；
Thiện, lành có　thiện, lành báo，　ác, dữ có　ác, dữ báo；

若　還　不　報，時　辰　未　到．
nhược　hoàn　bất　báo，　thì　thần　vị　đáo.
nếu　còn　chẳng　báo，　thì, thời　giờ　chưa　đến.

Ở thiện có thiện báo, ở ác có ác báo, hiện thời chưa thấy báo là chưa đến lúc vậy.

越南 현대판《明心寶鑑》목차와 본문 일부

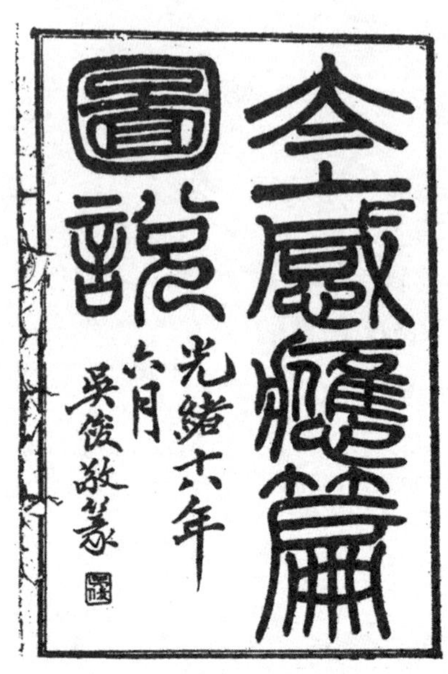

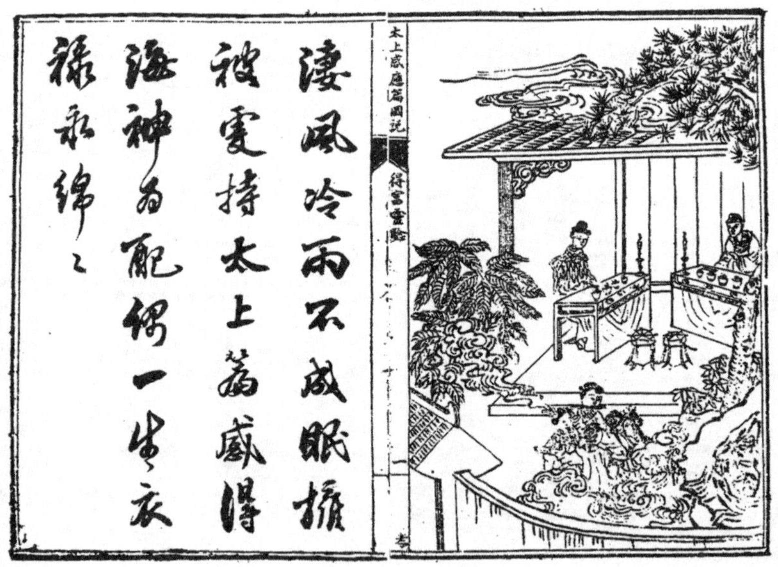

《太上感應篇》 표지와 그림

西山大師 상과 墨跡

菜根譚　　　　　　　　洪應明著

侗省

欲做精金美玉的人品定從烈火中煅來思立掀
天揭地的事功須向薄氷上履過
一念錯便覺百行皆非防之當如渡海浮囊勿容
一針之罅漏萬善全始得一生無愧怖之當如凌
雲寶樹須假衆木以撐持

名也

○注信民이 嘗言人이 常咬得菜根則百事를 可做이라호니 胡康
侯ㅣ 聞之코 擊節嘆賞하더라
●注信은 民이일즉사람이상히 ᄂᆞᆫ믈쓸쥐를너흘면온갓일을可히일우리라ᄒᆞ
야ᄂᆞᆯ胡康侯ㅣ 듯고節을擊ᄒᆞ고차탄ᄒᆞ야기리더라
(集說)애ㅣ 曰信民은 名革이오 臨川人이오 康侯는 文定公字也ㅣ니 人能甘淡泊하야 而不以外物로
勳心則可以有爲矣오 擊節은 一段이오 擊手指節이오 一段擊器物爲節이니 皆通하며 嘆하며 嗟嘆
賞은 稱賞이라 朱子ㅣ 曰學者는 須常以志士不忘在溝壑으로 爲念이면 則道義重하야 而計較死生之
心이 輕矣오 況衣食外物이 至微末事아 不得하야 求必便死하고 亦何用義犯犯分役心忮惠
嘗譽以求之耶아 某觀今人이 因不能咬菜根하야 而至於違其心者ㅣ 衆矣니 可不戒哉아
右는 實敬身이라
●이우ᄒᆞᆫᄆᆞᆷ공경홈을 實히우ᄂᆞ니라

原本小學集註卷之六　終

《菜根譚》과 《小學》의 '채근' 담론 부분

차 례

❧ 책머리에
❧ 일러두기
❧ 해제

❧《明心寶鑑》范立本 서문
❧《明心寶鑑》(淸州版) 庾得和 발문

《原本明心寶鑑》卷上

《명심보감》 세부목차

1. 계선편繼善篇 第一

2. 천명편 天命篇 第二

3. 순명편 順命篇 第三

4. 효행편 孝行篇 第四

5. 정기편 正己篇 第五

6. 안분편安分篇 第六

7. 존심편 存心篇 第七

10. 훈자편 訓子篇 第十

12. 입교편 立教篇 第十二

13. 치정편治政篇 第十三

18. 언어편言語篇 第十八

19. 교우편交友篇 第十九

20. 부행편 婦行篇 第二十

《明心寶鑑》補遺篇

1. 증보편 增補篇 第一

《原本明心寶鑑》卷上

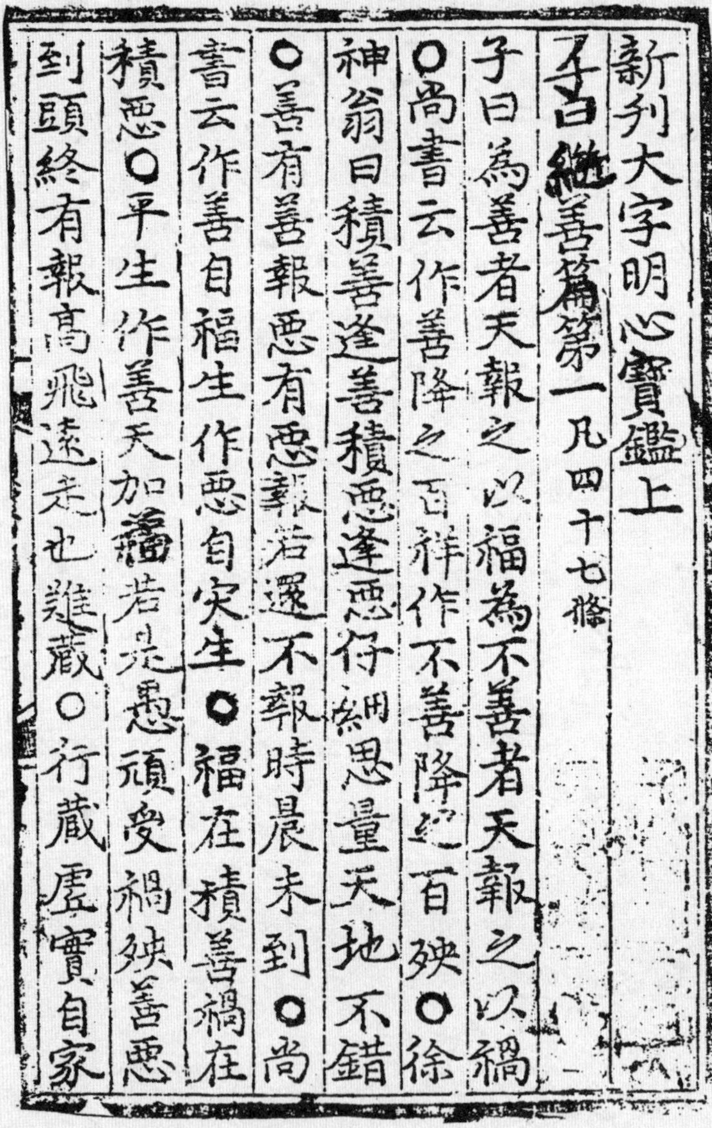

新刊大字明心寶鑑上

繼善篇第一凡四十七條

子曰爲善者天報之以福爲不善者天報之以禍○尚書云作善降之百祥作不善降之百殃○徐神翁曰積善逢善積惡逢惡仔細思量天地不錯○善有善報惡有惡報若還不報時晨未到○尚書云作善自福生作惡自災生○福在積善禍在積惡○平生作善天加善若是愚頑受禍殃善惡到頭終有報高飛遠走也難藏○行藏虛實自家

《명심보감》 상권 첫부분

1. 계선편繼善篇 第一

"凡四十七條"
모두 47장이다.

"선을 끊임없이 실행해야 함을 강조한 글들"

〈鷄雛待飼圖〉(宋, 李迪)

001(1-1)*
착한 일을 하는 자

공자孔子가 말하였다.
"착한 일을 하는 이에게는 하늘이 복으로 보답하고,
못된 짓을 하는 자에게는 하늘이 재앙으로 갚는다."

子曰:「爲善者, 天報之以福;
　　　爲不善者, 天報之以禍.」

【子】孔子를 가리키며 이 책의 '子曰'은 모두 이와 같음.

공자와 《논어》

참고 및 관련 자료

1. 《荀子》宥坐篇
爲善者天報之以福, 爲不善者天報之以禍.

2. 《韓詩外傳》(7)
孔子困於陳蔡之間, 卽三經之席, 七日不食, 藜羹不糝,
弟子有飢色. 讀書習禮樂不休. 子路進諫曰:「爲善者, 天報
之以福; 爲不善者, 天報之以賊. 今夫子積德累仁, 爲善
久矣. 意者, 當遺行乎? 奚居之隱也?」

3. 《孔子家語》在厄篇
且由也昔者聞諸夫子:「爲善者天報之以福, 爲不善者天報
之以禍.」今夫子積德懷義, 行之久矣, 奚居之窮也?」

4.《孔子集語》事譜(下)

子路進諫曰:「爲善者, 天報之以福; 爲不善者, 天報之以賊. 今夫子積德累仁,
爲善久矣, 意者, 當遺行乎? 奚居之隱也?」

002(1-2)
백 가지 상서로움

《상서尚書》에 말하였다.
"착한 일을 지으면 하늘이 백 가지 상서로움을 내려주고,
못된 짓을 지으면 하늘이 백 가지 재앙을 내린다."

《尚書》云:「作善, 降之百祥;
　　　　　作不善, 降之百殃.」

【尚書】《書經》이라고도 하며《詩》·《易》·《春秋》·《禮》·《樂》과 함께 六經의
하나. 고대 법령과 포고문 등을 모은 것으로 十三經에 포함됨.

참고 및 관련 자료

1.《書經》伊訓篇

聖謨洋洋, 嘉言孔彰. 惟上帝不常, 作善降之百祥, 作不善降之百殃. 爾惟德罔小,
萬邦惟慶. 爾惟不德罔大, 墜厥宗.

003(1-3)
조금도 어긋남이 없는 천지의 도

서신옹徐神翁이 말하였다.
"선을 쌓으면 선을 만나게 되고, 악을 쌓으면 악을 만나게 된다.
자세히 헤아려보면 천지는 조금도 어긋나지 않는다."

徐神翁曰:「積善逢善, 積惡逢惡.
　　　　仔細思量, 天地不錯.」

【徐神翁】宋나라 때의 徐常. 建州 사람으로 자는 彦和·神宗. 元豐 때에 진사에
올랐으며, 蘇軾·陳襄 등과 교유하였고 哲宗 때 福州轉運使 등을 역임함. 청렴
결백하여 당시 많은 관리들이 모두 두려워하였다 함. 관직은 朝議大夫에 오름.
《宋史》藝文志에 "朱宋卿《徐神翁語錄》一卷"이 저록되어 있음.
【思量】'생각하고 헤아려 보다'의 백화어.

004(1-4)
응보

"착한 일에는 착한 보답이 있고,
　악한 행동에는 악의 보답이 있다.
　만약 아직도 그러한 응보가 오지 않았다면,
　이는 때가 이르지 않은 것일 뿐이다.

「善有善報, 惡有惡報.
　若還不報, 時晨未到.」

【還】'그래도, 아직도'의 백화어 표현.
【時晨】 때. 〈越南本〉에는 '時辰'으로 되어 있음.

참고 및 관련 자료

1. 元 無名氏의 《來生債》(제1절)

善有善報, 惡有惡報; 不是不報, 時辰未到.

2. 《金甁梅詞話》(제1회)

善有善報, 惡有惡報; 天網恢恢, 疎而不漏.

3. 《荀子》宥坐篇

爲善者天報之以福, 爲不善者天報之以禍.

4. 《事林廣記》(2)와 元曲 《看錢奴》(1)에도 그대로 인용되어 있음.

5. 宋 林逋의 《省心錄》

爲善則善應, 爲惡則惡報.

6. 《昔時賢文》

善有善報, 惡有惡報; 若有不報, 日子未到.

005(1-5)
선과 복

《상서》에 말하였다.
"선을 지으면 복이 저절로 생겨나고, 악을 지으면 재앙이 저절로 생겨난다."

《尚書》云:「作善自福生, 作惡自災生.」

【災】 '災'와 같음. 災殃·殃禍.

참고 및 관련 자료

1.《尚書》에 똑같은 구절은 없으며, 伊訓篇에 "作善降之百祥, 作不善降之百殃"
이라 하여 비슷한 내용이 실려 있음.

006(1-6)
복은 선을 쌓는 데에 있고

"복은 선을 쌓는 데에 있고,
 재앙은 악을 쌓는 데에 있다."

「福在積善, 禍在積惡.」

007(1-7)
피하지도 숨지도 못할 응보

"평소 선을 지으면 하늘이 복을 얹어준다.

이와 같건만 어리석고 완고하여 재앙을 받는다.
선과 악은 머리 끝 어디까지라도 응보가 있게 마련이니,
높이 날아 도망가거나 멀리 달아나 피한다 해도 숨기가 어렵다."

「平生作善天加福, 若是愚頑受禍殃.
　善惡到頭終有報, 高飛遠走也難藏.」

【平生】 '平素'와 같음. '日常·平常時'의 뜻.
【作善】 〈越南本〉에는 '行善'으로 되어 있음.
【到頭】 '끝까지'를 의미하는 백화어 용법.
【善惡到頭終有報】 다음장(008)을 볼 것.
【也】 '亦'과 같으며 여기서는 '~한다 해도'의 강조법 문장을 표현하고 있음.

008(1-8)
내가 스스로 알고 있는데

"행동과 숨김, 거짓과 진실은 자신이 알고 있는 것인데,
화와 복의 원인을 다시 누구에게 묻겠다는 것인가?
선과 악은 끝까지 응보가 있게 마련이다.
다만 일찍 나타나고 늦게 나타나는 차이만 있을 뿐이다.
조용한 속에서 평소의 일을 점검해 보고
고요한 속에서 날마다 한 일을 헤아려 보라.
항상 한 가지 마음을 잡고 바른 도리를 행하면
저절로 천지가 서로 어그러짐이 없으리라."

「行藏虛實自家知, 禍福因由更問誰?
善惡到頭終有報, 只曾來早與來遲.
閑中點檢平生事, 靜裏思量日所爲.
常把一心行正道, 自然天地不相虧.」

【行藏】 나서서 행동하는 것과 숨어서 은거하는 것. 드러난 행동과 숨어서 수양하는 것.《論語》述而篇에 "子謂顏淵曰:「用之則行, 舍之則藏, 惟我與爾有是夫!」"라 함.
【禍福】《吳越春秋》(4)에 "吉者凶之門, 福者禍之根"이라 함.
【因由】 원인과 이유. 까닭. 그렇게 된 근본 緣由.
【只曾】 '다만 일찍이'. 그러나 原詩와 다른 인용, 〈越南本〉 등에는 모두 "只爭"으로 되어 있어 "다만 그 결과의 早晚 여부를 다투어 나타내주다"의 뜻으로 여겨 더욱 명확함.
【平生】 白話語로 '평소 일상의 태도나 자신이 한 일'을 의미함.
【自然】 副詞語로 '저절로, 자연히'의 뜻.

참고 및 관련 자료

1. 이 구절은 원래 元積의 〈垂訓詩〉의 일부임.
2. 元 高明의《琵琶記》五娘葬公婆
公公, 自古流傳多有此, 畢竟感格上蒼知. ……正是:「善惡到頭終有報, 只爭來早與來晚.」
3.《金瓶梅詞話》(87), 元曲《來生債》(1) 등에도 인용되어 있음.
4.《永樂大全》(12)
萬事到頭終有報, 只爭來速與來遲.
5.《昔時賢文》
善惡到頭終有報, 只爭來早與來遲.

009(1-9)
적선지가

《역易》에 말하였다.

"선을 쌓는 집안은 반드시 남는 경사까지 겹치게 되고,
　불선不善을 쌓는 집안은 틀림없이 남는 재앙까지 덮어쓰게 된다."

《易》云:「積善之家, 必有餘慶;
　　　　　積不善之家, 必有餘殃.」

【易】《周易》을 말함. 三經과 五經, 六經의 하나이며 十三經에 포함됨. 고대 길흉
　화복을 점치던 책이었으나 孔子가 이를 정리하여 수양서로 삼았음. 천지만물의
　순환원리를 64괘에 담아 풀이한 것.
【餘慶】 당연히 받을 경사에 더하여 또 경사를 줌.

참고 및 관련 자료

1.《周易》坤卦 文言傳(下)
積善之家, 必有餘慶; 積不善之家, 必有
餘殃. 臣弑其君, 子弑其父, 非一朝一夕
之故, 其所由來者漸矣! 由辯之不早辯也.
《易》曰:「履霜, 堅氷至」, 蓋言順也.
2.《昔時賢文》
好訟之子, 多致終凶; 積善之家 必有餘慶.

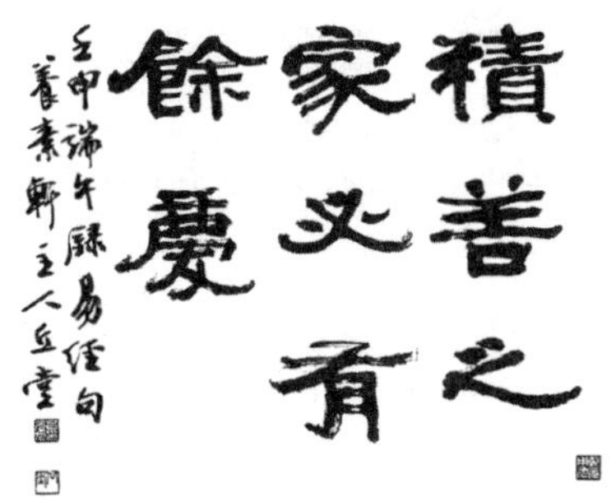

"積善之家, 必有餘慶" 丘堂 呂元九 글씨

3. 陸文安公 〈論洪範五福〉

實論五福, 但當論人一心. 若其心邪, 其事惡, 縱使目前富貴, 自正人觀之, 無異
在图圖糞穢中也, 何福之有! 其心正, 其事善, 雖在貧賤患難中, 心自亨通. 自正
人觀之, 卽是福德.『作善降之百祥, 作不善降之百殃.』『積善之家, 必有餘慶;
積不善之家, 必有餘殃.』但自考其心, 則知福祥殃咎之至, 如影隨形, 如響應聲,
必然之理也.

010(1-10)*
아무리 작은 악이라 해도

한漢나라 소열제昭烈帝가 죽음에 이르러 아들 후주後主에게 유언하였다.
"악은 아무리 작은 것이라고 해도 해서는 안 된다.
선은 아무리 작은 것이라 해도 그냥 지나쳐서는 안 된다."

漢昭烈將終勅後主曰:「勿以惡小而爲之,
　　　　　　　　　　　勿以善小而不爲.」

【昭烈】 중국 三國시대 蜀漢의 劉備(221~223 재위). 자는
　玄德. 시호는 昭烈. 先主라고도 칭해짐.《三國志》蜀志에
　傳이 있음.
【將終】 〈越南本〉에는 이 두 글자가 없음.
【後主】 劉禪. 유비의 아들. 자는 公嗣. 삼국 蜀의 제 2대
　황제. 後主라 칭함. 劉備의 아들이며 諸葛亮의 도움을
　받았으나 나라가 망하고 말았음. 223~263년 재위함.

漢昭烈帝《三才圖會》

《十八史略》(3)에 "後皇帝: 名禪, 字公嗣, 昭烈皇帝子也. 年十七卽位, 改元建興, 丞相諸葛亮受遺詔輔政, 昭烈臨終謂亮曰:「君才十倍曹丕, 必能安國家, 終定大事, 嗣子可輔輔之, 如其不可, 君可自取.」亮涕泣曰:「臣敢不竭股肱之力, 效忠貞之節, 繼之以死?」亮乃約官職修法制, 下敎曰:「夫參署者, 集衆思廣忠益也. 若遠小嫌, 難相違覆, 曠闕損矣.」라 함. 〈小學集註〉에 "朱子曰:「善必積而後成, 惡雖小而可戒.」라 함.

참고 및 관련 자료

1.《三國志》蜀志 先主傳 注
《諸葛亮集》載先主遺詔敕後主曰:「朕初疾但不痢耳, 後轉雜他病, 殆不自濟. 人五十不稱夭, 年已六十有餘, 何所復恨, 不復自傷, 但以卿兄弟爲念. 射君到, 說丞相歎卿智量, 甚大增脩, 過於所望, 審能如此, 吾復何憂! 免之, 免之! 勿以小惡而爲之, 勿而小善而不爲. 惟賢惟德, 能服於人. 汝父德薄, 勿效之. 可讀《漢書》·《禮記》, 閒暇歷觀諸子及《六韜》·《商君書》, 益人意智. 聞丞相爲寫《申》·《韓》·《管子》·《六韜》一通已畢, 未送, 道亡, 可自更求聞達.」臨終時, 呼魯王與語:「吾亡之後, 汝兄弟父事丞相, 令卿與丞相共事而已.」
2.《小學》外篇 嘉言 廣立敎
漢昭烈將終勅後主曰:「勿以惡小而爲之, 勿以善小而不爲.」

011(1-11)*
하루라도

장자莊子가 말하였다.
"하루라도 선을 생각하지 않으면, 여러 가지 악이 스스로 다 일어난다."

莊子曰:「一日不念善, 諸惡自皆起.」

【莊子】 전국시대 대표적인 도가의 인물. 莊周. 《莊子》를 남김.

참고 및 관련 자료

1. 지금의 《莊子》에는 본 구절이나 비슷한 구절이 전하지 않음. 본 《明心寶鑑》
에 인용처를 '莊子'로 한 것은 거의 《莊子》에 들어 있지 않아 范立本이 거론한
'莊子'는 다른 사람일 것으로 여겨짐.

012(1-12)
날마다 행할 일

서산西山 진선생眞先生이 말하였다.
"선을 택하여 굳게 잡고
오직 날마다 힘써 행할지니라."

西山眞先生曰:「擇善固執, 惟日孜孜」

【西山眞先生】 宋나라 때의 인물 眞德秀(1178~1235). 자는 景元, 혹은 希元. 뒤에
景希로 바꿈. 호는 西山. 원래 성씨는 愼氏였으나 宋 孝宗 趙愼의 이름을
피하여 眞氏로 고쳤다 함. 戶部尙書, 翰林學士, 參知政事 등을 역임함. 朱熹의
학설을 종주로 삼아 《大學衍義》를 지었으며 이로써 程朱學을 다시 부흥시켰음.
시호는 文忠. 《眞文忠公集》을 남김.
【孜孜】 부지런히 힘쓰는 모습을 표현하는 말.

013(1-13)
세 가지 악

"귀로 선한 말을 들어,
　세 가지 악에 떨어지지 않도록 하라."

「耳聽善言, 不墮三惡.」

【三惡】《左傳》昭公 14년에 의하면 三惡이란 포(暴)·학(虐)·파(頗)라 함.

014(1-14)
염원

"사람이 선한 일을 하겠다는 염원이 있으면
　하늘이 반드시 이에 따라준다."

「人有善願, 天必從之.」

【天必從之】〈越南本〉에는 '天必知之'로 되어 있음.

참고 및 관련 자료

1. 元曲 《降桑椹》(3)

人有所願, 天必從之.

2. 〈越南本〉에는 "西山眞先生曰:「擇善固執, 惟日孜孜. 耳聽善言, 不墮三惡. 人有善願, 天必知之.」"라 하여 하나의 장으로 묶었으며 '從之'는 '知之'로 되어 있음.

015(1-15)
선을 따르는 것은

《국어國語(晉語)》에 말하였다.

"선을 따르는 것은 올라가는 것과 같고,
 악을 따르는 것은 무너지는 것과 같다."

《晉國語》云:「從善如登, 從惡如崩.」

【晉國語】《國語》晉語를 말함.《國語》는 左丘明이 편찬한 것으로 알려진 春秋 시대 周·魯·齊·晉·鄭·楚·吳·越 등 8나라의 역사 일화를 모은 책.《春秋左傳》에 상대하여 《春秋外傳》이라 칭함.

참고 및 관련 자료

1.《國語》周語(下)에 당시 속담으로 인용되어 있음. 따라서 「晉國語」는 「周國語」의 오기임.

2.《國語》周語(下)

諺曰:「從善如登, 從惡如崩.」昔孔甲亂夏, 四世而隕; 玄王勤商, 十有四而興. 帝甲亂之, 七世而隕; 后稷勤周, 十有五世而興. 幽王亂之, 十有四世矣. 守府之謂多, 胡可興也? 夫周, 高山·廣川·大藪也, 故能生是良材, 而幽王蕩以爲魁陵·糞土·溝瀆, 其有悛乎?

3.《小學》外篇 嘉言 實敬身

古語云:「從善如登, 從惡如崩.」

《國語》〈사고전서〉본

016(1-16)*
진실로 탐낼 일

태공太公이 말하였다.
"착한 일은 모름지기 탐을 내고,
악한 일은 즐겁게 여기지 말라."

太公曰:「善事須貪, 惡事莫樂.」

【太公】周나라 초기 武王을 도와 殷을 멸하고 周를 세웠으며, 뒤에 齊나라에 봉해진 병법가·정치가. 呂尙. 자는 子牙. 姜太公·太公望 등으로 불림.《史記》 周本紀 및 齊太公世家에 자세한 내용이 실려 있음.

1. 〈抄略本〉과 〈通俗本〉에는 본 16장과 18장을 하나로 묶어 "太公曰:「善事 須貪, 惡事莫樂.」又曰:「見善如渴, 聞惡如聾.」"이라 하였음.
2. 〈越南本〉에는 "太公曰:「善事須貪, 惡事莫樂. 見善如渴, 聞惡如聾. 爲善 最樂, 道理最大.」"라 하여 16·18·19장을 묶어 하나의 장으로 하였음.

017(1-17)
치욕을 멀리하기 위한 것

안자顔子가 말하였다.
"선은 자신에게 이로운 것이라 여기고,
악은 자신을 손해나게 하는 것이라 여겨라.
그 때문에 군자가 그 이로움에 힘쓰고 손해날 것을 방지하는 것은
명예를 추구하기 위한 것이 아니라 장차 치욕을 멀리하고자 함이다."

顔子曰:「善以自益, 惡以自損;
　　　　故君子務其益以防損;
　　　　非以求名, 且以遠辱.」

顔子(顔回)《三才圖會》

【顔子】공자 제자 顔回(顔淵). 혹 이 말을 한 것은 南朝 宋나라의 周續之로
보고 있으나 확실하지는 않음. 구체적인 출처는 알 수 없음.

018(1-18)
목마른 듯이 여길 선

태공이 말하였다.
"선을 보거든 목마른 듯이 여기고,
악을 듣거든 귀머거리처럼 하라."

太公曰:「見善如渴, 聞惡如聾.」

【太公】姜太公, 呂尙. 자는 子牙. 전출.

姜太公(呂尙, 子牙)《三才圖會》

019(1-19)
가장 즐거운 일

"선을 행하는 것이 가장 즐거운 것이요,
도리가 가장 큰 것이다."

「爲善最樂, 道理最大.」

1. 이는 後漢 東平王(시호는 憲王) 劉蒼의 말임.

2. 《後漢書》(42) 東平憲王蒼傳(劉蒼)

東平憲王蒼, 建武十五年封東平公, 十七年進爵爲王. 蒼少好經書, 雅有智思, 爲人美須髥, 要帶八圍, 顯宗甚愛重之. 及卽位, 拜爲驃騎將軍, 置長史掾史員四十人, 位在三公上. 十一年, 蒼與諸王朝京師. 月餘, 還國. 帝臨送歸宮, 悽然懷思, 乃遣使手詔國中傅曰:「辭別之後, 獨坐不樂, 因就車歸, 伏軾而吟, 瞻望永懷, 實勞我心, 誦及《采菽》, 以增歎息. 日者問東平王處家何等最樂, 王言「爲善最樂」, 其言甚大, 副是要腹矣. 今送列侯印十九枚, 諸王子年五歲已上能趨拜者, 皆令帶之.」

3. 《東觀漢紀》(東平王傳), 《藝文類聚》(45), 《北堂書鈔》(70), 淸 阮葵生의 《茶餘客話》에도 널리 실려 있음.

4. 《昔時賢文》

爲善最樂, 爲惡難逃.

5. 《十八史略》(3)

十一年, 東平王蒼來朝. 蒼自上卽位初, 爲驃騎將軍, 五年而歸國, 至是入朝. 上問:「處家何以爲樂?」蒼曰:「爲善最樂.」」

6. 《蒙求》(080)「東平爲善」

後漢, 東平憲王蒼, 顯宗同母弟. 少好經書, 雅有智思. 顯宗愛重之, 拜驃騎將軍, 位三公上. 王旣還國, 後朝京師, 上問王:「處家何等最樂?」王言:「爲善最樂.」蕭宗立, 恩禮踰於前世. 旣薨, 帝東巡守幸其宮, 追感念蒼, 謂其子曰:「思其人至其鄉, 其處在, 其人亡!」因泣下, 幸其陵, 祠以太牢.

020(1-20)*
죽을 때까지

마원馬援이 말하였다.
"죽을 때까지 선을 행하여도
 선은 오히려 부족하고,
 하루만 악을 행하더라도
 악은 저절로 남음이 있다."

馬援曰:「終身行善, 善猶不足;
　　　一日行惡, 惡自有餘.」

馬援(자, 文淵)《三才圖會》

【馬援】 자는 文淵(B.C.14~A.D.49). 新莽 말기에 劉秀를 옹위하여 光武帝로 세우고
　　隴西太守가 되어 伏波將軍을 배수받음. "才夫爲志, 窮當益堅, 老當益壯", "男兒
　　要當死於邊野, 以馬革裹尸還"이란 말을 남김.《後漢書》(54)에 전이 있음.

> 참고 및 관련 자료

1.《後漢書》馬援傳에는 이 구절이 전하지 아니하며 대신 같은《後漢書》
朱穆傳에는 "一日行善, 天下歸仁; 終朝爲惡, 四海傾覆"이라 함.
2.《尙書》泰誓篇(中)에는 "我聞:「吉人爲善, 惟日不足; 凶人爲不善, 亦惟日
不足.」今商王受力行無度, 播棄犁老, 昵比罪人, 淫酗肆虐, 臣下化之, 朋家
作仇, 脅權相滅, 無辜籲天, 穢德彰聞"이라 하여 같은 내용이 실려 있음.
3.《西遊記》(28)
千日行善, 善猶不足; 一日行惡, 惡自有餘.

021(1-21)
터럭만큼의 작은 선

안자顔子가 말하였다.
"군자는 터럭만큼의 작은 선을 보더라도
이를 쏟아 버려서는 안 되며,
실낱같은 악을 행하는 짓이라 해도
이를 행해서는 안 된다."

顔子曰:「君子見毫釐之善, 不可傾之.
行有纖之惡, 不可爲之.」

【毫釐】 아주 지극히 작은 양. 뒤의 '纖'과 같은 뜻임.

022(1-22)
내 입에서 나오는 말

《역易》에 말하였다.
"내뱉는 말이 선하면 천리 밖에서도 응해 오지만,
 착하지 못한 말을 내뱉으면 천리 밖에서도 등을 돌린다."

《易》曰:「出其言善, 則千里應之;
　　　　出言不善, 則千里外違.」

【千里外違】《周易》원문에는 "千里之外違之"로 되어 있음.

1.《周易》繫辭傳(上)
子曰:「君子居其室, 出其言善, 則千里之外應之, 況其邇者乎? 居其室, 出其言不善, 則千里之外違之, 況其邇者乎? 言出乎身, 加乎民; 行發乎邇, 見乎遠. 言行, 君子之樞機之發, 榮辱之主也; 言行, 君子之所以動天地也, 可不慎乎?」
「同人, 先號咷而後笑.」
2.《西遊記》(8)
出其言善, 則千里應之; 出其言不善, 則千里外違之.
3.〈越南本〉에는 "《易》曰:「居其室, 出其言. 善則千里之外應之; 居其室, 出其言. 不善則千里之外違之.」라 하여 표현이 다름.

023(1-23)
물어볼 필요도 없다

"다만 마음에 바른 것을 지니고 있다면
앞길을 물어볼 필요도 없고,
단지 본분에 의하여 일을 처리한다면
앞길은 물어볼 필요도 없다."

「但存心裏正, 不用問前程.
　但能依本分, 前程不用問.」

【心裏】 마음. 백화어.
【前程】 앞날의 행로. 앞으로 닥칠 일.
【本分】 본래의 직분. 〈越南本〉에는 '本份'으로 되어 있음.

1.《全五代詩》(9),《事林廣記》(9)

但存心裏正, 不用問前程. 但能依本分, 前程不用問.

2. 唐 馮道〈天道〉詩

"窮達皆由命, 何勞發嘆聲. 但知行好事, 莫要問前程. 冬去氷須泮, 春來草自生.
請君觀此理, 天道甚分明."

3. 宋 陳錄〈善誘文〉〈趙淸獻公座右銘〉

但行好事, 莫問前程.

4. 淸 李汝珍《鏡花緣》(第71回)에도 인용되어 있음.

5. 明 洪楩의《淸平山堂話本》五戒禪師私紅蓮記

日日行方便, 時時發道心. 但行平等事, 不用問前程.

6.《事林廣記》(9)

但存心裡正, 不用問前程; 但能依本分, 前程不用問.

7.《昔時賢文》

但行好事, 莫問前程.

024(1-24)
앞길을 알고 싶으면

"만약 앞길이 있기를 바란다면,
앞길이 없을 일을 하지 말라."

「若要有前程, 莫做沒前程.」

【做】古文의 '作'과 같음. '일을 하다, 만들다'등의 뜻.
【沒】古文의 '無'와 같음. '없다'의 뜻.

참고 및 관련 자료

1. 五代 馮道〈天道〉
但知行好事, 莫要問前程.
2. 宋, 陳錄〈善誘文〉
但行好事, 莫問前程.
3.《西遊記》(8)
若要有前程, 莫做沒前程.
4.〈越南本〉에는 "但存心裏正, 不用問前程. 但能依本份, 前程不用問. 若要有前程, 莫做沒前程."이라 하여 앞장과 묶어 하나로 처리하였음.

025(1-25)*
황금을 쌓아두고

사마온공司馬溫公의 〈가훈家訓〉에 말하였다.
"황금을 쌓아 자손에게 물려준다 해도
자손이 반드시 이를 모두 지켜낸다고 보장할 수 없고,
책을 쌓아 자손에게 물려준다고 해도
자손이 이를 모두 읽어낸다고 할 수 없다.
그러니 아무도 모르는 어두움 속에서 음덕을 쌓는 것으로써
자손을 위한 계책으로 삼는 것만 한 것이 없다."

司馬溫公〈家訓〉:

　　「積金以遺子孫, 未必子孫能盡守;
　　積書以遺子孫, 未必子孫能盡讀.
不如積陰德於冥冥之中, 以爲子孫之計也.」

【司馬溫公】 司馬光(1019~1086). 北宋의 사학가이며 문장가·사상가. 자는 君實.
만년의 호는 迂叟. 陝州 夏縣(지금의 山西 夏縣) 사람으로 涑水鄕(지금의 하현
서쪽)에 살아 涑水先生이라고도 부름. 북송 眞宗 天禧 3년에 태어나 哲宗 元祐
원년에 죽었음. 향년 68세. 인종 寶元 원년(1038)에 진사에 올라 仁宗·英宗·
神宗 3조를 섬겼음. 신종 때 왕안석의 신법에 반대하였으며, 判西京御史臺를
그만두고 洛陽에 15년을 살았음. 철종이 즉위하자 조정으로 들어가 재상이
되어 신법을 파기하고 구제를 회복하였으나, 재위 8개월 만에 죽고 말았음.
시호는 文正, 溫國公에 봉해져 흔히 溫公이라 부름.《資治通鑑》을 편찬하였
으며,《涑水紀聞》·《溫國文正司馬文集》 등이 있음.《宋史》에 전이 있음.

1. 《昔時賢文》

積産遺子孫, 子孫未必守; 積書遺子孫, 子孫未必讀.

2. 〈越南本〉에는 '盡守', '盡讀'의 '盡'자가 없으며 "以爲子孫之計也"는 "以爲子孫長久之計"로 되어 있음.

〈明心寶鑑句〉, 摩河 宣柱善(현대)

026(1-26)
착한 마음씨와 운명

"마음 씀씀이도 훌륭하고 운명 또한 좋다면
영화가 일찍 피어 통달한다.
마음 씀씀이는 훌륭하나 운명이 좋지 않다면
그나마 일생을 따뜻하고 배부른 정도로 보낼 수 있다.
운명은 좋으나 마음 씀씀이가 나쁘다면
앞날을 보장할 수가 없다.

그러나 마음 씀씀이와 운명이 모두 좋지 않다면
가난과 고생이 곧바로 늙을 때까지 간다."

「心好命又好, 發達榮華早;
　心好命不好, 一生也溫飽;
　命好心不好, 前程恐難保;
　心命都不好, 窮苦直到老.」

【發達】 통달하여 시원하게 펴짐.
【也】 古文 '亦'과 같음.
【都】 모두. 전체.

027(1-27)
자손에게 물려줄 것이란

《경행록景行錄》에 말하였다.
"충과 효를 자손에게 물려주는 자는 창성하고,
　지혜와 술수를 자손에게 물려주는 자는 망하며,
　겸손으로 사물을 대하는 자는 강하게 되고,
　스스로를 잘 보위하는 자는 훌륭하게 된다."

《景行錄》云:「以忠孝遺子孫者, 昌;
　　　　　以智術遺子孫者, 亡;
　　　　　以謙接物者, 强;
　　　　　以善自衛者, 良.」

【景行錄】 宋나라 때의 책이름으로 지금은 전하지 않음. "景行"은 《詩經》의
"高山仰止, 景行行止. 力雖不能, 心必務爲"에서 취한 것으로 "훌륭한 행동"을
뜻함.
【强】 '彊'과 같음. 〈越南本〉에는 '彊'으로 되어 있음.

028(1-28)*
원수는 외나무다리에서

"은혜와 정의를 널리 베풀어라.
사람이 살다가 그 어느 곳에선들 만나지 않으랴?
원수 될 일이나 원한을 짓지 말라.
좁은 길이나 협소한 곳에서 만나면 피하기 어렵도다."

「恩義廣施, 人生何處不相逢?
　讐冤莫結, 路逢狹處難廻避.」

참고 및 관련 자료

1. 杜牧의 〈送人〉 시이며, 歐陽修 〈歸田錄〉, 《文苑英華》(280) 元曲 〈誤入
桃源〉 등에 고르게 인용되어 있음.
2. 《琵琶記》(35)
一葉浮萍歸大海, 人生何處不相逢?
3. 《昔時賢文》
人生何處不相逢? 莫因小怨動聲色.
4. 〈越南本〉에는 "路逢狹處難廻避"가 "路逢險處難回避"로 되어 있음.

029(1-29)*
남에게 악하게 굴지 않았으니

장자莊子가 말하였다.
"나에게 잘해 주는 자에게 나도 잘해 주며,
나에게 못되게 구는 자라도 나는 잘 대해 준다.
내 이미 남에게 악하게 굴지 않았으니,
남도 능히 악함이 없이 나를 대할 것이니라!"

莊子云: 「於我善者, 我亦善之;
於我惡者, 我亦善之.
我旣於人無惡, 人能於我無惡哉!」

1. 지금의 《莊子》에는 이 구절이 전하지 않음.

2. 〈越南本〉에는 "我旣於人無惡, 人能於我無惡哉!"가 "我旣無惡, 人能於我有惡哉!"로 되어 있음.

〈莊子(莊周)〉《三才圖會》

030(1-30)
착하지 아니한 사람의 스승

노자老子가 말하였다.

"착한 사람은 착하지 아니한 사람의 스승이요,

착하지 아니한 사람은 사람을 착하게 할 자료이다."

老子曰:「善人不善人之師,

　　　　不善人善人之資.」

【老子】 도가의 대표적인 인물. 이름은 李耳, 자는
伯陽, 시호는 聃.《史記》老莊申韓列傳 참조.
《老子(道德經)》를 남김.

"聖人處無爲之事, 行不言之敎"
老子(이이)

참고 및 관련 자료

1.《老子》27장
故善人者, 不善人之師; 不善人者, 善人之資. 不貴
其師, 不愛其資, 雖智大迷. 是謂要妙.

031(1-31)
혀와 이빨

노자가 말하였다.
"부드러움이 뻣뻣한 것을 이기고, 약한 것이 강한 것을 이긴다.
그러므로 혀는 능히 남아 있지만 이빨은 뻣뻣하여 부러지고 만다."

老子曰:「柔勝剛, 弱勝强. 故舌能存, 齒剛則折也.」

1. 전반부는 《老子》 36장에 "柔弱勝剛强"라 하였으며, 78장에는 "天下莫柔弱
於水, 而攻堅强者莫之能勝. 以其無以易之. 弱之勝强, 柔之勝剛, 天下莫不知,
莫能行"이라 함.

2. 후반부는 《說苑》 敬愼篇에 "常摐有疾, 老子往問焉, 曰:「先生疾甚矣, 無遺
教可以語諸弟子者乎?」常摐曰:「子雖不問, 吾將語子」常摐曰:「過故鄕而下車,
子知之乎?」老子曰:「過故鄕而下車, 非謂其不忘故耶?」常摐曰:「嘻, 是已.」
常摐曰:「過喬木而趨, 子知之乎?」老子曰:「過喬木而趨, 非謂敬老耶?」常摐曰:
「嘻, 是已.」張其口而示老子曰:「吾舌存乎?」老子曰:「然」「吾齒存乎?」老子曰:
「亡.」常摐曰:「子知之乎?」老子曰:「夫舌之存也, 豈非以其柔耶? 齒之亡也,
豈非以其剛耶?」常摐曰:「嘻, 是已. 天下之事已盡矣, 何以復語子哉!」"의 구절
에서 비롯된 것임.

3. 〈越南本〉에는 앞뒤 두 장을 묶어 하나로 하였으며, 뒤의 "柔勝剛, 弱勝强.
故舌能存, 齒剛則折也"은 "柔勝剛, 弱勝彊. 故舌柔常存, 齒剛則折"이라 함.

032(1-32)
장수하는 길

태공이 말하였다.
"인자한 자는 장수하고,
흉포한 자는 죽는다."

太公曰:「仁慈者壽, 凶暴者亡.」

033(1-33)
나약함과 용맹함

태공이 말하였다.
"나약함을 기본으로 하면 틀림없이 늙도록 장수하지만,
　용맹함을 앞세우면 반드시 일찍 죽어 사라진다."

太公曰:「懦必壽老, 勇必夭亡.」

【懦】 나약함. 자신을 낮추어 남에게 유약하게 행동함. 음은 '나.'

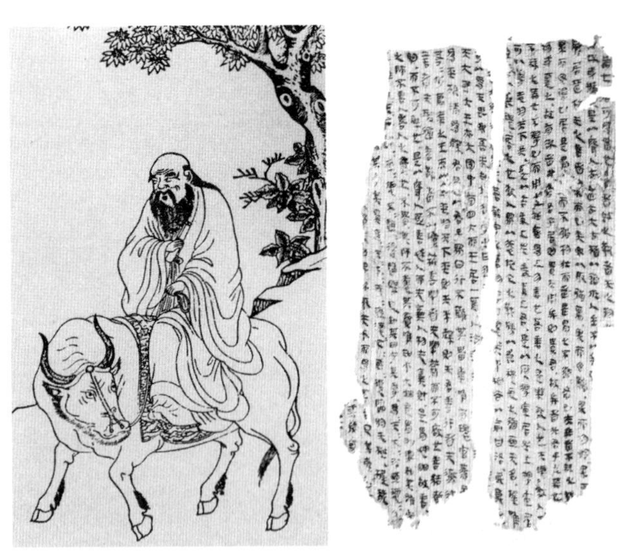

〈老子騎牛圖〉 및 《帛書老子》

034(1-34)
물과 같은 성질

노자가 말하였다.
"군자가 선을 행함은 마치 물과 같다.
이를 막아 산처럼 조용히 그쳐 있게 할 수 있고,
이를 길어 갈증을 풀 수 있으며,
능히 모나기도 하고 능히 둥글기도 하며,
담는 것에 따라 그 모양을 이룬다.
그러므로 군자는 능히 부드럽게 하면서도 약하지 아니하고,
능히 강하게 하면서도 뻣뻣하지는 않아
마치 물의 성질과 같이 할 수 있는 것이다.
천하에 유약한 것으로 물보다 더한 것이 없다.
이 까닭으로 부드럽고 약한 것이 뻣뻣하고 강한 것보다 나은 것이다."

老子曰:「君子爲善若水:
　　　擁之可以止山,
　　　汲之可以渴顙.
　　　　能方能圓,
　　　　委曲隨形.
　　故君子能柔而不弱,
　　　能强而不剛,
　　　如水之性也.
　天下柔弱莫過於水, 是以柔弱勝剛强.」

【止山】 가만히 머물러 안정되게 있는 모습. 그러나 〈越南本〉에는 '在山'이라 함.
【渴顙】 이마처럼 전혀 물기가 없이 모두 퍼낼 수 있음. 혹은 퍼 올리면 이마의 높
 이까지 올릴 수 있음. 그러나 '顙'은 '嗓'의 假借字로서 '목마름을 해결할 수 있
 다'라 보는 편이 합리적일 듯함. 한편 〈越南本〉에는 '過顙'이라 함.
【强】〈越南本〉에는 모두 '彊'으로 되어 있음.

참고 및 관련 자료

1.《老子》8장
上善若水. 水善利萬物而不爭, 處衆人之所惡, 故幾於道.
2.《老子》36장
柔弱勝剛强.

035(1-35)
귀결은 같은 것

《서書》에 말하였다.
"선을 행하는 길은 서로 다르지만,
 하나의 순리로 귀결됨은 똑같다.
 정치를 베풂은 서로 같지 않으나,
 다스림으로 귀결됨은 역시 똑같다.
 악이란 모름지기 멀리해야 할 대상이요,
 선이란 반드시 가까이해야 할 대상이다."

《書》云:「爲善不同, 同歸於理;
　　　爲政不同, 同歸於治.
　　　惡必須遠, 善必須近.」

1.《尙書》蔡仲之命
皇天無親, 惟德是輔. 民心無常, 惟惠之懷. 爲善不同, 同歸于治; 爲惡不同,
同歸于亂. 爾其戒哉!

036(1-36)
부귀를 계획하는 자

《경행록》에 말하였다.
"자손을 위하여 부귀로써 계책을 삼는 자는
　열 중에 아홉은 실패하고 만다.
　남을 위해 선을 지어 편안히 해 주는 자는
　그 후손이 혜택을 받는다."

《景行錄》云:「爲子孫作富貴計者, 十敗其九.
　　　　　爲人作善方便者, 其後受惠.」

【景行錄】宋나라 때의 修身 敎養書. 지금은 전하지 않음.
【爲子孫】〈越南本〉에는 '爲子'라 하여 글자 수를 맞추고 있음.
【方便】남을 편안히 해 주고 어려움에서 쉽게 벗어날 수 있도록 해 주는 선행.
 쉬운 방법으로 일을 처리함을 뜻함. 편의를 제공함.
【爲人作善】〈越南本〉에는 '爲人行善'으로 되어 있음.

037(1-37)
방편

"남에게 쉬운 방법으로 해 주는 자는
 자신도 쉽게 해낼 수 있다."

「與人方便者, 自己方便.」

【方便】편리함. 쉬운 방법으로 일을 처리함을 뜻함. 편의를 제공함.

참고 및 관련 자료

1.《幽閨記》(26)·《西遊記》((18, 30)·《紅樓夢》(6)
 與人方便, 自己方便.

038(1-38)
선심

"날마다 날마다 남이 쉽게 벗어날 수 있도록 해 주고,
때마다 때마다 선심을 발동하여 실천하라."

「日日行方便, 時時發善心.」

039(1-39)
가는 곳마다

"가는 곳마다
남을 편하고 쉽게 해 주는 일을 실행하라."

「力到處, 行方便.」

【方到處】 다른 기록에는 모두 '力到處'로 되어 있으며 "힘이 닿는 데까지"의
뜻이 됨.

040(1-40)
천만 권의 경전

"천만 권의 경전經典이 있다 해도
효와 의가 훌륭한 것이요,
하늘의 일이나 인간 세상의 일에는
남이 쉽게 할 수 있도록 해 주는 것이 제일이니라."

「千經萬典, 孝義爲善.
　天上人間, 方便第一.」

【人間】 사람이 사는 이 세상의 온갖 일들. '人間'은 인간 세계를 뜻함. 〈越南本〉
에는 '世間'으로 되어 있음.

참고 및 관련 자료

1.《昔時賢文》
千經萬典, 孝弟爲先.

2. 〈越南本〉에는 37장부터 40장을 모두 묶어 "《景行錄》云:「爲子作富貴計者,
十敗其九. 爲人作善方便者, 其後受惠. 與人方便, 自己方便. 日日行方便, 時時
發善心. 力到處, 行方便. 千經萬典, 孝義爲善. 天上世間, 方便第一.」"이라 함.

041(1-41)
화복의 문은 따로 없으니

《태상감응편太上感應篇》에 말하였다.
"화와 복은 문이 없으니 오직 사람이 스스로 불러올 뿐이다.
선악의 응보는 마치 그림자가 그 실체를 따르는 것과 같다.
그러므로 사람이 그 마음을 선에서 시작하면
선이 비록 아직 실행되지는 않았다 해도 길한 신이 이를 따라준다.
그러나 혹 마음을 악에서 시작하면 악이 아직 실행되지 않았다 해도
흉한 신이 이를 따라온다.
그런데 일찍이 악한 일을 저질렀으나 나중에 이를 회개한 지
오래되었다면 오랜 뒤에는 반드시 길한 경사를 얻게 된다.
이를 일러 소위 전화위복이라 하는 것이다."

《太上感應篇》曰:
　　「禍福無門, 唯人自召.
　　善惡之報, 如影隨形.
　　所以, 人心起於善, 善雖未爲, 而吉神以隨之;
　　或心起於惡, 惡雖未爲, 而凶神以隨之.
　　其有曾行惡事, 後自改悔, 久久必獲吉慶.
　　所謂轉禍爲福也.」

【太上感應篇】道敎 經典의 하나. 勸善懲惡을 주제로 하고 있으며 원래 晉 葛洪의 《抱朴子》를 근원으로 하여 北宋 末에 李昌齡에 의해 이루어졌으며 《宋史》藝文志에는 "李昌齡《感應篇》一卷"이 저록되어 있으며《淸史稿》에도 "《太上感應篇注》二卷. 惠棟撰"과 "《感應篇贊義》一卷. 兪樾撰"이 저록되어 있음. 지금 전하는 것은 淸 黃正元 注와 淸 毛金蘭의 增補本이 널리 전하고 있으며 《道藏》에 들어 있음.

【以隨之】〈越南本〉에는 두 곳 모두 '已隨之'로 되어 있어 '已'를 時間 副詞로 하여 원출전과 같음.

1. 《太上感應篇》〈經文〉

太上曰:「禍福無門, 惟人自召. 善惡之報, 如影隨形」是以天地有司過之神, 依人所犯輕重, 以奪人算. 算減則貧耗, 多逢憂患, 人皆惡之, 刑禍隨之, 吉慶避之, 惡星災之, 算盡則死. ……夫心起于善, 善雖未爲, 而吉神已隨之. 或心起于惡, 惡雖未爲, 已凶神已隨之. 其有曾行惡事, 後自改悔, 諸惡莫作, 衆善奉行, 久久必獲吉慶, 所謂轉禍爲福也. 故吉人語善·視善·行善, 日日有三善, 三年天必降之福; 凶人語惡·視惡·行惡, 日日有三惡, 三年天必降之禍, 胡不勉而行之!」라 함.

2. 《左傳》襄公 23년

季氏以公鉏爲馬正, 慍而不出. 閔子馬見之, 曰:「子無然. 禍福無門, 惟人所召.」

3. 《昔時賢文》

禍福無門, 惟人自召.

《太上感應篇》

042(1-42)*
천지는 사사로움이 없다

동악성제東嶽聖帝의《수훈垂訓》에 말하였다.
"하늘과 땅은 사사로움이 없으며,
신명은 모든 것을 남모르게 살핀다.
제사를 흠향하지 않아도 복을 내릴 것에는 복을 내리며,
예를 놓치지 않았음에도 화를 내릴 것에는 화를 내린다.
무릇 사람이란 세력이 있다 해서 모든 것을 거기에 기대어서는 안 되고,
복이 있다 해서 그 복을 다 써서는 안 되며,
가난하고 곤궁하다고 해서 남을 속여서는 안 된다.
이 세 가지는 하늘과 땅이 순환하여 돌고 돌아
다시 처음으로 돌아오는 것이다.
그러므로 하루라도 선을 행하면 복은 아직 이르지 않았으나,
화가 저절로 멀어지는 것이요,
하루라도 악을 행한다면 화는 비록 아직 이르지 않았다 해도,
복이 저절로 멀어지는 것이다.
선을 행하는 사람은 마치 봄 동산의 풀과 같아서,
그 자라는 것은 보이지 않으나 날로 자라고 있는 것이요,
악을 행하는 자는 마치 칼을 가는 숫돌과 같아서,
그 닳는 것은 보이지 않으나 날로 닳아가고 있는 것과 같다.
남을 닳게 하여 자신을 안정시키는 일이 있는지,
의당 간절히 경계해야 하느니라."

東嶽聖帝《垂訓》:

「天地無私, 神明暗察.

不爲享祭而降福, 不爲失禮而降禍.

凡人, 有勢不可盡倚,

有福不可盡用,

貧困不可盡欺.

此三者, 乃天地循環, 周而復始.

故一日行善, 福雖未至, 禍自遠矣;

一日行惡, 禍雖未至, 福自遠矣.

行善之人, 如春園之草, 不見其長, 日有所增;

行惡之人, 如磨刀之石, 不見其損, 日有所虧.

損人安己, 切宜戒之.」

【東嶽聖帝】道家(道敎)에서 높이 보는 泰山神. 東嶽은 泰山을 가리킴.

【暗察】몰래 살펴 봄. 그러나 〈越南本〉에는 '時察'이라 함.

【降福】복을 내려줌.

【享祭】제사를 흠향함. 그러나 〈越南本〉에는 '祭享'이라 함.

【有福不可盡用】〈越南本〉에는 '有福不可享盡'으로 되어 있음.

【貧困不可盡欺】〈越南本〉에는 '貧窮不可欺盡'으로 되어 있음.

【周而復始】〈越南本〉에는 '週而復始'로 되어 있음.

【春園之草】봄 동산에 자라는 풀.

【磨刀之石】칼을 가는 돌, 숫돌.

【損人安己】〈越南本〉에는 '損人益己'로 되어 있음.

참고 및 관련 자료

1. 〈越南本〉에는 이를 세 단락으로 나누었으며, 다시 뒤에 다음 장을 더하여 문단 구분이 전혀 다름.

043(1-43)
선행과 응보

"털끝만 한 아주 작은 선행도, 남에게 편히 실행할 수 있도록 하며,
털끝 같은 아주 작은 악일지라도, 이를 남에게 짓지 않도록 권하라.
옷과 음식은 인연에 따르면 자연히 즐거움이 되느니라.
무엇이 운명이며, 무엇을 점이라고 묻는가?
남을 속이는 것이 재앙이요, 남을 용서하는 것이 복이니라.
하늘의 그물은 넓고 성글지만 응보는 심히 빠르다.
나의 말을 귀담아 들어 행하면 신이 흠모하고 귀신이 엎드릴 것이다."

「一毫之善, 與人方便;
　一毫之惡, 勸人莫作.
　衣食隨緣, 自然快樂.
　算甚麼命? 問甚麼卜?
　欺人是禍, 饒人是福.
　天網恢恢, 報應甚速.
　諦聽吾言, 神欽鬼伏.」

【算甚麼命】 甚麼는 백화어로 '무엇·무슨·어떤'의 뜻. '算命'은 '운명을 점치다'
의 뜻.
【饒】 백화어로 '용서하다'의 뜻.
【天網恢恢】 하늘의 그물이 아주 넓게 퍼져 있음. 그물이 쳐져 있지 않은 곳이
없음.

【諦】〈越南本〉에 '諦'자가 '謹'자로 되어 있어 '삼가 내 말을 들어라'의 뜻으로 훨씬 명확함.

1. 〈越南本〉에는 이상을 모두 東嶽聖帝의 어록으로 보았음.

2. "一毫之善, 與人方便; 一毫之惡, 勸人莫作"은 唐 呂岩의 〈勸世文〉에 실려 있음.

3. 《昔時賢文》

一毫之惡, 勸人莫作; 一毫之善, 與人方便.

4. 翟灝의 《通俗編》草木에 인용한 《涅槃經》

種瓜得瓜, 種李得李.

5. 淸 紀昀 《閱微草堂筆記》灤陽消夏錄(4)

夫種瓜得瓜, 種豆得豆, 因果之相償也.

6. 《京本通俗小說》(15), 《醒世恒言》(33), 元曲 《冤家債主》(2) 등에 널리 인용 되어 있으며, 일반적인 속어로 "種瓜得瓜, 種豆得豆"등 여러 가지 표현이 있음.

7. 《昔時賢文》

種麻得麻, 種豆得豆; 天網恢恢, 疎而不漏.

8. 《老子》73장

天網恢恢, 疎而不失.

9. 《金瓶梅詞話》(제1회)

善有善報, 惡有惡報, 天網恢恢, 疎而不漏.

10. 《增廣賢文》에도 실려 있으며, 元 鄭德輝의 《老君堂》(제1절)에 "聖人道: 「算什麽命, 問什麽卜. 欺人是禍,饒人是福.」"이라 함.

11. 《昔時賢文》

"算什麽命? 問什麽卜? 欺人是禍, 饒人是福"과 "天眼恢恢, 報應甚速.", "聖賢 言語, 神欽鬼服", "作善鬼神欽, 作惡遭天譴"등의 구절이 있어 각각 문장이 따로 되어 있음.

044(1-44)
길인

소강절邵康節(邵雍) 선생이 자손에게 이렇게 경계하였다.

"상품의 사람은 가르치지 않아도 선하고, 중품의 사람은 가르친 이후에야 선하게 되며, 하품의 사람은 가르쳐도 선해지지 않는다. 가르치지 않아도 선하다면 성스러움이 아니고 무엇이겠느냐? 가르친 후에 선하게 된다면 어짊이 아니고 무엇이겠느냐? 가르쳐도 선해지지 않는다면 어리석음이 아니고 무엇이겠느냐? 이를 안다면 선이라는 것은 길吉한 것이며, 선하지 못함이란 흉한 것이다.

길함이란 눈으로는 예禮가 아닌 것을 보지 아니하고, 귀로는 예가 아닌 소리는 듣지 아니하며, 입으로는 예가 아닌 것을 말하지 아니하며, 발은 예가 아닌 것을 밟지 아니한다. 선하지 아니한 사람과는 사귀지 말고, 의에 맞지 않은 물건은 취하지 말라. 어진 이를 친히 하기를 마치 난초에게 다가가듯 하며, 악을 피하기를 마치 뱀이나 전갈을 두려워하듯이 하라.

혹 어떤 사람이 이러한 사람을 두고 '길인'이라 말하지 않는다면 나는 그의 말을 믿지 않겠다.

흉인이란 그 언어가 궤변과 속임수로 가득하고, 행동거지는 음험하여 그러한 행동을 하기를 좋아하고, 그릇됨을 꾸미기를 잘하며, 음란함을 탐하고, 남의 재앙을 좋아한다. 선량한 이를 질시하기를 마치 원수와 틈이 벌어지듯 하며, 법을 어기기를 마치 밥 먹듯이 한다. 이러한 행동은 적게는 자신을 망치고 천성天性을 없애며, 크게는 종족을 엎어버리고 후손을 끊어버리는 짓이다.

혹 어떤 사람이 이러한 사람을 두고 '흉인'이라 말하지 않는다면 나는
그의 말을 믿지 않겠다.

전傳에 이렇게 말하고 있다.
'길인은 선을 행하면서 하루가 부족하다고 여긴다. 흉인은 불선을
저지르면서도 역시 하루가 부족하다고 여긴다'라고 말이다. 너희들은
길인이 되고자 하느냐? 아니면 흉인이 되고자 하느냐?"

康節邵先生誡子孫曰:
「上品之人, 不敎而善. 中品之人, 敎而後善. 下品之人,
敎亦不善.
　不敎而善, 非聖而何? 敎而後善, 非賢而何? 敎亦不善,
非愚而何?
　是知, 善也者, 吉之謂也; 不善也者, 凶之謂也.
　吉也者, 目不觀非禮之色, 耳不聽非禮之聲, 口不道非禮
之言, 足不踐非禮之地. 人非善不交, 物非義不取. 親賢如
就芝蘭, 避惡如畏蛇蝎.
　或曰不謂之『吉人』, 則吾不信也.
　凶也者, 語言詭譎, 動止陰險, 好利飾非, 貪淫樂禍. 疾良
善如讐隙, 犯刑憲如飮食. 小則隕身滅性, 大則覆宗絶嗣.
　或曰不謂之『凶人』, 則吾不信也.
　傳有之曰:『吉人爲善, 惟日不足; 凶人爲不善, 亦惟日
不足.』汝等欲爲吉人乎? 欲爲凶人乎?」

〈康節邵先生戒子孫〉구, 如初 金膺顯(현대)

【邵雍】 자는 堯夫(1011~1077). 호는 安樂先生, 시호는 康節. 北宋 理學 百源學派의 대표적 인물이며, 河南 輝縣 蘇門山 百源에 살아 百源先生이라 불렸음. 당시 李三才가 鞏城令을 돕고 있다가 穆修에게 전해 오던 〈先天象數圖〉를 소옹에게 주어 이를 통해 체득하였다 하며 저술로는 《先天圖》·《皇極經世》·《觀物篇》 등이 있음. 《宋史》(427) 道學傳에 전이 있음.

【愚】 下愚人. 매우 어리석은 사람. 《論語》陽貨篇에 "子曰: 「唯上知與下愚不移.」"라 함.

【如就芝蘭】 난초가 있는 방에 들어가는 것처럼 여김.

【蛇蝎】 '蛇蠍'로도 표기함. 뱀이나 전갈처럼 독을 가진 벌레.

【詭譎】 교묘하고 간사하게 남을 속이는 행위.

【傳】 여기서는 《尙書》泰誓篇을 말함. 참고란을 볼 것.

【惟日不足】 《小學集註》에 "惟日不足者, 言終日爲之, 而猶以爲不足也"라 함.

참고 및 관련 자료

1. 《皇極經世書》에 실려 있음.

2. 《小學》嘉言篇 廣立敎

康節邵先生戒子孫曰:「上品之人, 不敎而善; 中品之人, 敎而後善; 下品之人, 敎亦不善. 不敎而善, 非聖而何? 敎而後善, 非賢耳何? 敎亦不善, 非愚而何? 是知善也者, 吉之謂也; 不善也者, 凶之謂也. 吉也者, 目不觀非禮之色, 耳不聽非禮之聲, 口不道非禮之言, 足不踐非禮之地. 人非善不交, 物非義不取, 親賢如就芝蘭, 避惡如畏蛇蝎. 或曰不謂之吉人, 則吾不信也. 凶也者, 語言詭譎, 動止陰險, 好利飾非, 貪淫樂禍, 疾良善如讐隙, 犯刑憲如飮食, 小則隕身滅性,

大則覆宗絶嗣. 或曰不謂之凶人, 則吾不信也. 傳有之, 曰:「吉人爲善, 惟日不足;
凶人爲不善, 亦惟日不足. 汝等欲爲吉人乎? 欲爲凶人乎?」

3.《尙書》泰誓篇(中)

我聞:「吉人爲善, 惟日不足; 凶人爲不善, 亦惟日不足」今商王受力行無度, 播棄
犁老, 昵比罪人, 淫酗肆虐, 臣下化之, 朋家作仇, 脅權相滅, 無辜籲天, 穢德彰聞.

045(1-45)
선행이 바로 보물

〈초서楚書〉에 말하였다.

"초나라에는 보물로 여길 만한 것이 없다.

오직 선善을 보물로 여길 뿐이다."

〈楚書〉曰:「楚國無以爲寶, 惟善以爲寶.」

【楚書】《國語》楚語(下)를 가리킴.

［ 참고 및 관련 자료 ］

1.《國語》楚語(下)

王孫圉聘於晉, 定公饗之, 趙簡子鳴玉以相, 問於王孫圉曰:「楚之白珩猶在乎?」
對曰:「然.」簡子曰:「其爲寶也, 幾何矣?」曰:「未嘗爲寶. 楚之所寶者, 曰觀
射父, 能作訓辭, 以行事於諸侯, 使無以寡君爲口實. 又有左史倚相, 能道訓典,
以敍百物, 以朝夕獻善敗於寡君, 使寡君無忘先王之業; 又能上下說於鬼神,
順道其欲惡, 使神無有怨痛於楚國. 又有藪曰雲連徒洲, 金木竹箭之所生也.

龜·珠·角·齒·皮·革·羽·毛, 所以備賦, 以戒不虞者也; 所以共弊帛, 以賓享於諸
侯者也. 若諸侯之好弊具, 而導之以訓辭, 有不虞之備, 而皇神相之, 寡君其可以
免罪於諸侯, 而國民保焉. 此楚國之寶也. 若夫白珩, 先王之玩也, 何寶之焉?
圉聞國之寶六而已. 聖能制議百物, 以輔相國家, 則寶之; 玉足以庇陰嘉穀, 使無
水旱之災, 則寶之; 龜足以憲臧否, 則寶之; 珠足以禦火災, 則寶之; 金足以禦兵亂,
則寶之; 山林藪澤足以備財用, 則寶之. 若夫嘩囂之美, 楚雖蠻夷, 不能寶也.」

2.《大學》제10장

楚書曰:「楚國無以爲寶, 惟善以爲寶.」舅犯曰:「亡人無以爲寶, 仁親以爲寶.」

046(1-46)*
끓는 물에 손을 담그듯

공자孔子가 말하였다.

"선을 보거든 스스로 그에 미치지 못한 듯이 하며,
　선하지 못함을 보거든 마치 끓는 물에 손을 넣는 듯이 하라."

子曰:「見善如不及, 見不善如探湯.」

【探湯】 끓는 물속에 손을 넣어 빠진 물건을 찾아냄.

참고 및 관련 자료

1.《論語》季氏篇

孔子曰:「見善如不及, 見不善如探湯. 吾見其人矣, 吾聞其語矣. '隱居以求其志,
行義以達其道.' 吾聞其語矣, 未見其人也.」

2.《昔時賢文》

見善如不及, 見不善如探湯.

047(1-47)
어진 이를 보거든

공자가 말하였다.
"어짊을 보거든 그와 같아지려 생각하고,
  어질지 못함을 보거든 안으로 이를 살펴 스스로를 반성하라."

子曰:「見賢思齊焉, 見不賢而內自省也.」

【齊】 나란함. 같아짐. 그를 따라 배워 같은 덕행을
  갖추고자 함.
【省】 '살피다'의 뜻. 음은 '성.'

"見賢思齊焉, 見不賢而內自
省也"篆刻作品

참고 및 관련 자료

1.《論語》里仁篇
  子曰:「見賢思齊焉, 見不賢而內自省也.」
2.〈集註〉
思齊者, 冀己亦有是善; 內自省者, 恐己亦有是惡. 胡氏曰:「見人之善惡不同,
而無不反諸身者, 則不徒羨人而甘自棄, 不徒責人而忘自責矣.」
3.〈越南本〉에는 앞장과 본장을 묶어 하나로 처리하였음.

2. 천명편 天命篇 第二

"凡十九條"

모두 19장이다.

"하늘의 명에 대하여 설명하고 이에 거역하지 말 것을 권고한 글들"

※ 〈越南本〉에는 이 편명을 '天理篇'으로 하였음.

〈大禹像〉(山東 嘉祥縣 武梁祠 벽화, 東漢)

048(2-1)*
하늘의 이치

《맹자孟子》에 말하였다.
"하늘의 이치에 순응하는 자는 살아남고,
 하늘의 이치에 역행하는 자는 망한다."

《孟子》曰:「順天者存, 逆天者亡.」

【孟子】 전국시대 대표적인 사상가이며 儒家의 인물. 이름은 軻, 자는 子輿. 《孟子》를 저술하였으며 '孟母三遷', '孟母斷機' 등의 고사를 남김.

참고 및 관련 자료

1.《孟子》離婁篇(上)
"天下有道, 小德役大德, 小賢役大賢; 天下無道, 小役大, 弱役强. 斯二者, 天也. 順天者存, 逆天者亡."
2.《漢書》司馬遷傳
順之者昌, 逆之者亡.
3.《昔時賢文》
順天者存, 逆天者亡.

孟子《三才圖會》

049(2-2)
욕심을 따르면

《근사록近思錄》에 말하였다.
"하늘의 이치를 따르면,
　이익을 구하지 않아도 이익이 되지 않을 것이 없고,
　사람의 욕심을 따르면,
　이익을 구하여 그 이익을 얻지도 못했을 때
　이미 해害가 이를 따라 나선다."

《近思錄》云:「循天理, 則不求利而自無不利;
　　　　　　循人欲, 則求利未得而害已隨之.」

【近思錄】宋나라 때 朱熹와 呂祖謙이 함께
펴낸 책.《論語》子張篇 "子夏曰:「博學而
篤志, 切問而近思, 仁在其中矣.」"의 구절을
취하여 책 이름을 삼은 것임. 〈四庫全書〉
子部(1) 儒家類에 실려 있으며 그 외《近思錄
集註》淸, 茅星來(撰) 〈四庫全書〉 子部(1)
儒家類 및《近思錄集註》淸 江永(撰) 〈四庫
全書〉 子部(1) 儒家類 등이 전하고 있음.

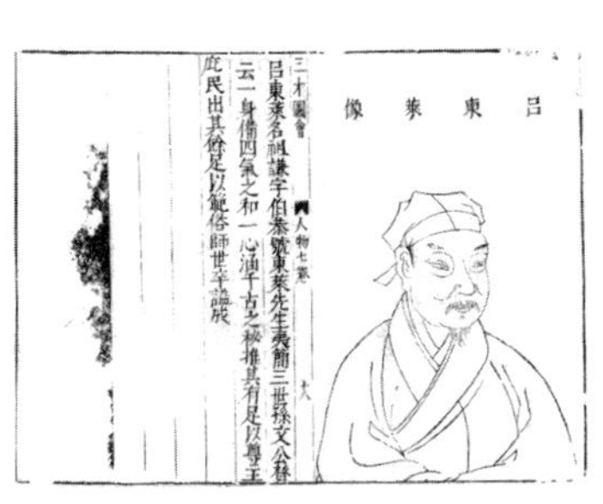

呂祖謙(東萊先生)《三才圖會》

050(2-3)
하늘이 이루어 주는 것

제갈무후諸葛武侯가 말하였다.
"일을 도모함은 사람에게 있지만,
　일을 이루어 주는 것은 하늘에 있다."

諸葛武侯曰:「謀事在人, 成事在天.」

【諸葛武侯】諸葛亮. 자는 孔明(191~234). 한 말 陽都人. 은거하여 스스로 밭을 갈며 자신을 管仲과 樂毅에 비교하여 사람들이 그를 臥龍先生이라 불렀음. 뒤에 蜀漢 劉備의 三顧草廬로 불려가 天下三分之策을 정하고 유비를 도와 荊州와 益州를 차지하여 吳·蜀·魏 삼국정립을 이루었음. 유비의 遺囑에 의해 그 아들 劉禪을 도와 〈出師表〉를

諸葛亮(자, 孔明)《三才圖會》

쓰고 북벌을 시도했으나 五丈原에서 생을 마침. 죽은 뒤 武鄕侯에 봉해졌으며 시호는 忠武.《三國志》(35)에 전이 있음.

[참고 및 관련 자료]

1.《三國演義》(103),《紅樓夢》(6)
謀事在人, 成事在天.
2. "盡人事待天命"과 같은 뜻임.

051(2-4)
아직도 아직도

"사람은 '이렇게 이렇게' 되기를 원하지만,
하늘의 이치는 '아직도 아직도'이다."

「人願'如此如此', 天理'未然未然'.」

참고 및 관련 자료

1. 〈越南本〉에는 이 구절을 앞장의 諸葛亮 어록과 묶어 하나로 하였음.

052(2-5)*
오직 사람의 마음속에

소강절邵康節[邵雍] 선생이 말하였다.
"하늘의 들음은 고요하여 소리가 없으니,
푸르고 푸른 저 하늘 어디에서 찾을 수 있을까?
높은 곳도 아니요, 먼 곳도 아닐세.
모두가 다만 사람의 마음에 있다네."

康節邵先生曰: 「天聽寂無音, 蒼蒼何處尋?
　　　　　　　非高亦非遠, 都只在人心.」

【康節邵先生】邵康節 邵雍. 전출 044 참조.
【寂無音】〈越南本〉에는 '絶無音'으로 되어 있음.

참고 및 관련 자료

1.〈越南本〉에는 이를 康節邵先生〈詩〉라
하였으며, 다음 장과 묶어 "康節邵先生曰:
「天聽絶無音, 蒼蒼何處尋? 非高亦非遠, 都只
在人心. 人心生一念, 天地悉皆知. 善惡若
無報, 乾坤必有私.」라고 한 편의 五言律詩로
보았으나 韻이 맞지 않음.
2.《道家龜鑑》(休靜)
人心生一念, 天地悉皆知.

邵雍(康節, 자 堯夫)《三才圖會》

053(2-6)
선악의 응보

"사람이 마음에 어떤 한 가지 생각을 품으면
　하늘과 땅은 모두 이를 알아낸다.
　선과 악에 만약 응보應報라는 것이 없다면
　하늘과 땅도 틀림없이 사사로움이 있다고 하리라."

「人心生一念, 天地悉皆知.
　善惡若無報, 乾坤必有私.」

【乾坤】 하늘과 땅. 天地와 같음.《周易》에 乾卦와 坤卦가 있음.

054(2-7)*
우레나 번개처럼

현제玄帝의《수훈垂訓》에 말하였다.
"사람끼리의 사사로운 말일지라도
　하늘은 우레처럼 크게 듣는다.
　어두운 방 안에서 마음을 속인다 해도
　신의 눈에는 번개처럼 환하게 보인다."

玄帝《垂訓》:「人間私語, 天聽若雷;
　　　　　　　暗室欺心, 神目如電.」

【玄帝】 道家(道敎)에서 여기는 天帝를 가리킴. 그러나 여기서는 도교의 최고
　위치에 있는 사람의 직명.
【垂訓】 윗사람이 아랫사람에게 내려주는 교훈이나 가르침의 말.
【天聽若雷】〈越南本〉에는 ‘天聞如雷’로 되어 있음.
【暗室欺心】〈越南本〉에는 ‘虧室暗心’으로 잘못 표기되어 있음.

1. 元 無名氏 《看錢奴》(제1절)

這等人輕視貧乏, 不恤孤寡, 天生下一種狡猾. 常言道:「人間私語, 天聞若雷;
暗室虧心, 神目如電.」信有之也.

2. 《事林廣記》(9)와 《永樂大全》(21)

人間私語, 天聞若雷.

3. 《昔時賢文》

人間私語, 天聞若雷; 暗室虧心, 神目如電.

4. 《道家龜鑑》(休靜)

人間私語, 天聞若雷; 暗室虧心, 神目如電.

055(2-8)
자신부터 속여야

《충효략忠孝略》에 말하였다.

"남을 속이려는 자는 반드시 자신의 마음을 속여야 한다.
자신의 마음을 속이는 자는 반드시 스스로 그 하늘을 속여야 된다.
그러니 어찌 마음을 가히 속일 수 있겠는가?"

《忠孝略》云:「欺人必自欺其心.
欺其心必自欺其天.
心豈可欺乎?」

【忠孝略】책 이름. 구체적으로는 알 수 없음.
【心豈可欺乎】〈越南本〉에는 ‘天其可欺乎’로 되어 있음.

056(2-9)
하늘은 속일 수 없다

“사람은 가히 속일 수 있지만 하늘은 속일 수 없다.
 사람의 눈은 가릴 수 있어도 하늘의 눈은 가릴 수 없다.”

「人可欺, 天不可欺;
 人可瞞, 天不可瞞.」

【瞞】欺瞞함. 눈을 속임.

057(2-10)
하늘의 법을 피해 간 자 있더냐

“세상 사람으로 남을 기만하고자 한다면,
 분명히 그 마음을 속여야 한다.

마음을 속이는 것은 하늘을 속이는 것이니,
하늘은 모르리라고 말하지 말라.
하늘이 바로 지붕 처마 위에 있으니,
모름지기 반드시 그 순간에 이를 듣는다.
너는 하늘이 듣지 못한다고 말하나,
고금에 그 누구를 하늘이 그대로 놓아 지나가도록 놓친 적이 있느냐?"

「世人要瞞人, 分明把心欺.

　欺心卽欺天, 莫道天不知.

　天在屋簷頭, 須有聽得時.

　你道不聽得, 古今放過誰?」

【屋簷頭】 집의 처마 바로 위. 〈越南本〉에는 '屋角頭'으로 되어 있음.

058(2-11)
하늘이 놓친 적이 없는 죄인

"소리 없이 담담한 푸른 하늘은 속일 수가 없으니,
일찍이 그럴 뜻도 세우지 않았는데 하늘이 먼저 안다.
그대에게 권하노니 마음을 거스르는 일을 하지 말라,
예로부터 지금에 이르도록 그 누구를 그대로 놓아 지나가도록
하늘이 놓친 적이 있었더냐?"

「湛湛靑天不可欺, 未曾擧意早先知.
　勸君莫作虧心事, 古往今來放過誰?」

◁ 참고 및 관련 자료 ▷

1. 元 無名氏《盆兒鬼》(제2折)
爲人本分作經營, 淡飯糟茶心自寧. 平日莫作虧心事, 半夜敲門不吃驚.
2.《京本通俗小說》(15) 元曲《陳州糶米》(3),《古今小說》(38)
日間不做虧心事, 半夜敲門不吃驚.
3. 元曲《黃花峪》(4)
白日不做虧心事, 半夜敲門不吃驚.
4. 元曲《盆兒鬼》(2)
平生莫做虧心事, 半夜敲門不吃驚.
5.《增廣賢文》에는 "爲人莫作虧心事, 半夜敲門心不驚"이라 하여 표현이 약간 다름.
6. 흔히 민간 격언으로는 "平日不作虧心事, 半夜不怕鬼敲門"으로 더 알려져 있음.
7.《昔時賢文》
平日不作虧心事, 半夜敲門心不驚.

059(2-12)
하늘은 속일 수 없다

"사람이 착하면 사람은 그를 속일 수 있지만
　하늘은 속이지 아니하고,

사람이 악하면 사람은 그를 두려워하지만
하늘은 두려워하지 아니한다.”

「人善人欺, 天不欺;
　人惡人怕, 天不怕.」

1. 明 凌濛初 《初刻拍案驚奇》(권11)
殺人竟不償命, 不殺人則要償命, 死者生者, 怨氣沖天, 縱然官府不明, 皇天自然
鑑察 ……所以說道:「人惡人怕天不怕, 人善人欺天不欺.」
2. 《尋親記》(6)
人惡人怕天不怕, 人善人欺天不欺.
3. 《事林廣記》(9)와 《永樂大全》(35)에는 앞뒤 구절이 바뀌어 있음.
4. 《昔時賢文》
人惡人怕天不怕, 人善人欺天不欺.
5. 〈越南本〉에는 '人善人欺, 天不過誰, 人善人欺天不'로 되어 있어 착간이
심함.

060(2-13)
하늘은 착오가 없다

“사람의 마음이 악하면,
　하늘은 그에게 벌을 내리는 일에 착오가 없다.”

「人心惡, 天不錯.」

061(2-14)
황천의 도

"황천은 도의 마음을 가진 자를 배반하지 않으며,
 황천은 효성스런 마음을 가진 자를 배반하지 않으며,
 황천은 좋은 마음씨를 가진 자를 배반하지 않으며,
 황천은 선한 마음을 가진 자를 배반하지 않는다."

「皇天不負道心人, 皇天不負孝心人,
 皇天不負好心人, 皇天不負善心人.」

【皇天】 도교에서 말하는 하늘. 선악과 인간의 행동에 應報를 가하는 위대한 힘.
【負】 배반함. 기대에 어긋나는 결과를 안겨줌.

참고 및 관련 자료

1. 〈越南本〉에는 055부터 이곳 061까지를 모두 묶어 《忠孝略》의 문장으로
처리하였음.

062(2-15)*
악이 가득 차면

《익지서益智書》에 말하였다.
"악이 그릇에 가득 차고 나면
 하늘이 반드시 이를 죽여 버린다."

《益智書》云:「惡鑵若滿, 天必誅之.」

【益智書】宋나라 때의 책 이름. 구체적으로는 알 수 없음. '益知'는《管子》
小匡篇의 "桓公能假其群臣之謀, 而益其智也"와《文中子》問易篇의 "廣仁
益智, 莫善於問"에서 取名한 것임. 〈抄略本〉注에 "益智, 宋時書名也"라 함.

> 참고 및 관련 자료

1. 일부 판본에는 "惡鑵若滿, 天必戮之"로 되어 있음. '誅'와 '戮'은 모두 같은
뜻임.
2. 〈초략본〉에는 "惡鑵若滿, 天必誅之"로 되어 있음. '誅'와 '戮'은 모두 같은
뜻임.

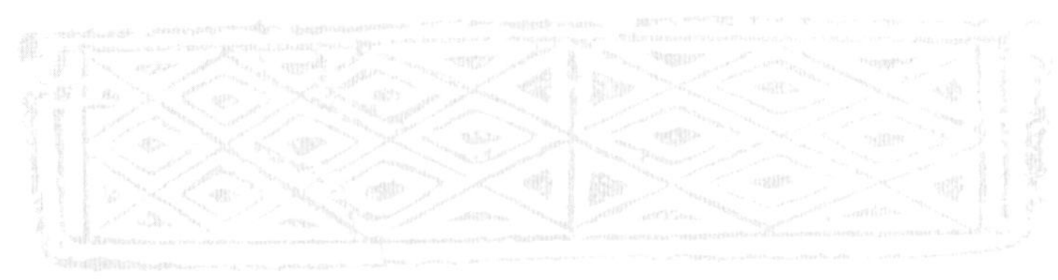

063(2-16)*
악한 짓을 하고도 이름이 난 자

장자莊子가 말하였다.
"만약 사람이 선하지 못한 짓을 하고도 이름을 드날린 자가 있다면,
비록 사람은 그를 해치지 못한다 해도 하늘이 반드시 그를 죽인다."

莊子曰:
　「若人作不善, 得顯名者;
　　人雖不害, 天必誅之.」

【顯名】 이름을 드날림. 그러나 〈越南本〉에는 '顯明'으로 되어 있음.

참고 및 관련 자료

1.《莊子》庚桑楚篇
爲不善乎顯明之中者, 人得而誅之; 爲不善乎幽闇之中者, 鬼得而誅之.
2. 〈越南本〉에는 이에 "昔賢曰:「若人作不善, 得顯明者, 人雖不害, 天必誅之.」"
라 함.

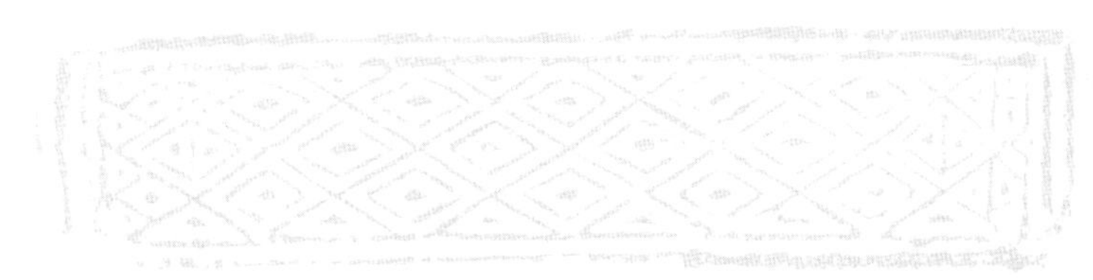

064(2-17)*
콩 심은 데 콩 나고

“참외 심은 데 참외 나고,
콩 심은 데 콩 난다.
하늘의 그물은 넓고 넓어 아무리 성글어도,
빠뜨리는 것이란 없다.”

「種瓜得瓜, 種豆得豆.
　天網恢恢, 疎而不漏.」

【種瓜得瓜】〈通俗本〉에는 ‘種苽得苽’로 되어 있음.
【天網恢恢】〈越南本〉에는 ‘天綱恢恢’로 잘못 표기되어 있음.
【疎】‘疏’, ‘疎’, ‘疎’ 등 모두 같음. 각본마다 이를 섞어 표기하고 있음.

참고 및 관련 자료

1.《金瓶梅詞話》(제1회)
善有善報, 惡有惡報, 天網恢恢, 疎而不漏.
2.《昔時賢文》
種麻得麻, 種豆得豆; 天網恢恢, 疎而不漏.
3.《老子》73장
天網恢恢, 疎而不失.
4. 043의 주를 참조할 것.
5. 〈越南本〉에는 64장과 65장을 하나로 묶었으며 ‘網’자가 ‘綱’자로 잘못 인쇄
되어 있음.

065(2-18)
농사를 잘 지어도

"깊이 갈아 얕게 심어 농사를 잘 지어도,
오히려 하늘의 재앙이 있거늘.
자신의 이익을 위하느라 남을 손해나게 하고서,
어찌 아무런 응보가 없을 수 있겠는가?"

「深耕淺種, 尙有天災.
　利己損人, 豈無果報?」

【深耕淺種】 땅은 깊이 갈고 모종이나 씨앗은 얕게 심어 잘 자라도록 함.
농사에 정성들여 이치대로 잘 지음을 뜻함.

066(2-19)*
하늘에 죄를 얻으면

공자가 말하였다.
"하늘에 죄를 얻으면 빌 데조차 없다."

子曰:「獲罪於天, 無所禱也.」

1.《論語》八佾篇

王孫賈問曰:「與其媚於奧, 寧媚於竈, 何謂也?」子曰:「不然; 獲罪於天, 無所禱也.」

2.〈集註〉

天, 卽理也. 其尊無對, 非奧竈之可比也. 逆理, 則獲罪於天矣. 豈媚於奧竈所能禱而免乎? 言但當順理, 非特不當媚竈, 亦不可媚於奧也. 謝氏曰:「聖人之言, 遜而不迫. 使王孫賈而知此意, 不爲無益; 使其不知, 亦非所以取禍.」

3. 순명편順命篇 第三

"凡十六條"

모두 16장이다.

"운명에 순응하여 자신의 수양에 힘쓸 것을 권고한 글들"

〈山徑春行圖〉(宋, 馬遠)

067(3-1)*
하늘에 달린 명

자하子夏가 말하였다.
"죽고 사는 것은 명에 달려 있고, 부귀는 하늘에 달려 있다."

子夏曰:「死生有命, 富貴在天.」

【子夏】 공자의 제자로 이름은 卜商.
【子夏曰】〈抄略本〉과 〈通俗本〉에는 '子曰'로 되어 있음.

참고 및 관련 자료

1.《論語》顏淵篇
司馬牛憂曰:「人皆有兄弟, 我獨亡.」子夏曰:「商聞之矣: 死生有命, 富貴在天.
君子敬而無失, 與人恭而有禮. 四海之內, 皆兄弟也. 君子何患乎無兄弟也?」
2.《昔時賢文》
死生有命, 富貴在天.

068(3-2)
하늘이 시키는 대로

《맹자孟子》에 말하였다.

"갈 때는 혹시 이를 가게 하고, 멈출 때는 혹시 이를 멈추게 할 수 있으나,
가고 그침은 사람이 능히 할 바가 아니다."

《孟子》曰:「行或使之, 止或尼之, 行止非人所能也.」

【尼之】'尼'는 '止'와 疊韻互訓을 이루어 '그치다'의 뜻.《正子通》에 "猶曳止之也"
라 함.
【行止】나아감과 그침. 行藏·出處 등과 같은 말.

참고 및 관련 자료

1.《孟子》梁惠王篇(下)
樂正子見孟子, 曰:「克告於君, 君爲來見也. 嬖人有臧倉者沮君, 君是以不果來也.」
曰:「行, 或使之; 止, 或尼之. 行止, 非人所能也. 吾之不遇魯侯, 天也. 臧氏之子,
焉能使予不遇哉?」

069(3-3)
이미 정해진 일

"한 번 마시는 일, 한 번 발탁되는 일,
모든 일은 모두 이전에 이미 정해진 것이다."

「一飮一擢, 事皆前定.」

【擢】 '啄'의 오자로 여겨짐.
【前定】 이미 하늘이 정해 놓은 것임.

1. 《醒世恒言》(29)
一飮一啄, 莫非前定.
2. 《破窯記》(3) 元曲
一飮一啄, 事皆前定.
3. 《琵琶記》(34)
一斟一酌, 莫非前定.

070(3-4)*
뜬세상 헛되이

"만사가 몫이 이미 정해졌는데도,
뜬 세상에 헛되이 자기 스스로 바쁘기만 하네."

「萬事分已定, 浮生空自忙.」

【分】 '份'과 같음. 몫. 分數.
【浮生】 뜬구름과 같은 인생.

참고 및 관련 자료

1. 明 凌濛初《初刻拍案驚奇》(권1)
這幾位名人, 說來說去, 都是一個意思. 總不如古語云: 「萬事分死定, 浮生空
自忙.」
2.《全閩詩話》(4) 朱文公에 인용된《堅瓠集》과 元曲《貨郎旦》(1)
萬事分已定, 浮生空自忙.
3.《昔時賢文》
萬事皆先定, 浮生空自忙.

071(3-5)
운명이 안배한 것

"만사는 사람이 헤아리거나 비교함에 연유하는 것이 아니라,
 일생은 모두 운명이 안배한 것일세."

「萬事不由人計較, 一生都是命安排.」

【計較】 계산하고 비교함.《增廣賢文》에는 '計校'로 되어 있음.

참고 및 관련 자료

1. 明 馮夢龍《醒世恒言》黃秀才徼靈玉馬墜
取了這錠銀子, 權爲路費, 徑往長安. 正是: 人有逆天之時, 天無絶人之路. 萬事
不由人計較, 一生都是命安排.

2. 《荊釵記》(23), 《殺狗記》(8), 《醒世恒言》(32)에도 인용되어 있음.

3. 《永樂大全》(52)

萬事不由人計較, 算來都是命安排.

4. 《昔時賢文》

萬事不由人計校, 一生都是命安排,

5. 〈越南本〉에는 69·70·71장을 하나로 묶었음.

072(3-6)*
힘으로 대든다고 해도

《경행록》에 말하였다.
"무릇 힘으로 해서 안 되는 일이 있는 곳,
 이것이 바로 운명이다."

《景行錄》云:「凡不可著力處, 便是命也.」

참고 및 관련 자료

1. 〈越南本〉에는 "《景行錄》云:「凡事不可著力處, 便是命也.」"라 하여 이를
따름.

073(3-7)
기회와 운명

"기회란 운명만한 것이 없고,
 지혜란 복을 인정하는 것만한 것이 없다."

「會不如命, 知不如福.」

【知】'智'와 같음.

074(3-8)
요행으로 면할 수 없는 재앙

《경행록》에 말하였다.
"재앙은 요행으로 면할 수 없고,
 복은 두 번 바랄 수 없는 것이다."

《景行錄》云:「禍不可以倖免, 福不可以再求.」

【再求】 두 번 똑같은 것을 구함. 〈越南本〉에는 '苟求'라 하여 '구차스럽게 구하다'
 로 되어 있음.

참고 및 관련 자료

1. 〈越南本〉에는 72장과 74장을 하나로 묶되 "《景行錄》云:「凡事不可著力處,
便是命也. 禍不可以倖免, 福不可以苟求.」"라 하여 일부 표현이 다름.

075(3-9)
겸손과 이익

《소서素書》에 말하였다.
"흉년을 만나거든 구차스럽게 면하려 들지 말 것이며,
 이익을 보거든 구차스럽게 얻으려 하지 말라."

《素書》云:「見謙而不苟免,
　　　　　　見利而不苟得.」

【素書】 원래 兵法書의 하나. 고대 黃石公이 지었다 하며, 宋나라 때 張商英이
 注를 한 것이 전함.《黃石公書》라고도 함.
【謙】 '謙'은 '歉', 즉 '흉년', 나아가 재앙이나 고통, 곤궁함을 뜻하는 말임.

076(3-10)
복이 이를 때는

"복이 이른다는 것은,
구차스럽게 이를 구한다고 해서 되는 것이 아니며,
화를 면하는 것은
이를 구차스럽게 면하고자 한다고 해서 되는 것이 아니다."

「福至不可苟求, 禍至不可苟免.」

077(3-11)
재물에 임하여

〈곡례曲禮〉에 말하였다.
"재물에 임하여 구차스럽게 이를 얻으려 하지 말 것이며,
어려움에 임해서는 구차스럽게 이를 벗어나려 하지 말라."

〈曲禮〉曰:「臨財毋苟得, 臨難毋求免.」

【曲禮】《禮記》의 편명. 上下편으로 나뉘어 있으며 잡다한 예의 문제를 설명한 것.

참고 및 관련 자료

1.《禮記》曲禮(上)

臨財毋苟得, 臨難毋苟免. 很毋求勝, 分毋求多. 疑事毋質, 直而勿有.

2.《昔時賢文》

臨難毋苟免, 臨財毋苟得.

078(3-12)
천명을 아는 자

공자가 말하였다.

"명을 아는 자는

이익을 보아도 움직이지 아니하며,

죽음에 임하여도 원망하지 않는다."

子曰:「知命之人, 見利不動, 臨死不怨.」

【子曰】 공자의 말을 찾을 수 없으며, 이에 〈越南本〉에는 '昔賢'으로 되어 있음.

참고 및 관련 자료

1. 〈越南本〉에는 본장으로부터 81장까지를 하나로 묶고 있음.

079(3-13)
오늘 하루 얻었으니

"하루를 얻었으니 하루가 지나가고,
한때를 얻었으니 한때가 지나간다."

「得一日過一日, 得一時過一時.」

080(3-14)
허다한 길

"급히 가나 더디 가나,
앞길에는 다만 허다한 길이 있을 뿐이다."

「緊行慢行, 前程只有許多路.」

참고 및 관련 자료

1. 淸 金纓《格言聯璧》惠言類
急行緩行, 前程總有許多路; 逆取順取, 命中只有這般財.
2.《昔時賢文》
急行緩行, 前程只有許多路; 逆取順取, 到頭總是一場空.

081(3-15)*
등왕각과 천복비

"때가 오니 바람이 등왕각滕王閣으로 보내주고,
　운이 물러가니 우레가 천복비薦福碑를 내리치누나."

「時來風送滕王閣, 運退雷轟薦福碑.」

【滕王閣】 지금의 중국 江西省 南昌에 있는 누각. 王勃(650?~675)과의 고사는
　참고란을 볼 것.
【薦福碑】 饒州 薦福寺의 碑. 고사는 참고란을 볼 것.

참고 및 관련 자료

1. 등왕각은 唐나라 高祖의 아들(滕王에
봉해진 李元嬰)이 세운 누각으로 뒤에
閻伯嶼가 이를 중수하고 잔치를 할 때,
마침 그곳을 지나던 王勃이 강을 건너다가
바람이 불어 저절로 그곳에 닿도록 하였고,
그 잔치에 참가하여 유명한 〈滕王閣序〉의
"落霞與孤鶩齊飛, 秋水共長天一色"의 문장
으로 천하에 이름을 날리는 기회를 얻게

〈滕王閣〉《三才圖會》

되었음. 〈滕王閣序〉는 《初唐四傑集》 및 《古文眞寶》 등에 널리 실려 있음.

2. 唐나라 때 李北海가 짓고 歐陽詢의 글씨로 새겼음. 이 비가 깨어진 것은
元代 馬致遠의 雜劇 《半夜雷轟薦福碑》에 실려 있는 고사이며, 宋代 范仲淹이
鄱陽을 진수할 때 어떤 書生이 詩를 바쳐 자신의 가난을 한탄하자, 범중엄이

이를 불쌍히 여겨 薦福寺의 비문을 臨寫拓本해오면 수고비를 많이 주겠
다고 약속하였음. 그가 지필묵을 준비하여 천복사 비문을 찾아갔으나, 지난 밤
벼락을 맞아 깨어지고 없었다 함. 그 뒤 일부 본에는 '薦福寺'를 '賤福寺'로
낮추어 표기하기도 하였다 함.

3. 《昔時賢文》
時來風送滕王閣, 運去雷轟薦福碑.

082(3-16)*
아무리 어리석어도

《열자列子》에 말하였다.
"어리석고 귀가 먹고 고질병에 벙어리라도 부잣집일 수가 있으며,
　지혜롭고 총명하여도 도리어 가난을 벗어나지 못하는 자가 있다.
　태어난 연월일시에 이미 그것이 정해져 있으니,
　이를 점쳐 보면 운명에 달려 있지 사람에 말미암는 것이 아니다."

《列子》曰:「癡聾瘖瘂家豪富, 智惠聰明却受貧;
　　　　　　年月日時該載定, 筭來由命不由人.」

【列子】戰國시대 鄭나라 출신의 道家 사상가로 이름은 列禦寇. 《列子》를 남겼
　으며 뒤에 《老子(道德經)》·《莊子(南華眞經)》와 더불어 《列子》를 《冲虛至德眞經》
　이라 하여 道家三書로서 도교의 경전이 됨.
【智惠】'智慧'와 같음. 〈抄略本〉에는 '智慧'로 되어 있음.

【聰明】원래는 귀로 듣고 잘 알아차리는 똑똑함을 '聰'이라 하고, 눈으로 보아 민첩하게 깨닫는 것을 '明'이라 하였으나 이를 묶어 사리에 밝고 영민(靈敏)함을 뜻하는 말로 쓰임.《尙書》堯典에「昔在帝堯, 聰明文思, 光宅天下」라 하였고, 孔穎達의 疏에「言聰明者, 據人近驗, 則聽遠爲聰, 見微爲明. ……以耳目之聞見, 喩聖人之智慧, 兼知天下之事」라 함.

【年月日時】古代에 해, 달, 날짜, 시를 모두 '十干十二支'로 표기하였으며 그에 따라 모두 8글자가 되어 四柱八字가 됨.

【裁定】〈抄略本〉과 〈越南本〉에는 '載定'으로 되어 있음.

참고 및 관련 자료

1. 지금의 《列子》에는 이 구절이 실려 있지 않으며 《列子》의 사상을 압축하여 표현한 것에 불과함.

2. 〈越南本〉에는 이 구절에 "命裏有時終須有, 命裏無時莫彊求"의 구절이 덧붙여져 있음.

4. 효행편 孝行篇 第四

"凡十九條"
모두 19장이다.

"부모에게 효도하여 자식의 도리를 다할 것을 권고한 글들"

〈孝經圖〉(宋, 李公麟)

083(4-1)*
어버이 날 낳으시고

《시詩》에 말하였다.
"아버지 날 낳으시고 어머니 날 기르시니,
 애달프도다 부모님이여, 나를 낳아 고생하시네.
 깊은 은혜 보답코자 하나 하늘과 같아 끝이 없도다."

《詩》曰:「父兮生我, 母兮鞠我.
　　　　哀哀父母, 生我劬勞.
　　　　欲報深恩, 昊天罔極.」

【詩】《詩經》을 가리키며, 이 구절은 小雅 蓼莪篇에 실려 있음.

참고 및 관련 자료

1.《詩經》小雅 蓼莪篇
"蓼蓼者莪, 匪莪伊蒿. 哀哀父母, 生我劬勞. 蓼蓼者莪, 匪莪伊蔚. 哀哀父母,
生我勞瘁. 缾之罄矣, 維罍之恥. 鮮民之生, 不如死之久矣. 無父何怙, 無母何恃.
出則銜恤, 入則靡至. 父兮生我, 母兮鞠我. 拊我畜我, 長我育我, 顧我復我,
出入腹我. 欲報之德, 昊天罔極. 南山烈烈, 飄風發發. 民莫不穀, 我獨何害.
南山律律, 飄風弗弗. 民莫不穀, 我獨不卒.

2.《蒙求》(148)
王裒字偉元, 城陽營陵人. 少立操尙, 博學多能. 其父儀爲文帝司馬見殺. 裒痛父
非命, 未嘗西向而坐, 示不臣朝廷也. 隱居教授. 廬于墓側, 旦夕常至墓所拜跪,

攀柏悲號. 涕淚著樹, 樹爲之枯. 母性畏雷, 母沒, 每雷輒到墓曰:「哀在此!」
及讀《詩》至『哀哀父母, 生我劬勞』, 未嘗不三復流涕. 門人受業者, 竝廢〈蓼莪〉
之篇. 家貧, 躬耕, 計口而田, 度身而蠶. 或有助之者, 不聽.

〈董永侍父圖〉四川 渠縣 출토

084(4-2)
신체발부

공자가 말하였다.
"신체와 머리카락·피부는, 부모에게서 받은 것이다.
감히 헐거나 다침이 없도록 함이, 효의 시작이요,
몸을 세우고 도를 행하여, 후세에 그 이름을 날려,
어버이를 드러나게 함이, 효의 마침이다."

子曰:「身體髮膚, 受之父母.
　　不敢毀傷, 孝之始也.
　　立身行道, 揚名於後世,
　　以顯父母, 孝之終也.」

참고 및 관련 자료

1. 《孝經》 開宗明義章
仲尼居. 曾子侍. 子曰:「先王有至德·要道, 以順天下, 民用和睦, 上下無怨. 汝知
之乎?」曾子避席曰:「參不敏, 何足以知之?」子曰:「夫孝, 德之本也. 敎之所
由生也. 復坐! 吾語汝. 身體髮膚, 受之父母, 不敢毀傷, 孝之始也; 立身行道,
揚名於後世, 以顯父母, 孝之終也. 夫孝, 始於事親, 中於事君, 終於立身. 〈大雅〉
云:『無念爾祖? 聿脩厥德.』」

085(4-3)*
어버이 섬김

공자가 말하였다.
"효자로서 어버이를 섬김에는,
평소에는 공경을 다하고,
모심에는 즐거움을 느끼게 하며,
병이 있으면 그 근심을 다하고,
상에는 슬픔을 다하며,
제사에는 엄숙함을 다하는 것이다."

子曰:「孝子之事親也:

　　居則致其敬,

　　養則致其樂,

　　病則致其憂,

　　喪則致其哀,

　　祭則致其嚴.」

참고 및 관련 자료

1.《孝經》紀孝行章

子曰:「孝子之事親也, 居則致其敬, 養則致其樂, 病則致其憂, 喪則致其哀, 祭則
致其嚴. 五者備矣, 然後能事親. 事親者, 居上不驕, 爲下不亂, 在醜不爭. 居上而
驕則亡, 爲下而亂則刑, 在醜而爭則兵. 三者不除, 雖日用三牲之養, 猶爲不孝也.」

086(4-4)
패덕과 패례

공자가 말하였다.

"그러므로 자신의 어버이를 사랑하지 아니하면서
다른 사람을 사랑한다고 하는 것을 일러 패덕悖德이라 하고,
자신의 어버이를 공경하지 아니하면서
남을 공경한다고 하는 것을 일러 패례悖禮라 하는 것이다."

子曰:「故不愛其親, 而愛他人者, 謂之悖德;

　　　　不敬其親, 而敬他人者, 謂之悖禮.」

【悖德】 덕에 어긋남. 덕을 어그러뜨리는 행위.
【悖禮】 예에 어긋남. 예를 허물어뜨리는 행동.

참고 및 관련 자료

1.《孝經》聖治章
曾子曰:「敢問聖人之德, 無以加於孝乎?」 子曰:「天地之性, 人爲貴; 人之行,
莫大於孝, 孝莫大於嚴父. 嚴父莫大於配天, 則周公其人也. 昔者, 周公郊祀后稷
以配天, 宗祀文王於明堂以配上帝. 是以四海之內, 各以其職來祭. 夫聖人之德,
又何以加於孝乎? 故親生之膝下, 以養父母日嚴. 聖人因嚴以敎敬, 因親以敎愛.
聖人之敎, 不肅而成, 其政不嚴而治, 其所因者本也. 父子之道天性也, 君臣之
義也. 父母生之, 續莫大焉; 君親臨之, 厚莫重焉. 故不愛其親而愛他人者, 謂之
悖德; 不敬其親而敬他人者, 謂之悖禮. 以順則逆, 民無則焉. 不在於善, 而皆
在於凶德, 雖得之, 君子不貴也. 君子則不然, 言思可道, 行思可樂. 德義可尊,
作事可法, 容止可觀, 進退可度, 以臨其民; 是以其民畏而愛之, 則而象之; 故能
成其德敎, 而行其政令.《詩》云:『淑人君子, 其儀不忒.』」

087(4-5)
충효를 기본으로

공자가 말하였다.
"군자의 부모 섬김이 효孝이니,
그러므로 이를 충忠으로써 임금에게 옮길 수 있다.

형을 섬김이 제弟이니,

그러므로 이를 순順으로써 다른 어른에게 옮길 수 있다.

평소 집안을 다스림이 이理이니,

그러므로 이를 치治로써 관직에 옮길 수 있는 것이다.”

子曰:「君子之事親孝, 故忠可移於君;

事兄弟, 故順可移於長;

居家理, 故治可移於官.」

【事兄弟】〈越南本〉에는 '事兄悌'로 되어 있음.

참고 및 관련 자료

1.《孝經》廣揚名章

子曰:「君子之事親孝, 故忠可移於君; 事兄悌, 故順可移於長; 居家理, 故治可移於官. 是以行成於内, 而名立於後世矣.」

2.〈越南本〉에는 084부터 이곳 087까지 묶고 있으며 첫머리를 '孟子'라 하여 오류를 범하고 있음. 그리고 본장 끝에 "是以行成於内, 而名立於後世矣"라는 구절이 덧붙여져 있음.

088(4-6)
외출에는 반드시

〈곡례曲禮〉에 말하였다.

"무릇 남의 아들이 된 자는 외출할 때에는 반드시 알려드리고 돌아와
서는 반드시 얼굴을 보여드린다.
놀이에는 반드시 부모가 늘 아는 곳에서 하며, 늘 그 항업恒業을 익히고
있어야 한다. 평소에 늙었다는 말을 하지 않는다.
상대의 나이가 자신보다 곱절쯤 되면 부모의 등급으로 모시며,
10년쯤 많다면 형뻘로서 섬기며,
5년쯤 많다면 어깨를 같이하되 뒤따르면 되는 것이다."

〈曲禮〉曰:「夫爲人子者, 出必告, 反必面.
　　　　所遊必有常, 所習必有業. 恒言不稱老.
　　　　年長以倍, 則父事之,
　　　　十年以長, 則兄事之,
　　　　五年以長, 則肩隨之.」

【出必告】외출할 때는 반드시 알림. '告'은 '곡'으로 읽음.
【反必面】〈越南本〉에는 '及必面'으로 잘못 표기되어 있음.
【必有業】〈越南本〉에는 '必自業'으로 되어 있음.
【恒言】〈越南本〉에는 '恆言'으로 되어 있음.

참고 및 관련 자료

1.《禮記》曲禮(上)
凡爲人子之禮: 冬溫而夏淸, 昏定而晨省, 在醜夷不爭. 夫爲人子者, 三賜不及車馬.
故州閭鄕黨稱其孝也, 兄弟親戚稱其慈也, 僚友稱其弟也, 執友稱其仁也, 交遊
稱其信也. 見父之執, 不謂之進不敢進, 不謂之退不敢退; 不問, 不敢對. 此孝子
之行也. 夫爲人子者: 出必告, 反必面, 所遊必有常, 所習必有業. 恆言不稱老.
2. 司馬光《家範》(4) 子上篇
爲人子者, 出必告, 反必面, 所遊必有常. 所習必有業. 恒言不稱老. 又爲人子之禮,

冬溫而夏淸, 昏定而晨省, 在醜夷不爭.

3.《小學》明倫篇 明父子之親

〈曲禮〉曰:「凡爲人子之禮, 冬溫而夏淸, 昏定而晨省; 出必告, 反必面; 所遊必有常, 所習必有業; 恒言不稱老.」

4.《禮記》曲禮(上)

年長以倍則父事之, 十年以長則兄事之, 五年以長則肩隨之, 羣居五人, 則長者必異席.

5.《小學》明倫篇 明長幼之序

年長以倍, 則父事之; 十年以長, 則兄事之; 五年以長, 則肩隨之.

6.〈越南本〉에는 '年長以倍, 則父事之, 十年以長, 則兄事之, 五年以長, 則肩隨之' 24자가 들어있지 않음.

089(4-7)*
멀리 나가 놀지 않으며

공자가 말하였다.
"부모가 살아계시다면 멀리 가서 놀지 않으며,
놀러 나갈 때에는 반드시 그 있을 위치를 알려드려야 한다."

子曰:「父母在, 不遠遊, 遊必有方.」

참고 및 관련 자료

1.《論語》里仁篇
子曰:「父母在, 不遠遊, 遊必有方.」

2. 《禮記》曲禮(上)

"夫爲人子者: 出必告, 反必面, 所遊必有常"이라 하여 '方'과 '常'을 疊韻으로 썼으며, 玉藻에는 「親老, 出不易方」이라 하여 方向, 장소 두 가지의 뜻으로 보았음.

3. 《小學》明倫篇

孔子曰: 「父母在, 不遠遊. 遊必有方」

4. 본장에 이어 〈초략본(통행본)〉에는 다음 구절이 더 있다.

○ 子曰: 「父命召, 唯而不諾, 食在口則吐之」

(공자가 말하였다. "아버지가 명하여 부르시면 얼른 대답하여 군말 없이 달려 가고, 밥이 입에 있으면 이를 처리하고 응해야 한다.")

이는 《禮記》玉藻篇의 "父命呼, 唯而不諾, 手執業則投之, 食在口則吐之, 走而 不趨. 親老, 出不易方, 復不過時. 親癠色容不盛, 此孝子之疏節也. 父歿而不能 讀父之書, 手澤存焉爾; 母歿而杯圈不能飮焉, 口澤之氣存焉爾"를 인용한 것임.

090(4-8)
부모 연세는 알고 있어야

공자가 말하였다.

"부모님의 연세를 알고 있지 않으면 안 된다.

하나는 살아 계심을 즐겁게 여김이요,

하나는 살아 계실 날이 얼마 남지 않았음을 두려워해서이다."

子曰: 「父母之年, 不可不知也.

　　　一則以喜, 一則以懼.」

【一則以喜】〈越南本〉에는 '一則必喜'라 하여 잘못되어 있음.

참고 및 관련 자료

1.《論語》里仁篇
子曰:「父母之年, 不可不知也. 一則以喜, 一則以懼.」
2.〈集註〉
常知父母之年, 則旣喜其壽, 又懼其衰, 而於愛日之誠, 自有不能已者.

091(4-9)
아버지 도를 바꾸지 않아야

공자가 말하였다.
"아버지가 살아 계실 때는, 그 뜻을 볼 것이요,
돌아가시고 나면, 남기신 행동을 볼 것이다.
3년을, 아버지 도를 바꾸지 않아야, 가히 효라 할 수 있다."

子曰:「父在, 觀其志.
　　　父沒, 觀其行.
　　　三年, 無改於父之道, 可謂孝矣.」

참고 및 관련 자료

1.《論語》學而篇
子曰:「父在, 觀其志; 父沒, 觀其行; 三年無改於父之道, 可謂孝矣.」

2. 〈集註〉

父在, 子不得自專, 而志則可知. 父沒, 然後其行可見. 故觀此, 足以知其人之
善惡, 然又必能三年無改於父之道, 乃見其孝. 不然, 則所行雖善, 亦不得爲孝矣.
尹氏曰: 「如其道, 雖終身無改, 可也; 如其非道, 何待三年? 然則三年無改者,
孝子之心, 有所不忍故也.」游氏曰: 「三年無改, 亦謂在所當改而可以未改者耳.」

092(4-10)
생일날 부모님 생각

이천伊川 선생이 말하였다.
"부모님이 돌아가시고 없으면 그 생일에 의당 비통함이 갑절이나 된다.
그런데 그러한 날에 더욱 어찌 차마 술자리를 차리고 음악을 펼쳐
즐거움을 삼을 수 있겠는가?
그러나 만약 부모님이 모두 살아 계신 경우라면 가능한 일이다."

伊川先生曰: 「人無父母, 生日當倍悲痛.
　　　　　　更安忍置酒張樂以爲樂?
　　　　　　若具慶者, 可矣.」

【伊川】 程頤(1033~1107). 자는 正叔. 廣平先生이라 불렸으나 이천(伊川, 지금의
洛陽 남쪽)에 살아 흔히 伊川先生이라 불렸음. 그의 형 程顥(明道先生)와 더불
어 北宋 理學 四派 즉, 濂溪學派(周敦頤)·百源學派(邵雍)·關學派(張載)와 더불
어 洛學派의 대표적인 인물이며 小程子로 불림. 이들 학통이 南宋 閩學派(朱熹)에
게로 이어진 것임.

1.《近思錄》家道篇

人無父母, 生日當倍悲痛. 更安忍置酒張樂
以爲樂? 若具慶者, 可矣.

2.《小學》嘉言篇 廣明倫

伊川先生曰:「人無父母, 生日當倍悲痛, 更安
忍置酒張樂以爲樂? 若具慶者, 可矣.」

程頤(伊川선생)《三才圖會》

093(4-11)*
자신이 이미 불효하면서

태공太公이 말하였다.
"어버이에게 효도를 다하면,
자식도 자신에게 효도할 것이다.
자신이 이미 불효한데,
자식이 어찌 나에게 효도를 하겠는가?"

〈姜太公〉

太公曰:「孝於親, 子亦孝之.
　　　身旣不孝, 子何孝焉?」

094(4-12)*
효자는 효자를 낳고

"효순孝順은 다시 효순한 자식을 낳고,
오역五逆은 다시 오역의 자식을 낳는다.
믿지 못하겠거든 처마 끝의 낙숫물을 보라,
점점 방울방울 차이가 나는 것은 없다."

「孝順還生孝順子, 五逆還生五逆兒.
　不信但看簷頭水, 點點滴滴不差移.」

【五逆】 존속 상해를 입히는 등의 큰 죄악. 〈抄略本〉과 〈越南本〉에는 '忤逆'으로,
〈通俗本〉에는 '五逆'으로 되어 있음. '忤逆'은 '거역하고 거스르다'의 뜻임.

참고 및 관련 자료

1.《昔時賢文》
孝順還生孝順子, 忤逆還生忤逆兒. 不信但看簷前水, 點點滴滴舊窩池.
2. 〈越南本〉에는 93장과 본장을 하나로 묶고 있음.

095(4-13)
옳지 않은 부모란 없다

맹자가 말하였다.
"세상에 옳지 않은 부모란 없다."

孟子曰:「無不是底父母.」

【孟子曰】이는 羅仲素가 한 말이며 맹자가 한 말이 아님. 羅仲素는 羅從彦
(1072~1135)을 가리킴. 宋나라 南劍州 劍浦 사람. 자는 仲素. 豫章에 살아 豫章
先生이라 불림. 楊時에게 배우고 다시 程頤에게 배워
高宗 때 主簿 벼슬을 지냈으나 뒤에 羅浮山에 은거하여
학문에 전념함. 朱熹가 매우 존경하였으며 시호는 文質.
《豫章文集》이 전하며 《宋史》(428)에 전이 있음.
【不是底父母】'不是'는 '옳지 않다'의 뜻이며, '底'는
'地'·'的'과 같음. 古文의 '之'와 같으며, 지금의 白話語
에서 '的'으로 굳어짐. '~의'로 새김. "옳지 않은 부모"
라는 뜻. 이 말은 孟子가 한 말이 아니며, 《孟子》離婁(上)
에 실려 있는 '순임금이 어버이를 극진히 모신 고사'를
압축하여 羅仲素가 표현한 말임.

《孟子》(四書集註)

1. 〈越南本〉에는 "羅先生曰:「天下無不是底父母, 養子方知父母恩.」"으로 되어
뒤(096)의 첫 구절을 이곳에 엮었으며 동시에 羅仲素가 한 말임을 밝히고 있음.
2. "天下無不是底父母"는 뒤에 격언으로 널리 퍼졌으며 明代 程登吉(允升)의
《幼學瓊林》兄弟篇에도 "天下無不是底父母, 世間最難得者兄弟"로 실려있음.

앞의 구절은 원래는 宋 羅仲素의 〈論舜盡事親之道〉에서 한 말이며, 뒤의 구절은 《北齊書》循吏列傳에 蘇琼의 故事에서 나온 말임. 즉 北齊 때 蘇瓊이 任河太守였을 때 고을의 普明 형제가 田地를 두고 다툼이 벌어져 몇 년을 끌자 소경이 이들을 불러 "天下難得者兄弟, 易求者田地. 失兄弟, 心如何?"라 달래어 두 형제가 화해를 이루었다 함.(《北齊書》循吏傳)

3. 淸 李漁의 《憐香伴》(제21齣)에 "到是奴家害羞了, 天下無不是的父母, 怎生仇怨著他?"라 하였고, 明 馮夢龍의 《古今小說》(권10)에 "若失了個兄弟, 分明罰了一手, 折了一足, 乃終生缺陷. 說到此地, 難得者兄弟, 易得者田地"라 하였음.

4. 《初刻拍案驚奇》(17)에는 "天下無不是父母"라 하였고, 《古今小說》(10)에는 "難得者兄弟, 易得者田地"라 함.

5. "難得者兄弟, 易求者田地"는 《北齊書》循吏列傳에 蘇琼의 故事에서 나온 말임. 즉 北齊 때 蘇瓊이 任河太守였을 때 고을의 普明 형제가 田地를 두고 다툼이 벌어져 몇 년을 끌자 소경이 이들을 불러 "天下難得者兄弟, 易求者田地. 失兄弟, 心如何?"라 달래어 두 형제가 화해를 이루었다 함.

6. 《增廣賢文》에는 "天下無不是的父母, 世上最難得者兄弟."라 하였고, 《昔時賢文》에는 ""天下無不是底父母, 世間最難得者兄弟."라 하여 '底'와 '的'을 섞어 쓰고 있음.

7. 《小學》嘉言篇 廣明倫
"羅仲素論「瞽瞍底豫而天下之爲父子者定」云:「只爲『天下無不是底父母』」了翁聞而善之曰:「唯如此而後天下之爲父子者定, 彼臣弑其君, 子弑其父, 常始於見其有不是處耳.」라 하였음. 한편 瞽瞍는 舜임금의 아버지. 맹인이었다 하며 순임금의 어머니가 죽고 새 아내를 얻어 象을 낳았으며 셋이 舜을 몹시 괴롭혔음. '底豫'는 '지예(厎豫)'의 오기. '즐겁게 느끼도록 해 드림'이라는 뜻. 《孟子》離婁(上)에 "舜盡事親之道而瞽瞍厎豫, 瞽瞍厎豫而天下化, 瞽瞍厎豫而天下之爲父子者定, 此之謂大孝"의 내용을 말함. 《孟子》에도 다른 本에는 '底豫'로 되어 있으나 阮元의 《校勘記》에 「案音義, 『之爾切』, 是用厎字」라 함. 《爾雅》에는 「厎, 致也; 豫, 樂也」라 함. 《小學集註》에는 "厎, 音止"라 하였고 그 아래 '不是底父母'의 底는 '底, 音低'라 하여 같은 글씨이되 음이 다른 것이라 주를 달고 있음. 〈小學集註〉에에는 "蓋天下無不愛子之父母, 豈有不是者哉? 子孝, 則父母之心自悅樂矣"라 함.

8. 《孟子》離婁(上)
"孟子曰:「天下大悅而將歸己. 視天下悅而歸己, 猶草芥也, 惟舜爲然. 不得乎親,

不可以爲人; 不順乎親, 不可以爲子. 舜盡事親之道而瞽瞍厎豫, 瞽瞍厎豫而天下化, 瞽瞍厎豫而天下之爲父子者定, 此之謂大孝.」의 注에 '厎'를 '厎'로 보아 "厎, 之爾反. ○瞽瞍, 舜父名. 厎, 致也. 豫, 悅樂也. 瞽瞍至頑, 嘗欲殺舜, 至是而厎豫焉. 書所謂「不格姦亦允若」是也. 蓋舜至此而有以順乎親矣. 是以天下之爲子者, 知天下無不可事之親, 顧吾所以事之者未若舜耳. 於是莫不勉而爲孝, 至於其親亦厎豫焉, 則天下之爲父者, 亦莫不慈, 所謂化也. 子孝父慈, 各止其所, 而無不安其位之意, 所謂定也. 爲法於天下, 可傳於後世, 非止一身一家之孝而已, 此所以爲大孝也. ○李氏曰:「舜之所以能使瞽瞍厎豫者, 盡事親之道, 共爲子職, 不見父母之非而已. 昔羅仲素語此云:『只爲天下無不是厎父母.』了翁聞而善之曰:『惟如此而後天下之爲父子者定. 彼臣弑其君·子弑其父者, 常始於見其有不是處耳.』」

(厎는 反切로「之爾反」(지)이다. ○ 瞽瞍는 舜임금 아버지의 이름이다. 厎는 致이다. 豫는 悅樂이다. 고수는 지극히 완악하여 일찍이 순을 죽이려 하였으나, 이에 이르러서는 즐거워 한 것이다. 《書》에 "간악함에 이르지 않게 하였고 그(고수) 역시 이를 따랐다"(《尙書》堯典 大禹謨)라 한 것이 이것이다. 아마 순임금은 여기에 이르러 어버이에게 순종함이 있었던 듯하다. 이 까닭으로 천하에 아들 된 자는 천하에 모시지 못할 어버이란 없다는 것을 알고 자신이 섬기는 바를 돌아보면 아직 순임금만 못함을 알게 된다. 이에 힘써 효를 실천하지 않는 이가 없어 그 어버이에 이르러서도 역시 기쁨을 얻게 된다면 천하에 아버지 된 자도 역시 자애롭지 않을 수 없으니 이것이 소위 敎化이다. 자식이 효도하고 아비가 자애로워 각각 자신이 처할 곳에 멈추어서면 그 위치를 편안히 여기지 않음이 없을 것이니, 이것이 소위 定이다. 천하에 법이 되고 가히 후세에 전할 수 있으며 一身一家의 효에 그치는 것이 아니니, 이것이 大孝가 되는 所以이다. ○ 李氏(李郁)는 이렇게 말하였다. "순임금이 능히 고수로 하여금 즐겁게 할 수 있었던 것은 事親의 도를 극진히 하고 자식의 직분을 공손히 하느라 부모의 그릇됨을 보지 못하였기 때문일 뿐이다. 옛날 羅仲素(羅從彦. 豫章人. 뒤에 延平으로 이주함)가 이를 두고『그저 천하에는 옳게 하여 기뻐하지 않을 부모란 없다고 여긴 것이다』라 하자 了翁(陳瓘. 字는 瑩中. 延平人)이 이를 듣고 훌륭하다고 하면서『오직 이와 같이 한 후라야 천하에 부모와 자식 된 자가 定을 얻을 수 있다. 저 신하로써 그 임금을 시해한 자, 아들로써 그 아비를 시해한 자는 항상 그들이 옳지 못한 곳을 보는 것에서 그런 일이 시작될 따름이다』라 하였다.")라고 하였음.

096(4-14)
자식을 길러 보아야

“자식을 길러 보아야 부모의 은혜를 알 수 있고,
　몸을 세워 성공해 보아야 남의 고통을 알 수 있다.”

「養子方知父母恩, 立身方知人辛苦.」

【方】 ‘바야흐로, 그제야 겨우, ~해야 비로소’ 등의 뜻. 白話語 ‘才(纔)’와 같음.

참고 및 관련 자료

1. 〈越南本〉에는 앞 구절 ‘養子方知父母恩’을 095에 연결하였고, 뒤의 구절은
생략하였음.

097(4-15)
세 가지 불효

《맹자》에 말하였다.
“불효에는 세 가지가 있으니,
　그 중에 후손 없는 것이 가장 크다.”

《孟子》曰:「不孝有三, 無後爲大.」

참고 및 관련 자료

1.《孟子》離婁章(上)

孟子曰:「不孝有三: 無後爲大. 舜不告而娶, 爲無後也, 君子以爲猶告也.」

098(4-16)
자식은 늙음을 방비하기 위한 것

"자식을 기르는 것은 늙음을 방비하기 위함이요,
곡식을 저장하는 것은 굶주림을 방비하기 위함이다."

「養子防老, 積穀防餓.」

참고 및 관련 자료

1. 元 高明《琵琶記》牛小姐諫夫

"爹爹, 正是養兒代老, 積穀防饑."

2.《父母恩重經》講經文

人家積穀本防饑, 養子還徒被老時.

3.《袁宏道集》(3)

積財以防老, 積快活以防死.

4.《里語徵實》(卷下)에는 宋 左圭의《百川歸海》를 인용하여 "詹惠明乞代夫

償命, 臨刑無懼色, 曰:「養兒防老, 積穀防饑.」太守曾天游奏之, 乃免死"라
하였음.

5. 明 馮夢龍의 《警世通言》 宋小官團圓破氊笠

養兒待老, 積穀防饑.

6. 《事林廣記》(9), 《金雲翹傳》(5)

養兒防老, 積穀防饑.

7. 《伍子胥變文》

養子備老, 積行擬衰.

8. 《增廣賢文》에는 "養兒防老, 積穀防饑"라 하여 문자 표현이 약간씩 다르며,
《昔時賢文》에는 "酒債尋常行處有, 人生七十古來稀. 養兒防老, 積穀防饑"로
짝을 지어놓고 있는 등 아주 널리 인용되는 민간 격언임.

9. 〈越南本〉에는 097과 098을 묶어 하나의 장으로 처리하였음.

099(4-17)
어버이가 미워하더라도

증자曾子가 말하였다.
"어버이가 자신을 아껴주면, 기꺼워하며 이를 잊지 말고,
　어버이가 미워하더라도, 두려워하되 이를 원망하지 말라.
　어버이에게 과실이 있으면, 간하되 거역하지는 말라."

曾子曰:「父母愛之, 喜而勿忘;
　　　　父母惡之, 懼而無怨.
　　　　父母有過, 諫而不逆.」

【曾子】曾參. 그의 아버지 曾晳과 함께 공자
  에게 배웠으며, 특히 효성으로 이름을 날려
  《효경》을 기술한 것으로 알려져 있음.
【懼而無怨】〈越南本〉에는 '勞而無怨'으로
  되어 《孟子》 원문과 같음.

〈曾子〉(曾參) 《三才圖會》

1.《孟子》萬章章(上)에는 이 말을 萬章이 한 것으로 "萬章問曰:「舜往于田,
號泣于旻天, 何爲其號泣也?」孟子曰:「怨慕也.」萬章曰:「父母愛之, 喜而不忘;
父母惡之, 勞而不怨. 然則舜怨乎?」曰:「長息問於公明高曰:『舜往于田, 則吾
旣得聞命矣; 號泣于旻天, 于父母, 則吾不知也.』公明高曰:『是非爾所知也.』
夫公明高以孝子之心, 爲不若是恝, 我竭力耕田, 共爲子職而已矣, 父母之不我愛,
於我何哉? 帝使其子九男二女, 百官牛羊倉廩備, 以事舜於畎畝之中. 天下之士
多就之者, 帝將胥天下而遷之焉. 爲不順於父母, 如窮人無所歸. 天下之士悅之,
人之所欲也, 而不足以解憂; 好色, 人之所欲, 妻帝之二女, 而不足以解憂; 富,
人之所欲, 富有天下, 而不足以解憂; 貴, 人之所欲, 貴爲天子, 而不足以解憂.
人悅之·好色·富貴, 無足以解憂者, 惟順於父母, 可以解憂. 人少, 則慕父母;
知好色, 則慕少艾; 有妻子, 則慕妻子; 仕則慕君, 不得於君則熱中. 大孝終身慕
父母. 五十而慕者, 予於大舜見之矣."라 함.

2. 본 장 다음에 〈越南本〉에는 《孟子》離婁(下)의 "孟子曰:「世俗所謂不孝
者五: 惰其四支, 不顧父母之養, 一不孝也; 博弈好飮酒, 不顧父母之養, 二不
孝也; 好貨財, 私妻子, 不顧父母之養, 三不孝也; 從耳目之欲, 以爲父母戮, 四不
孝也; 好勇鬪很, 以危父母, 五不孝也."가 더 실려 있으나 이 구절은 본 《明心
寶鑑》正己篇 218에 실려 있음.

100(4-18)
오형

공자가 말하였다.
"오형五刑에 해당하는 것이 3천 가지이지만
죄 중에 가장 큰 것으로서 불효보다 더한 것은 없다."

子曰:「五刑之屬三千,
　　　　而罪莫大於不孝.」

참고 및 관련 자료

1.《孝經》五刑章
子曰:「五刑之屬三千, 而罪莫大於不孝. 要君者無上, 非聖人者無法, 非孝者無親, 此大亂之道也.」
2.《禮記》王制篇
凡制五刑, 必卽天論, 郵罰麗於事. 凡聽五刑之訟, 必原父子之親, 立君臣之義以權之.

101(4-19)
효도보다 앞세울 것은 없다

증자가 말하였다.
"효도와 자애는,
온갖 행동 중에 제일 우선으로 해야 할 일이기는 하나,
그 중에서도 효도보다 더한 것은 없다.
효성이 하늘에 닿으면, 풍우가 때를 맞추어 순응한다.
효성이 땅에 이르면, 만물이 화육化育하여 무성해진다.
효성이 사람에게 이르면, 모든 복이 찾아와 이르게 된다."

曾子曰:「孝慈者, 百行之先, 莫過於孝.
　　　　　孝至於天, 則風雨順時.
　　　　　孝至於地, 則萬物化盛.
　　　　　孝至於人, 則衆福來臻.」

【孝慈者】 '孝者'여야 할 것으로 보임. 〈越南本〉에는 '孝者'로 되어 있음.

참고 및 관련 자료

1. 〈越南本〉에는 "曾子曰:「孝者, 百行之先: 孝至於天, 則風雨順時. 孝至於地, 則萬物化成. 孝至於人, 則衆福咸臻.」"이라 하여 문의가 훨씬 합리적임.

5. 정기편正己篇 第五

"凡一百十七條"
모두 117장이다.

"자신을 바르게 할 것을 권고한 글들"

〈白瓷雙腹龍柄傳瓶〉隋, 1957 섬서 서안 출토

102(5-1)*
남의 선악을 보거든

《성리서性理書》에 말하였다.
"남의 선함을 보거든, 자신도 이런 것이 있는가를 찾으며,
 남의 악함을 보거든, 자신에게도 이런 것이 있지 않은가 찾아라.
 이와 같이 하여야 바야흐로 유익함이 있는 것이다."

《性理書》云:「見人之善, 而尋己之善;
　　　　　見人之惡, 而尋己之惡.
　　　　　　　如此方是有益.」

【性理書】《性理大全》을 가리킴. 모두 70권으로 宋代 理學者 濂溪(周敦頤)·
　張載(橫渠)·二程(程顥, 程頤)·朱熹(晦庵) 등의 이론을 집대성한 것임.
【方】'바야흐로, 그제야 겨우, ~해야 비로소' 등의 뜻. 白話語 '才(纔)'와
　같음.

참고 및 관련 자료

1.《儒家龜鑑》(休靜)
見人善, 尋己善; 見人惡, 尋己惡. 從也改也. 俱爲我師.

103(5-2)
스스로를 옳다고 여기지 않는 자

《경행록》에 말하였다.
"스스로 중히 하지 못하는 자는, 욕을 얻게 되며,
 스스로 두려움을 모르는 자는, 화를 부르게 되며,
 스스로 가득 채우지 않는 자는, 이익을 얻게 되며,
 스스로 옳다고 하지 않는 자는, 그 소문이 널리 퍼진다."

《景行錄》云:「不自重者, 取辱;
　　　　　　　不自畏者, 招禍;
　　　　　　　不自滿者, 受益;
　　　　　　　不自是者, 傳聞.」

【受益】〈抄略本〉과 〈通俗本〉의 安分篇에 "《書》曰:「滿招損, 謙受益.」"이라 함.
【自是】 자신만 옳다고 여김.
【傳聞】〈越南本〉에는 '博聞'으로 되어 있음. '博聞'이 훨씬 합리적일 듯함.

참고 및 관련 자료

1. 宋, 林逋《省心錄》
不自重者取辱, 不自畏者取禍; 不自滿者受益, 不自是者博聞.

2.《昔時賢文》
滿招損, 謙受益.

3. 《尙書》大禹謨

三旬, 苗民逆命. 益贊于禹曰:「惟德動天, 無遠弗屆, 滿招損, 謙受益, 時乃天道.
帝初于歷山, 往于田. 日號泣于旲天, 于父母. 負罪引慝, 祗載見瞽瞍, 夔夔齋慄,
瞽亦允若. 至誠感神, 矧玆有苗.」禹拜昌言曰:「兪, 班師振旅.」帝乃誕敷文德,
舞干羽于兩階, 七旬有苗格.

104(5-3)
배우고 나면

공자가 말하였다.
"군자로서 정중하게 하지 않으면 위엄이 없게 되고,
 배우면 고집이 없어지며, 충과 믿음을 주된 것으로 삼게 된다."

子曰:「君子不重則不威, 學則不固, 主忠信.」

【學則不固】 배운 것조차 견고하지 못함. 그러나 문자적 해석은 분명하지
않음. 何晏《論語集解》에는 "子曰: 固, 蔽也; 一曰: 言人不能執重, 旣無威嚴,
學又不能堅固識其義理"라 하였음.
【主忠信】 鄭玄은 "主, 親也"하여, '忠信한 자를 친히 여기다'의 뜻으로 보았음.
혹은 '主以忠信'의 略文으로도 볼 수 있음. 한편 '信'은 '信實·誠實함'으로
풀이함.

참고 및 관련 자료

1. 《論語》 學而篇

子曰:「君子不重, 則不威; 學則不固. 主忠信. 無友不如己者. 過則勿憚改.」

105(5-4)*
대장부라면

《경행록》에 말하였다.

"대장부라면 의당 남을 용서할 것이지,

　남에게 용서받을 짓을 해서는 안 된다."

《景行錄》云:「大丈夫當容人, 無爲人所容.」

【大丈夫】 義를 행하여 떳떳함을 근본을 삼는 사나이.《孟子》滕文公(下)를 볼
것.
【爲A所B】 'A에 의해 B당하다'의 被動法 文型을 구성함.

참고 및 관련 자료

1. 《孟子》 滕文公(下)

居天下之廣居; 立天下之正位; 行天下之大道. 得志, 與民由之; 不得志, 獨行
其道, 富貴不能淫; 貧賤不能移, 威武不能屈. 此之謂大丈夫.

106(5-5)
사람의 품격

《경행록》에 말하였다.
"사람으로 품격이 꿋꿋해야 한다.
 꿋꿋하면 설 수 있다."

《景行錄》云:「人資稟要剛, 剛則有立.」

참고 및 관련 자료

1. 〈越南本〉에는 이를 앞장과 연결하였으며, 본장을 '資稟要剛, 剛則有立'이라
하여 네 글자씩 맞추고 있음.

107(5-6)
자신을 용서하면서

《소서素書》에 말하였다.
"자신을 용서하면서 남을 가르치는 것은,
 이치에 거역하는 것이요,
 자신을 바르게 하면서 남을 교화시키는 것이,
 이치에 순응하는 것이다."

《素書》云:「釋己以敎人者, 逆;

　　　　　正己以化人者, 順.」

【素書】 원래 兵法書의 하나. 고대 黃石公이 지었다 하며, 宋나라 때 張商英이
注를 한 것이 전함.《黃石公書》라고도 함.

108(5-7)
자신의 장점으로써

소무蘇武가 말하였다.
"자신의 능한 바로써 남의 능하지 못함을 책해서는 안 된다.
자신의 장점을 가지고 남의 단점을 책해서도 안 된다."

蘇武曰:「不可以己之所能, 而責人之不能;

　　　　　不可以己之所長, 而責人之所短.」

【蘇武】 漢나라 杜陵人. 字는 子卿(B.C.140~B.C.60). 平陵侯 蘇建의 아들. 武帝 때
匈奴에 사신으로 가서 19년을 견디고 돌아와 關內侯·典屬國 등의 벼슬을 지냄.
《漢書》 蘇武傳 참조.《古文苑》에 실린 蘇武의 〈別李陵詩〉에「雙鳧俱北飛,
一鳧獨南翔」이라는 구절이 있음. 〈越南本〉에는 '蘇氏'로만 되어 있어 '蘇武'인지
확인할 수 없음. 원본에는 '武蘇'로 되어 있음.

참고 및 관련 자료

1. 《新序》節士篇

蘇武者, 故右將軍平陵侯蘇建子也. 孝武皇帝時, 以武爲栘中監使匈奴. 是時,
匈奴使者數降漢, 故匈奴亦欲降武以取當. 單于使貴人故漢人衛律說武, 武不從,
乃設以貴爵, 重祿尊位, 終不聽. 於是, 律絶不與飮食, 武數日不降. 又當盛暑,
以旃厚衣幷束, 三日暴, 武心意愈堅, 終不屈撓. 稱曰:「臣事君, 由子事父也.
子爲父死, 無所恨, 守節不移, 雖有鐵鉞湯鑊之誅而不懼也. 尊官顯位而不榮也.」
匈奴亦由此重之. 武留十餘歲, 竟不降下, 可謂守節臣矣. 詩云:『我心匪石, 不可
轉也. 我心匪席, 不可卷也.』蘇武之謂也. 匈奴給言武死, 其後漢聞武在, 使使
者求武, 匈奴欲慕義, 歸武, 漢尊武以爲典屬國, 顯異於他臣也.

109(5-8)*
자신이 귀하다고 해서

태공太公이 말하였다.
"자신이 귀하다고 해서 남을 천하게 여기지 말라,
　자신이 크다고 해서 남의 작음을 깔보지 말라,
　용맹이 있다고 해서 적을 가볍게 보지 말라."

太公曰:「勿以貴己而賤人;
　　　　勿以自大而蔑小;
　　　　勿以持勇而輕敵.」

【貴己】〈越南本〉에는 '己貴'로 되어 있음.
【持勇】〈越南本〉에는 '恃勇'으로 되어 있음.

참고 및 관련 자료

1. 太公《六韜》立將篇
君入廟門, 西面而立; 將入廟門, 北面而立. 君親操斧持首, 授將其柄, 曰: '從此
上至天者, 將軍制之.'復操鉞持柄, 授將其刃, 曰: '從此下至淵者, 將軍制之.'見其
虛則進, 見其實則止. 勿以三軍爲衆而輕敵, 勿以受命爲重而必死, 勿以身貴而
賤人, 勿以獨見而違衆, 勿以辯說而必然. 士未坐而勿坐, 士未食而勿食, 寒暑
必同. 如此, 士卒必盡死力.
2. 〈越南本〉에는 "太公曰:「勿以己貴而賤人, 勿以己高而卑人; 勿恃智以愚人,
勿恃勇以輕敵.」"이라 하여 한 구절이 더 있으며 어순도 일부 다름.

110(5-9)
덕으로 남을 이기면

노魯나라 공왕共王이 말하였다.
"덕으로써 남을 이기면, 강하게 되고,
재물로써 남을 이기면, 흉하게 되며,
힘으로써 남을 이기면, 망하고 만다."

魯共王曰:「以德勝人, 則强;
　　　　　以財勝人, 則凶;
　　　　　以力勝人, 則亡.」

【魯共王】漢나라 때의 제후국 魯나라 共王(恭王). 궁실을 넓히고자 공자 舊宅을 헐다가 벽 속에서 많은 古文書가 나와 漢代 古文經學이 흥하게 한 계기를 만들 었던 諸侯王임.

참고 및 관련 자료

1. 〈越南本〉에는 "魯共王曰:「以德誨人, 則彊; 以財勝人, 則凶; 以力勝人, 則亡.」"이라 하여 일부 글자가 다름.

111(5-10)
선으로써 남보다 앞선 자

《순자荀子》에 말하였다.
"선으로써 남보다 앞서는 것을 일러, 교教라 하고,
 선으로써 남과 화합하는 자를 일러, 순順이라 하며,
 선하지 못한 것으로써 남을 앞서는 자를 일러, 첨諂이라 하고,
 선하지 못한 것으로써 남과 화합하는 자를 일러, 유諛라 한다."

《荀子》曰:「以善先人者, 謂之教;
　　　　　以善和人者, 謂之順.
　　　　　以不善先人者, 謂之諂;
　　　　　以不善和人者, 謂之諛.」

【荀子】戰國시대 趙나라 출신의 사상가. 이름은 순황(荀況). 뒤에 漢나라 宣帝(劉詢)의 이름 '詢'자를 피하여 흔히 '孫卿'으로도 부름. 《荀子》를 남김. 《史記》孟荀 列傳 참조.

荀子(荀卿, 荀況) "人之 性惡, 其善者僞也"

참고 및 관련 자료

1. 《荀子》修身篇

以善先人者謂之敎, 以善和人者謂之順; 以不善先人者謂之諂; 以不善和人者謂
之諛. 是是非非謂之知; 非是是非謂之愚. 傷良曰讒, 害良曰賊. 是謂是, 非謂非,
曰直. 竊貨曰盜, 匿行曰詐, 易言曰誕. 趣舍無定, 謂之無常; 保利非義, 謂之
至賊. 多聞曰博, 少聞曰淺; 多見曰閑, 少見曰陋. 難進曰偍, 易忘曰漏. 少而理
曰治, 多而亂曰耗.

112(5-11)
덕으로 남을 복종시키면

《맹자》에 말하였다.

"힘으로써 남을 복종시키는 것은, 마음으로 복종시킨 것이 아니다.
덕으로써 남을 복종시킨 것은, 속마음이 즐거워하는 것으로
이것이 진실로 복종하는 것이다."

《孟子》曰:「以力服人者, 非心服也.
　　　　以德服人者, 中心悅而誠服也.」

1.《孟子》公孫丑(上)
孟子曰:「以力假仁者霸; 霸必有大國. 以德行仁者王; 王不待大. 湯以七十里,
文王以百里. 以力服人者, 非心服也, 力不贍也; 以德服人者, 中心悅而誠服也;
如七十子之服孔子也. 詩云:『自西自東, 自南自北, 無思不服.』此之謂也.」
2.《文子》符言篇
服德不服力.
3.〈越南本〉에는 "孟子曰:「以力服人者, 非心服也, 力不贍也. 以德服人者,
中心悅而誠服也.」"라 하여 문장이 더 길게 인용되었으며《孟子》원문을
따르고 있음.

113(5-12)
타인의 선과 악

태공이 말하였다.
"남의 선한 일을 보거든, 바로 모름지기 기억해 두어라.
　남의 악한 일을 보거든, 즉시 모름지기 이를 덮어 주어라."

太公曰:「見人善事, 卽須記之.
　　　　見人惡事, 卽須掩之.」

114(5-13)
남의 선행을 숨기는 자

공자가 말하였다.
"남의 선을 숨기는 것을, 소위 폐현蔽賢이라 한다.
 남의 악을 들춰내는 것은, 그것으로 소인이 되고 마는 것이다.
 남의 선을 말해 주어, 자신도 그런 것을 가지고자 하며,
 남의 악을 말할 때는, 자신도 그런 대우를 받은 듯이 하라."

孔子曰:「匿人之善, 所謂蔽賢;
　　　　揚人之惡, 斯爲小人.
　　　　言人之善, 若己有之;
　　　　言人之惡, 若己受之.」

【蔽賢】 그의 어짊을 남이 보지 못하도록 가림.

참고 및 관련 자료

1.《孔子家語》辨政篇
子貢爲信陽宰, 將行, 辭於孔子, 孔子曰:
「勤之愼之, 奉天子之時. 無奪無伐, 無暴
無盜.」 子貢曰: 「賜也少而事君子, 豈以
盜爲累哉!」 孔子曰: 「汝未之詳也, 夫以
賢代賢, 是謂之奪; 以不肖代賢, 是謂之伐;
緩令急誅, 是謂之暴; 取善自與, 謂之盜.

孔廟 大成殿(山東 曲阜)

盜, 非竊財之謂也. 吾聞之, 知爲吏者, 奉法以利民; 不知爲吏者, 枉法以侵民, 此怨之所由也. 治官莫若平, 臨財莫如廉. 廉平之守, 不可改也. 匿人之善, 斯謂蔽賢; 揚人之惡, 斯爲小人. 內不相訓而外相謗, 非親睦也; 言人之善, 若己有之; 言人之惡, 若己受之. 故君子無所不愼焉.」

115(5-14)*
남의 과실을 듣거든

마원馬援이 말하였다.
"남의 과실을 듣거든,
마치 입에 마구 올릴 수 없는 부모의 이름을 들은 듯이 하라.
귀로 들을 수는 있으나,
말로 입에 올려서는 안 된다."

馬援曰: 「聞人之過失, 如聞父母之名.
　　　　耳可得聞, 口不可得言也.」

【馬援】 자는 文淵(B.C.14~A.D.49). 新莽 말기에 劉秀를 옹위하여 光武帝로 세우고 隴西太守가 되어 伏波將軍을 배수 받음. "才夫爲志, 窮當益堅, 老當益壯", "男兒要當死於邊野, 以馬革裹尸還"이란 말을 남김. 《後漢書》(54)에 전이 있음. 《後漢書》 馬援傳에는 이 구절이 전하지 않음.
【父母之名】 고대 부모의 이름은 입에 올릴 수 없으며 매우 경외롭게 여겼음.
【口不可得言也】 〈越南本〉에는 '口不可得言'으로, 〈抄略本〉에는 '口不可言也'로 되어 있음.

참고 및 관련 자료

1. 《儒家龜鑑》(休靜)

聞人過失, 如聞父母之名. 耳可聞, 而口不可言.

116(5-15)
후환을 없애려면

《맹자》에 말하였다.
"남의 선하지 못함을 들추어내다가,
 만약 후환을 당한다면 어찌할 것인가?"

《孟子》曰:「言人之不善, 當如後患何?」

참고 및 관련 자료

1.《孟子》離婁章(下)

孟子曰:「言人之不善, 當如後患何?」

2. 趙岐 注

好言人惡, 殆非君子. 故曰:『不忮不求, 何用不臧?』

117(5-16)*
난초를 차고 있듯이

강절康節 소邵 선생이 말하였다.
"남의 비방을 듣더라도 아직 화를 내지 말 것이며,
남의 칭찬을 들더라도 아직 기꺼워하지 말라.
남이 남의 악담을 늘어놓아도 아직 동조하지 말며,
남이 남의 선함을 말하면 그 때는 즉시 이에 맞장구를 치며 나서서
이를 좇아 기꺼워하라."
그래서 그의 시詩에 이렇게 읊은 것이다.
"착한 사람 보기를 즐겨하고, 착한 일 듣기를 즐겨하며,
착한 말하기를 즐겨하고, 착한 뜻 행하기를 즐겨하라.
남의 악함을 듣기를 마치 가시를 짊어진 듯이 하며,
남의 선함을 듣기를 마치 난초를 차고 있듯이 하라."

康節邵先生曰:「聞人之謗, 未嘗怒;
　　　　　聞人之譽, 未嘗喜.
　　　聞人言人之惡, 未嘗和.
　　　聞人言人之善, 則就而和之, 又從而喜之.」
故其詩曰:「樂見善人, 樂聞善事;
　　　　　樂道善言, 樂行善意.
　　　　　聞人之惡, 如負芒刺;
　　　　　聞人之善, 如佩蘭蕙.」

【康節邵先生】邵雍. 자는 堯夫(1011~1077). 호는 安樂先生, 시호는 康節. 北宋理學 百源學派의 대표적 인물이며, 지금의 河南 輝縣 蘇門山 百源에 살아 百源先生이라 불렸음. 당시 李三才가 鞏城令을 돕고 있다가 穆修에게 전해 오던 〈先天象數圖〉를 소옹에게 주어 이를 통해 체득하였다 하며, 저술로는《先天圖》·《皇極經世》·《觀物篇》등이 있음.《宋史》(427) 道學傳에 전이 있음.
【聞人言之惡】〈抄略本〉에는 '聞人之惡'으로 되어 있음.
【樂行善意】〈越南本〉에는 '樂行善行'으로 되어 있음.

118(5-17)
사람을 마구 사귀지 말라

《문시文詩》에 말하였다.
"마음에는 망령된 생각을 없이 하며,
발은 마구 내딛지 말도록 하라.
사람은 마구 사귀지 말 것이며,
물건은 마구 받지 말도록 하라."

《文詩》曰:「心無妄思, 足無妄走.
　　　　　人無妄交, 物無妄受.」

【文詩】 과거시험의 문과(文科) 답안을 모은 것으로 여겨짐.
【物無妄受】〈越南本〉에는 '物無妄取'로 되어 있음.

참고 및 관련 자료

1. 〈越南本〉에는 '文詩曰' 3자가 없으며 본 장을 앞장과 연결하여 邵康節의 詩에 묶었음.

119(5-18)
바람과 번개처럼

《근사록近思錄》에 말하였다.
"선으로 옮겨가기는 마치 바람처럼 빠르게 하며,
 허물을 고치기에는 마치 번개처럼 빠르게 결단을 내려야 한다."

《近思錄》云:「遷善當如風之速, 改過當如雷之決.」

【近思錄】 宋나라 때 朱熹와 呂祖謙이 함께 펴낸 책.《論語》子張篇 "子夏曰:
「博學而篤志, 切問而近思, 仁在其中矣.」"의 구절을 취하여 책 이름을 삼은 것임.
〈四庫全書〉子部(1) 儒家類에 실려 있으며, 그 외《近思錄集註》淸 茅星來(撰)
〈四庫全書〉子部(1) 儒家類 및《近思錄集註》淸, 江永(撰) 〈四庫全書〉子部(1)
儒家類 등이 전하고 있음.
【如雷之決】〈越南本〉에는 '如雷之烈'로 되어 있음.

참고 및 관련 자료

1. 〈越南本〉에는 본장을 다음 장의 끝 구절과 연결하여 "《近思錄》云:「遷善
當如風之速, 改過當如雷之烈. 知過必改, 得能莫忘」"이라 하여 하나로 묶었음.
2.《近思錄》에 본 구절을 찾을 수 없음

120(5-19)
군자의 허물

자공子貢이 말하였다.
"군자의 허물은 마치 해와 달에게 일식 월식이 있음과 같다.
허물이 있으면 사람들이 모두 그를 보게 될 것이며,
고치면 사람들이 모두 우러러보게 된다."
허물을 알면 반드시 고쳐야 하나니, 능히 그렇게 해낼 수 있음을 잊지
않아야 한다.

子貢曰:「君子之過也, 如日月之食焉.
　　　　　過也, 人皆見之;
　　　　　更也, 人皆仰之.」
知過必改, 得能莫忘.

〈子貢〉

【子貢】 공자의 제자로 이름은 端木賜.
【食】 蝕과 같음. 日蝕과 月蝕.
【知過必改, 得能莫忘】 이 구절은 《論語》와 관련이 없으며 별도의 구절로 范立本
이 인용하면서 자신의 의견을 넣은 것으로 여겨짐. 앞장의 참고란을 볼 것.

참고 및 관련 자료

1. 《論語》 子張篇
子貢曰:「君子之過也, 如日月之食焉: 過也, 人皆見之; 更也, 人皆仰之.」

121(5-20)
고치지 않는 것이 바로 허물

공자가 말하였다.
"허물이 있음에도 고치지 않는 것,
이를 일러 허물이라 한다."

子曰:「過而不改, 是謂過矣.」

참고 및 관련 자료

1.《論語》衛靈公篇
子曰:「過而不改, 是謂過矣.」
2.《韓詩外傳》(3)
過而改之, 是不過也.
3.《左傳》宣公 2年 傳
人誰無過? 過而能改, 善莫大焉.
4.《穀梁傳》僖公 22年 傳
過而不改, 又之, 是謂之過.

122(5-21)
허물을 고치지 않음은

《직언결直言訣》에 말하였다.
"허물을 듣고도 고치지 않는다면,
 그 어리석음은 마치 노둔한 말과 같다.
 노둔한 말은 스스로 채찍을 맞으며,
 어리석은 자도 끝내 남으로부터 모욕을 당하고 마는 것이니,
 점점 그 노둔한 말처럼 되어서는 안 될 것이다."

《直言訣》曰:

　　「聞過不改, 愚者若駑馬也.
　　駑馬自受鞭策, 愚人終受毀箠, 而不漸其駑也.」

【直言訣】 책 이름. '말을 바르게 하는 비결'이라는 뜻으로 찬집한 책일 것이나
 자세한 것은 알 수 없음. 본장의 내용도 의미가 순통하지 않음.
【駕馬】 '愚人'과 對를 이루는 것으로 보아 '駑馬'의 오기임. 〈越南本〉에는 '駑馬'로
 되어 있음. 이에 따라 노둔한 말로 풀이하였음.
【毀箠】 〈越南本〉에는 '毀唾'로 되어 있음.

　참고 및 관련 자료　

1. 본장은 의미가 순통하지 않음.
2. 〈越南本〉에는 "古語云:「駑馬自受鞭策, 愚人終受毀唾.」"라고만 하여,
《直言訣》이 '古語'로 되어 있고, 내용도 "노마는 스스로 채찍을 맞고, 어리석은
자는 끝내 모욕을 당한다"라 되어 있어 원문에 오류가 있는 것으로 여겨짐.

123(5-22)*
스승과 도적

"나의 악함을 말해 주는 것, 이는 나의 스승이요,
나의 좋은 점만 말해 주는 것, 이는 나의 도적이다."

「道吾惡者, 是吾師;
　道吾好者, 是吾賊.」

【賊】 자기 자신에게 賊害가 됨.《孟子》公孫丑(上)에 "無惻隱之心, 非人也; 無羞
惡之心, 非人也; 無辭讓之心, 非人也; 無是非之心, 非人也. 惻隱之心, 仁之端也;
羞惡之心, 義之端也; 辭讓之心, 禮之端也; 是非之心, 智之端也. 人之有是四
端也, 猶其有四體也. 有是四端而自謂不能者, 自賊者也; 謂其君不能者, 賊其
君者也"라 하였으며, 〈梁惠王〉(下)에는 "賊仁者謂之賊, 賊義者謂之殘"이라 함.
【道】 '말하다'의 뜻. '言', '說', '云', '告'와 같음.

참고 및 관련 자료

1. 〈抄略本〉에는 "道吾善者, 是吾賊; 道吾惡者, 是吾師"로 되어 앞뒤가 바뀌어
있음.
2. 〈越南本〉에는 앞에 '古語云'이라 하여 출처를 '고어'(옛 속담)라 하였음.
3.《荀子》脩身篇
非我而當者, 吾師也; 是我而當者, 吾友也; 諂諛我者, 吾賊也.
4. 唐 韓愈〈答馮宿書〉
古人有言曰:「告我以吾過者, 吾之師也.」

5.《增廣賢文》

道吾好者是吾賊, 道吾惡者是吾師.

6.《儒家龜鑑》(休靜)

毀吾者師, 譽吾者賊.

124(5-23)
세 사람 중에 스승 될 자

공자가 말하였다.

"세 사람의 행동에, 반드시 내가 스승으로 삼을 만한 것이 있으리라.

그 중에 선한 것을 택하여 이를 따르고,

그 중에 선하지 못한 것은 내가 이를 고치면 되느니라."

子曰:「三人行, 必有我師焉.

　　　擇其善者而從之, 其不善者而改之.」

1.《論語》里仁篇

子曰:「三人行, 必有我師焉: 擇其善者而從之, 其不
善者而改之.」

2.〈集註〉

三人同行, 其一我也. 彼二人者, 一善一惡, 則我從

"三人行, 必有我師" 篆刻작품

其善而改其惡焉, 是二人者皆我師也. 尹氏曰:「見賢思齊, 見不賢而內自省, 則善惡皆我之師, 進善其有窮乎?」
3.《論語後錄》錢坫
子産曰:「其所善者吾則行之; 其所惡者吾則改之: 是吾師也.」此云善·不善, 當作是解; 非謂三人中有善不善也.

125(5-24)
말을 적게 하고

《경행록》에 말하였다.
"말을 적게 하고 친구를 택하여 사귀면,
 인색함에 대한 후회를 없앨 수 있고,
 치욕에 대한 근심을 면할 수 있다."

《景行錄》云:「寡言擇交,
　　　　　可以無悔吝,
　　　　　可以免憂辱.」

【悔吝】 인색함에 대한 후회.
【憂辱】 치욕에 대한 근심.

126(5-25)*
값을 따질 수 없는 보물

태공이 말하였다.
"부지런함은 값을 따질 수 없는 보물이며,
삼감은 몸을 보호하는 부적이다."

太公曰:「勤爲無價之寶, 愼是護身之符.」

【符】符籍. 信符. 符票. 兵符. 어떠한 경우라도 보호해주로 믿어주는 안전한 표지.

[참고 및 관련 자료]

1. 〈越南本〉에는 "太公曰:「勤爲無價寶, 愼是護身符.」"라 하여 '之'자가 없음.

127(5-26)
말이 적으면

《경행록》에 말하였다.
"말이 적으면 비방을 줄일 수 있고,
욕심을 적게 가지면 몸을 보전할 수 있다."

《景行錄》云：「寡言則省謗, 寡慾則保身.」

【省】‘줄이다, 덜다’의 뜻. ‘생’으로 읽음.
【謗】毁謗. 헐뜯음.

참고 및 관련 자료

1. 〈越南本〉에는 “《景行錄》云：「寡言則省謗, 寡慾則保身. 保生者, 寡慾; 保身者, 避名. 務名者, 殺其身; 多財者, 殺其後.」”라 하여 본장과 129, 130의 구절을 섞어 하나의 장으로 처리하였음.

128(5-27)
말이 많으면

태공이 말하였다.
“말이 많으면 그 몸에 이익될 것이 없고,
 재주가 많으면 제 몸 잊고 살 겨를도 없게 된다.”

太公曰：「多言不益其體,
　　　　百藝不忘其身.」

129(5-28)*
명예를 피하라

《경행록》에 말하였다.
"생명을 보전하는 자는, 욕심을 줄이고,
 몸을 보전하는 자는, 명예를 피한다.
 욕심을 없애기는 쉬우나, 명예를 없애기는 어렵다."

《景行錄》云:「保生者, 寡慾;

保身者, 避名.

無慾易; 無名難.」

【避名】《論語》憲問篇에 "子曰:「賢者辟世, 其次辟地, 其次辟色, 其次辟言.」"이라
하여 이 뜻과 같음.

참고 및 관련 자료

1. 〈越南本〉에는 "無慾易; 無名難"의 구절이 없음.

130(5-29)
명예 얻기에 힘쓰는 자

《경행록》에 말하였다.
"명예 얻기에 힘쓰는 자는, 자신의 몸을 죽이고,
 재물을 늘리기에 힘쓰는 자는, 그 후손을 죽인다."

《景行錄》云:「務名者, 殺其身;
                  多財者, 殺其後.」

131(5-30)
재물이 많으면

노자老子가 말하였다.
"욕심이 많으면 정신을 상하게 하고,
 재물이 많으면 그 몸을 지치게 한다."

老子曰:「慾多傷神, 財多累身.」

【累】 '지치다, 노고롭다, 피곤하다'의 뜻.

132(5-31)
담박한 세상맛

호문정공胡文定公이 말하였다.

"사람은 모름지기 일체 세상맛에 대하여 담박하게 가져야 한다. 부귀의 상을 가지려 하지 말아라."

胡文定公曰:「人須是一切世味, 淡薄方好, 不要有富貴相」

【胡文定公】 宋나라 이학자 胡安國(1074~1138). 자는 康侯이며 호는 武夷先生 혹은 草庵居士. 시호는 文定.《上蔡語錄》·《通鑑擧要補遺》 등의 저술을 남김. 《宋史》(435) 儒林傳에 전이 있음.
【一切世味】〈集註〉에 "一切世味, 如飮食衣服居室之類"라 함.
【淡薄】 淡泊, 澹泊과 같음.〈小學集註〉에 "淡薄, 謂飮食充腹, 衣取蔽形, 居室取蔽風雨也"라 함.
【方好】 白話語 표현 '才好'와 같음. '그래야만 된다. 그래야 좋다'의 뜻.

참고 및 관련 자료

1.《胡氏傳家錄》에 실려 있음.
2.《小學》嘉言篇 廣敬身
胡文定公曰:「人須是一切世味淡薄, 方好. 不要有富貴相, 孟子謂:『堂高數仞, 食前方丈, 侍妾數百人, 我得志不爲.』學者須先除去此等, 常自激昂, 便不到得墜墮. 常愛諸葛孔明, 當漢末, 躬耕南陽, 不求聞達. 後來雖應劉先主之聘, 宰割山河, 三分天下, 身都將相, 手握重兵, 亦何求不得, 何欲不遂, 乃與後王言: 『成都有桑八百株, 薄田十五頃, 子孫衣食自有餘饒, 臣身在外, 別無調度, 不別治生以長尺寸, 若死之日, 不使廩有餘栗, 庫有餘財, 以負陛下.』及卒, 果如其言,如此輩人, 眞可謂大丈夫矣!」

3. 〈越南本〉에는 이 구절에 "利不苟貪終禍少, 事能常忍得身安. 頻浴身安頻慾病, 學道無憂學道難"의 문장이 덧붙여져 있음.

4. 〈越南本〉에는 다시 "太公曰:「貪心害己, 利口損身.」"과 "《景行錄》云:「聲名者, 敗德之具; 思慮者, 戕身之本.」"의 두 장이 더 있음.

133(5-32)
외물과 마음 수양

이단백李端伯의 〈사설師說〉에 말하였다.

"사람은 외물外物로써 자신의 몸을 봉양하는 것에 대해서는 그것마다 모두 좋은 것이기를 바라면서 단지 자신의 몸과 마음에 대해서는 도리어 좋은 것이기를 요구하지 않는다.

만약 외물의 좋은 것을 얻었을 때에는 도리어 자신의 몸과 마음은 이미 이에 앞서 좋은 것이 아니었음을 알지 못하고 있는 것이다."

李端怕〈師說〉:

「人於外物奉身者, 事事要好,

只有自家一箇身與心, 却不要好.

苟得外物好時, 却不知道自家身與心已自先不好了也.」

【李端怕】 이단백(李端伯)의 오기. 宋나라 때 潞州 上黨 사람, 理學者이며 〈師說〉이라는 글을 남김. 그러나 《程氏遺書》에는 程顥가 한 말로 되어 있음.

【外物】내 몸과 마음 이외의 것. 衣食住, 즉 음식·의복·가옥 등의 물질이나 자신을
   위해 시중드는 것 등 일체.《近思錄集解》에 "外物, 聲色臭味以及一切貨利,
   皆是也"라 함.
【要好】'要'는 '바라다, 요구하다'의 뜻.
【自家】'자기 자신, 스스로'의 뜻을 의미하는 白話語.
【知道】'알다'의 의미로 쓰이는 백화어.
【不好了】'不好'는 '不收'와 같음. 자신의 마음을 거두어들이지 못하는 상태가 됨.
   '了'는 시간적으로 완료를 의미하는 뜻을 가지고 있는 백화어 용법.

참고 및 관련 자료

1.《近思錄》警戒篇
人於外物奉身者, 事事要好, 只有自家一箇身與心, 却不要好. 苟得外面物好時,
却不知道自家身與心却已先不好了.
2.《小學》嘉言篇 廣敬身
人於外物奉身者, 事事要好, 只有自家一箇身與心, 卻不要好. 苟得外物好時,
卻不知道自家身與心, 已自先不好了也.
3.〈小學集註〉
外物之奉身, 如飲食衣服宮室之類. 身不好, 謂身不簡; 心不好, 謂心不收.
4.《朱子語類》(58)
理不外物, 若以物便爲道, 則不可. 寒衣饑食, 出作入息, 無非道. 物只是物, 所
以爲物之理, 乃道也.

134(5-33)

남의 허물을 볼 겨를이 있으랴

여씨呂氏《동몽훈童蒙訓》에 말하였다.

"자신의 악함을 공격하되, 남의 악함을 공격하지는 말라.
대개 자신의 그 악을 공격함에는,
낮이나 밤이나 스스로 점검하였음에도,
털끝만큼이라도 미진함이 있다면, 자신의 마음이 찜찜할 터이다.
어찌 타인을 점검할 겨를이 있겠는가?"

呂氏《童蒙訓》曰:

　　　「攻其惡, 無攻人之惡.
　　　蓋自攻其惡, 日夜且自點檢,
　　　絲毫不盡, 則慊於心矣.
　　　　　豈有工夫點檢他人邪?」

【呂氏】宋나라 때 인물 呂本中(1084~1145). 자는 居仁. 東萊先生이라 불렸으며, 高宗 紹興 6년에 進士에 올라 起居舍人·中書使人兼侍講·權直學士院 등을 역임함. 시와 문장에도 뛰어나 陳思道·黃庭堅 등과 교유하였음. 시호는 文淸. 재상 正獻公 呂公著의 증손. 저술로는《童蒙訓》·《江西詩社宗派圖》·《紫薇詩話》·《師友淵源錄》·《東萊先生詩集》 등이 있음.

【童蒙訓】《呂氏童蒙訓》이라고도 함. 宋 呂本中이 찬술한 책으로 어린이를 훈계하기 위한 것임. 3권으로 되어 있으며 南宋 紹定 연간에 이미 판각되었고, 1925년 陶氏涉園飜刻本이 전함. 〈四庫全書〉에도 들어 있음. 〈四庫全書提要〉에 "童蒙訓三卷, 宋呂本中撰. 是書其家塾訓課之本也"라 함.

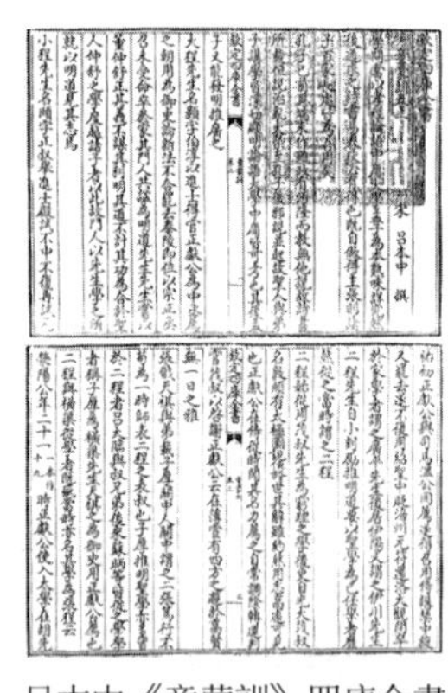

呂本中《童蒙訓》四庫全書

【攻其惡】자신의 악함을 공격함. '攻'은 바로잡고자 부단히 노력함을 말함.

【慊】찜찜함. '愧'와 같음. 부끄러움. 떳떳하지 못함. '歉'으로 표기된 판본도 있음.

【工夫】'功夫'로도 표기하며 지금도 널리 쓰이는 白話語. '틈, 짬, 겨를, 여가'의 뜻. 혹 '어떤 일에 깊이 파고들다'의 뜻도 있음. 지금 우리말 '공부'는 여기서 비롯된 것임.

1. 이는 滎陽公 呂希哲의 語錄임.

2.《小學》嘉言篇 廣敬身

攻其惡, 無攻人之惡. 蓋自攻其惡, 日夜且自點檢, 絲毫不盡, 則慊於心矣, 豈有
工夫點檢他人耶?

3.〈小學集註〉

檢身一念, 惡未盡去, 卽有愧於心矣. 何暇責人哉!

135(5-34)*
세 가지 경계할 일

공자가 말하였다.

"군자는 세 가지 경계할 것이 있다.

젊어서는, 혈기가 아직 안정되지 않았으므로, 색을 경계해야 한다.

장성해서는, 혈기가 바야흐로 강성하니, 다툼을 경계해야 한다.

그리고 늙어서는, 혈기가 이미 쇠하였으니,

무엇을 얻고자 함을 경계해야 한다."

子曰:「君子有三戒.

少之時, 血氣未定, 戒之在色;

及其壯也, 血氣方剛, 戒之在鬪;

及其老也, 血氣旣衰, 戒之在得.」

참고 및 관련 자료

1.《論語》季氏篇

孔子曰:「君子有三戒: 少之時, 血氣未定, 戒之在色; 及其壯也, 血氣方剛, 戒之在鬪; 及其老也, 血氣旣衰, 戒之在得.」

2.〈集註〉

范氏曰:「聖人同於人者血氣也, 異於人者志氣也. 血氣有時而衰, 志氣則無時而衰也. 少未定·壯而剛·老而衰者, 血氣也. 戒於色·戒於鬪·戒於得者, 志氣也. 君子養其志氣, 故不爲血氣所動, 是以年彌高而德彌邵也.」

3.《淮南子》詮言訓

凡人之性, 少則猖狂, 壯則彊暴, 老則好利.

136(5-35)*
양생 방법

손진인孫眞人의 〈양생명養生銘〉에 말하였다.

"노기가 심하여 치우치면 기氣를 상하고,

생각이 많아 지나치면 정신을 손상시킨다.

정신이 피로하면 마음이 쉽게 고역을 당하고,

기가 약해지면 병이 그로 인해 서로 나타나게 된다.

슬픔이나 기쁨을 극에 달하게 하지 말 것이며,

음식은 마땅히 골고루 섭취하라.

밤에 술 취하는 것을 재삼 방지하며,

새벽에 화내는 것을 제일 경계하라."

孫眞人〈養生銘〉：「怒甚偏傷氣, 思多太損神.
　　　　　　　神疲心易役, 氣弱病相因.
　　　　　　　勿使悲歡極, 當令飮食均.
　　　　　　　再三防夜醉, 第一戒晨嗔.」

【孫眞人】 孫氏 성의 眞人. 眞人은 道敎에서 부르는 남자에 대한 칭호. 孫思邈이
아닌가 함.
【養生銘】 생명을 보양하여 무병장수하고자 하는 좌우명. 〈抄略本〉에는 이
다음에 '云'자가 더 있음.

137(5-36)
입과 배를 절제하라

《경행록》에 말하였다.
"음식을 절제하여 위를 보양하며, 마음을 맑게 하여 정신을 수양하라.
입과 배를 절제하지 않는 것은, 병을 부르는 원인이다.
생각과 사고가 바르지 않은 것은, 제 몸을 죽이는 근본이다."

《景行錄》云：「節食養胃, 淸心養神.
　　　　　　　口腹不節, 致疾之因.
　　　　　　　念慮不正, 殺身之本.」

138(5-37)
군자라면

공자가 말하였다.

"군자라면 먹음에 배부르고, 삶에 편안한 것을 구하지는 않는다."

子曰:「君子食無求飽, 居無求安.」

1. 《論語》學而篇

子曰:「君子食無求飽, 居無求安, 敏於事而愼於言, 就有道而正焉, 可謂好學
也已.」

2. 〈集註〉

不求安飽者, 志有在而不暇及也. 敏於事者, 勉其所不足. 謹於言者, 不敢盡其
所有餘也. 然猶不敢自是, 而必就有道之人, 以正其是非, 則可謂好學矣. 凡言
道者, 皆謂事物當然之理, 人之所共由者也. 尹氏曰:「君子之學, 能是四者, 可謂
篤志力行者矣. 然不取正於有道, 未免有差, 如楊墨學仁義而差者也, 其流至
於無父無君, 謂之好學, 可乎?」

139(5-38)
오장의 조화

《맥결脉訣》에 말하였다.
"지혜로운 자는 능히 오장의 조화를 조절한다."

《脉訣》云:「智者, 能調五藏和.」

【脉訣】'脉'은 '脈'과 같음. 일종의 醫學書로 六朝시대 高陽生이 지었다 하며,
元나라 때 戴啓宗의《脈訣刊誤》가 전함.
【五藏】五臟과 같음. 뱃속의 肝·腸·胃·肺·脾 혹 膽 등 다섯 가지 臟器.

140(5-39)
소금과 식초

"음식에 소금과 식초를 조금만 쳐서 먹을 것이며,
가서는 안 될 곳이라면 가지 말라.
사람으로서 배움을 부지런히 하는 것이
중요하다는 것을 알아야 하며,
남에게 뒤지면서 아무 일도 할 수 없는 자라고
여기게 될 것을 두려워하라."

「喫食少添鹽醋, 不是去處休去.
　要人知重勤學, 怕人知後莫做.」

【鹽醋】 지나치게 짜거나 자극적인 음식을 피하도록 권고한 것.

141(5-40)
잘못된 일을 하지 말라

"남이 알지 않았으면 한다면,
　그런 일을 하지 않아야만 한다."

「若欲不知, 除非莫爲.」

【除非】 "다만 ~하지 않음으로써 만이 비로소 가장 좋다", "오직 ~하여야만 한다"
등의 유일한 조건을 말할 때 쓰는 白話語 용법.

참고 및 관련 자료

1.《金瓶梅詞話》(12)
若要人不知, 除非己莫爲.
2.《鏡花緣》(28),《三國演義》(54),《醒世恒言》(8),《東周列國志》(31) 등에 모두
"若要不知, 除非莫爲"라 하였음.

3.《兒女英雄傳》(23)

要得人不知, 除非己莫爲.

4. 西漢 枚乘〈上書諫吳王〉

欲人勿聞, 莫若勿言; 欲人勿知, 莫若勿爲.

5. 구절은《漢書》(51),《文選》(39),《說苑》正諫篇에도 인용되어 있음.

6.《昔時賢文》

若要人不知, 除非己莫爲.

7.《儒家龜鑑》(休靜)

欲人無聞, 莫若勿言; 欲人無知, 莫若勿爲.

142(5-41)
남이 알기를 바라지 않는다면

노자가 말하였다.
"남이 알기를 바라지 않는다면,
자신이 하지 않는 것이 최상이다.
남이 말하지 않기를 바란다면,
자신이 말하지 않는 것이 최상이다."

老子曰:「欲人不知, 莫若無爲;
　　　　欲人不言, 莫若不言.」

143(5-42)*
꿈자리

《경행록》에 말하였다.
"음식이 담박하면 정신이 상쾌하고,
 보는 것이 맑으면 꿈자리가 편안하다."

《景行錄》云:「食淡精神爽, 觀淸夢寐安.」

【觀淸】〈抄略本〉에는 '心淸'으로 되어 있음.
【夢寐】꿈자리. 雙聲連綿語.

참고 및 관련 자료

1.《昔時賢文》
欲寡精神爽, 思多血氣衰.

144(5-43)
맑고 깨끗하게

노자가 말하였다.

"사람이 능히 맑고 깨끗하면
 천지가 모두 제자리로 돌아온다."

老子曰 :「人能常清淨, 天地悉皆歸.」

145(5-44)
호랑이도 감복하고

"도道가 높으면 용과 호랑이도 감복하고,
 덕이 두터우면 귀신도 흠모한다."

「道高龍虎服, 德重鬼神欽.」

146(5-45)
의관과 면모를 단정히

소황문蘇黃門이 말하였다.
"의관에 옥을 차 바른 면모를 갖추면, 강포强暴한 자도 교화시킬 수 있고,
 깊이 거하여 준엄한 모습을 내보이면, 맹수도 물리칠 수 있으며,
 마음을 정하고 욕심을 줄이면, 귀신도 감복시킬 수 있다."

蘇黃門曰:「衣冠佩玉, 可以化强暴;
　　　　深居簡出, 可以却猛獸;
　　　　定心寡欲, 可以服鬼神.」

【蘇黃門】蘇氏 성의 黃門侍郎 벼슬을 지낸 사람. 혹은 蘇軾의 蘇門六君子
가운데에 하나인 黃庭堅이 아닌가 함.
【衣冠佩玉】 '衣冠'은 正裝을 뜻하며 '佩玉'은 고대 군자는 반드시 옥을 차고
다니며 단정한 모습을 갖추었음.
【深居簡出】깊이 隱居할 지라도 簡嚴한 모습을 내보임.

147(5-46)
교룡이 사는 곳

《순자荀子》에 말하였다.
"흙을 쌓아 산을 이루면, 그에 따라 풍우가 생겨나고,
물이 모여 못을 이루면, 교룡이 살게 된다.
선을 쌓아 덕을 이루면, 신명神明함이 저절로 터득되어,
성인의 마음이 갖추어지게 된다."

《荀子》曰:「積土成山, 風雨興焉;
　　　　積水成淵, 蛟龍生焉;
　　　　積善成德, 而神明自得, 聖心備焉.」

【荀子】戰國시대 趙나라 출신의 사상가. 이름은 순황(荀況). 뒤에 漢나라
宣帝(劉詢)의 이름 ‘詢’자를 피하여 흔히 ‘孫卿’으로도 부름.《荀子》를 남김.
《史記》孟荀列傳 참조.

참고 및 관련 자료

1.《荀子》勸學篇

積土成山, 風雨興焉; 積水成淵, 蛟龍生焉; 積善成德, 而神明自得, 聖心循焉.
故不積蹞步, 無以至千里, 不積小流, 無以成江海. 騏驥一躍, 不能十步; 駑馬
十駕, 功在不舍. 鍥而舍之, 朽木不折, 鍥而不舍, 金石可鏤. 蚓無瓜牙之利, 筋骨
之强, 上食埃土, 下飮黃泉, 用心一也; 蟹六跪而二螯, 非蛇·蟺之穴無可寄託者,
用心躁也. 是故無冥冥之志者, 無昭昭之明; 無昏昏之事者, 無赫赫之功. 行衢
道者不至, 事兩君者不容. 目不兩視而明, 耳不兩聽而聰. 螣蛇無足而飛, 梧鼠
五技而窮.《詩》曰: 『尸鳩在桑, 其子七兮, 淑人君子, 其儀一兮; 其儀一兮, 心如
結兮.』故君子結於一也.

2.《說苑》建本篇

人才雖高, 不務學問, 不能致聖. 水積成川, 則蛟龍生焉; 土積成山, 則豫樟生焉;
學積成聖, 則富貴尊顯至焉.

3.《說苑》貴德篇

山致其高, 雲雨起焉; 水致其深, 蛟龍生焉; 君子致其道德而福祿歸焉.

148(5-47)
수신의 요체

《성리서性理書》에 말하였다.
“수신의 요체란, 말은 충성과 믿음으로, 행동은 독실함과 공경으로 하여,
분함을 징계하고 욕심을 막아, 선으로 옮겨 허물을 고치는 일이다.”

《性理書》云:「修身之要, 言忠信, 行篤敬,
懲忿窒慾, 遷善改過.」

【性理書】《性理大全》을 가리킴. 모두 70권으로 宋代 理學者 濂溪(周敦頤)·張載
(橫渠)·二程(程顥, 程頤)·朱熹(晦庵) 등의 이론을 집대성한 것임.

참고 및 관련 자료

1.《論語》衛靈公篇
子張問行. 子曰:「言忠信, 行篤敬, 雖蠻貊
之邦, 行矣. 言不忠信, 行不篤敬, 雖州里,
行乎哉? 立, 則見其參於前也, 在輿, 則見
其倚於衡也, 夫然後行.」子張書諸紳.
2.《小學》敬身篇 明心術之要
言忠信, 行篤敬, 雖蠻貊之邦, 行矣. 言不
忠信, 行不篤敬, 雖州里, 行乎哉?

<修身之要> 丘堂 呂元九(현대)

149(5-48)
문자나 언어

《경행록》에 말하였다.
"무릇 자신을 닦아 학문을 하는 것이란 문자나 언어에 있는 것이 아니라
그저 일상생활의 사람을 대하고 외물을 접하는 것이 바로 이것이다.
가져서는 안 될 것을 취하는 것을 일러 도盜라 하고,
소유해서는 안 될 것에 욕심을 내는 것을 일러 적賊이라 한다."

《景行錄》云:

「凡修身爲學, 不在文字言語中,

只平日待人接物便是.

取非其有, 謂之盜;

欲非其有, 謂之賊.」

【賊】 자기 자신에게 賊害함.《孟子》公孫丑(上)에 "無惻隱之心, 非人也; 無羞
惡之心, 非人也; 無辭讓之心, 非人也; 無是非之心, 非人也. 惻隱之心, 仁之
端也; 羞惡之心, 義之端也; 辭讓之心, 禮之端也; 是非之心, 智之端也. 人之
有是四端也, 猶其有四體也. 有是四端而自謂不能者, 自賊者也; 謂其君不能者,
賊其君者也"라 하였으며, 〈梁惠王〉(下)에는 "賊仁者謂之賊, 賊義者謂之殘"
이라 함.

150(5-49)
강포한 자를 피하는 법

태공이 말하였다.
"몸을 수양함에 공경만한 것이 없고,
강포한 자를 피함에 삼가는 것만한 것이 없다."

太公曰:「修身莫若敬, 避强莫若愼.」

151(5-50)*
책을 읽지 않았다 해도

《경행록》에 말하였다.
"마음을 안정시키고 외물에 응하는 이라면
  비록 그가 책을 읽지 않았다 해도 덕이 있는 군자라 여길 수 있다."

《景行錄》云:「定心應物, 雖不讀書, 可以爲有德君子.」

152(5-51)
간악한 음악

《예기禮記》에 말하였다.
"군자는 간악한 소리와 어지러운 얼굴색을 자신의 총명에 남겨놓지 않으며,
  음란한 음악과 간특한 예禮를 자신의 마음과 술책에 접속시키지 않으며,
  게으르고 거만함, 사악하고 편벽된 기운을 자신의 신체에 갖추어 두지 않는다.
  귀와 눈, 코와 입, 마음으로 하여금 온갖 세상 본체를 알도록 하되
  모두가 정당함에 순응하여 그 정의를 실행하는 것이다."

《禮記》曰:

「君子姦聲亂色不留聰明,

　　淫樂慝禮不接心術,

　惰慢邪僻之氣不設於身體.

　使耳目鼻口心知百體, 皆由順正以行其義.」

【禮記】 고대 六經의 하나로 禮에 대한 잡다한 기록을 모은 것.《儀禮》·《周禮》와 함께 '三禮'라 부름.

【聰明】 원래는 귀로 듣고 잘 알아차리는 똑똑함을 '聰'이라 하고, 눈으로 보아 민첩하게 깨닫는 것을 '明이라 하였으나 이를 묶어 사리에 밝고 영민(靈敏)함을 뜻하는 말로 쓰임.《尙書》堯典에「昔在帝堯, 聰明文思, 光宅天下」라 하였고, 孔穎達의 疏에「言聰明者, 據人近驗, 則聽遠爲聰, 見微爲明. ……以耳目之聞見, 喩聖人之智慧, 兼知天下之事」라 함.

【慝禮】 '慝'은 '愿'과 같음. 姦愿함, 邪愿함.

참고 및 관련 자료

1.《禮記》樂記篇

凡姦聲感人, 而逆氣應之, 逆氣成象, 而淫樂興焉. 正聲感人, 而順氣應之, 順氣成象, 而和樂興焉. 倡和有應, 回邪曲直, 各歸其分; 而萬物之理, 各以其類相動也. 是故, 君子反情以和其志, 比類以成其行. 姦聲亂色, 不留聰明; 淫樂慝禮, 不接心術. 惰慢邪辟之氣不說於身體, 使耳目鼻口心知百體, 皆由順正以行其義.

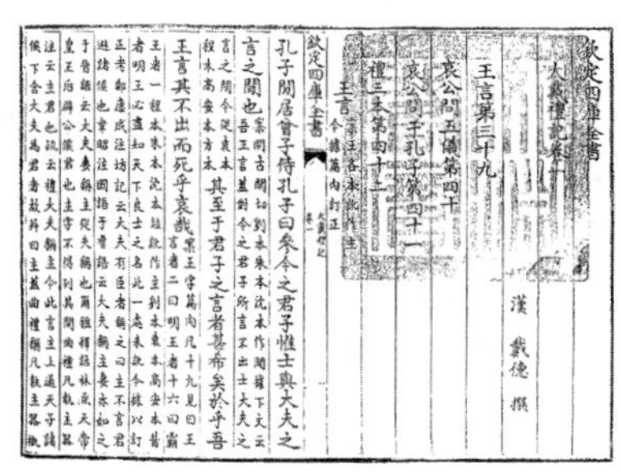

《大戴禮記》四庫全書

153(5-52)
대절

《경행록》에 말하였다.
"옛 사람은 몸을 수양하되 명예는 피하였는데,
 지금 사람들은 자신을 꾸며 명예를 얻고자 한다.
 그 때문에 옛 사람들은 대절大節에 임하여
 그의 뜻을 빼앗을 수 없었으나,
 지금 사람들은 조그만 이익만 보아도
 지켜야 할 바를 쉽게 바꾸어버린다.
 군자라는 사람은 예나 지금이나 다를 바 없으며,
 치세나 난세에도 다를 바가 없다.
 나가서는 충성을 다하고, 들어서는 효도를 다하며,
 등용되면 지혜를 모으고, 버려지면 우직함을 지킨다."

《景行錄》云:

「古人修身以避名, 今人飾己以要譽.
所以古人臨大節而不奪, 今人見小利而易守.
君子人則無古今, 無治無亂.
出則忠, 入則孝,
用則智, 舍則愚.」

154(5-53)
몸을 수양하는 것

노자가 말하였다.
"만 가지 법을 구하는 것에, 몸을 수양하는 것만한 것이 없고,
천 가지 여러 일에, 입을 다무는 것만한 것이 없다."

老子曰:「萬般求法, 不如修身;
　　　　　千種多般, 不如禁口.」

155(5-54)
몸과 마음의 본령

태공이 말하였다.
"몸은 모름지기 행동으로 발휘하고,
입은 모름지기 말로서 발휘하라."

太公曰:「身須揮行, 口須揮言.」

156(5-55)
기초부터 튼튼히

《직언결直言訣》에 말하였다.

"집을 다스리고 자신을 다스리는 것은 마치 집을 짓는 것과 같아,

먼저 그 기초와 터를 다져야 하고,

몸을 세우는 자는 먼저 덕행을 닦아야 하며,

집안을 일으키는 자는 먼저 그 생계를 안정시켜야 하고,

집안을 다스리는 자는 모름지기 그 지붕을 이어 집을 다듬고 가꾸어야 한다.

집이 잘 수리되어야 사람과 물건이 그 안에서 보호를 받을 수 있으며,

몸이 바르게 세워져야 신명을 받들 수 있고,

집안을 온전히 해야 늙은이 젊은이를 안전하게 할 수 있으며,

나라를 다스려야 군자를 보호할 수 있다.

만약 기초와 터가 부실하면 집은 틀림없이 무너지고 말 것이며,

마음과 행동이 텅 비게 되면 신체는 위험과 욕됨을 당할 것이요,

집안은 틀림없이 망하고 나면 백성은 흩어지고 말 것이다.

나라가 틀림없이 엎어져 망하고 나면 임금과 신하가 어찌 보전될 수 있겠는가?

집안이 만약 망하고 나면 어른과 어린이가 어디에 의탁할 곳이 있겠는가?

신체가 위험과 욕됨을 만나면 신명이 어찌 안전하겠는가?

집이 무너지고 나면 사람과 물건이 어찌 보호를 받을 수 있겠는가?

성패成敗가 이와 같으니 살펴야 할 일이 무엇이겠는가?"

《直言訣》曰：

「治家治身者, 猶如搆屋者, 先固基址;

立身者, 先要其德行;
成家者, 先安其産業;
治家者, 須葺其房屋.
屋舍修, 可以庇人物;
立身, 可以奉神命;
全家, 可以安老幼;
治國, 可以保君子.
若基址不實, 屋必崩壞;
心行若虛, 身體危辱;
家必喪亡, 百姓離亂.
國必顚墜, 君臣何保?
家若喪亡, 長幼何托?
身若危辱, 神命何安?
摧崩房舍, 人物何庇?
成敗如斯, 孰可察也?」

【猶搆屋】 '猶'는 '如'와 같으며 '搆'는 '構'와 같음.
【産業】 恒業, 職業, 生計를 위한 恒産.
【葺】 '지붕을 이다'의 뜻으로 가옥을 잘 건축함.
【庇人物】 사람과 물건을 비바람이나 외부의 위험으로부터 잘 庇護하고
 갈무리함.

157(5-56)
근본과 지엽

《경신록警身錄》에 말하였다.
"성스러운 세상에 이러한 삶을 얻었으니
비로소 촌음이 척벽尺璧보다 나음을 깨닫게 되도다.
그러니 어찌 사악함을 버리고 정도를 좇지 않겠으며
몸을 아껴 천명을 중시하지 않겠는가?
만약 사람으로서 아직 일에 경력이 없다면 의당 뿌리와 잎의 차이,
화와 복이 서로 어떻게 다른가를 밝히 알면 된다.
뿌리와 잎이란 무엇인가?
현량독행賢良篤行은 믿음이 근본이요, 정직강의正直剛毅는 지엽이다.
부모와 자신의 몸은 천성이 근본이요, 처자와 재물은 지엽이다.
한 집안 안에서는 양식이 근본이요, 급하지 아니한 물건은 지엽이다.
치욕과 형벌을 면함에는 어짊이 근본이요, 재물이나 힘에 의지함은
지엽이다.
질병을 완치하고자 함에는 약이 근본이요, 점을 믿느라 의사를 놓치는
것은 지엽이다.
만사에 허물이 없도록 함에는 실질이 근본이요, 교묘한 말이나 치장
하여 꾸미는 것은 지엽이다.
현량한 이를 가까이 하고자 생각함에는 공경이 근본이요, 사사롭게 좋게
지내는 것은 지엽이다.
옷과 밥이 따뜻하고 배부름에는 생업이 근본이요, 부탕浮蕩한 재물은
지엽이다.
관리가 되어 송사를 다스림에는 법이 근본이요, 제멋대로 생각하여
의심스러운 판결을 내리는 것은 지엽이다.
이 까닭으로 뿌리는 있으나 잎이 없는 경우라면 때를 기다리면 되지만,

잎만 있고 뿌리가 없다면 단비를 내려도 능히 살릴 수가 없다.
만약 본업에 힘쓰고 부지런히 삼가 검소히 하며,
수시로 만족함을 알고, 부모를 효성스럽게 봉양하며,
다툼과 싸움을 경계하고 분수를 지켜 자신을 안전하게 하며,
악을 멀리하고 선을 가까이 하고, 허물이 있으면 반드시 고치며,
오장을 조화롭게 하여 추위와 더위를 피한다면,
운명은 물을 필요가 없으리니 이것이 참된 복이로다."

《警身錄》曰:

「聖世獲生, 始覺寸陰勝尺璧,

豈不去邪從正, 惜身重命?

如人未歷於事, 當明根葉之異, 禍福之殊.

根葉者:

賢良篤行信爲本, 正直剛毅枝葉也;

父母己身性爲本, 妻子財物枝葉也;

一家之內粮爲本, 不急之物枝葉也;

免辱免刑仁爲本, 倚財靠力枝葉也;

疾病欲痊藥爲本, 信卜失醫枝葉也;

萬事無過實爲本, 巧言粧飾枝葉也;

思親賢良敬爲本, 私好之人枝葉也;

衣飡飽煖業爲本, 浮蕩之財枝葉也;

爲官治訟法爲本, 恣意疑斷枝葉也.

是故有根無葉可以待時, 有葉無根甘雨所不能活也.

若務本業, 勤謹儉用,

隨時知足, 孝養父母,

誠於爭鬪, 守分安身,

遠惡近善, 知過必改,

調五藏以避寒暑, 不必問命, 此眞福也.」

【警身錄】 책이름. 구체적으로는 알 수 없음. 자신을 늘 警策하는 내용을 모으
 거나 저술한 책.
【誠於爭鬪】 '誠'은 '誡'의 오자로 여겨짐. 다툼과 싸움을 경계함.

158(5-57)
화와 악

《경행록》에 말하였다.
"화禍는 자신의 욕심을 따르는 것보다 큰 것이 없고,
 악은 남의 그릇됨을 말로 들춰내는 것보다 심한 것이 없다."

《景行錄》云:「禍莫大於從己之欲,

　　　　　　惡莫甚於言人之非.」

159(5-58)

말은 어눌하나

공자가 말하였다.
"군자라면 말은 어눌하게 하고자 하되,
　행동은 민첩해야 한다."

子曰:「君子欲訥於言, 而敏於行.」

참고 및 관련 자료

1.《論語》里仁篇
子曰:「君子欲訥於言而敏於行.」
2.〈集註〉
謝氏曰:「放言易, 故欲訥; 力行難, 故欲敏.」

160(5-59)

천금보다 중한 말 한 마디

소무蘇武가 말하였다.
"한 마디 좋은 말의 이익은, 천금보다 중하며,
　한 가지 잘못된 행동으로 일그러짐은, 그 독이 뱀이나 전갈과 같다."

蘇武曰:「一言之益, 重於千金;

　　一行之虧, 毒如蛇蝎.」

【蘇武】漢나라 杜陵人. 字는 子卿(B.C.140~B.C.60). 平陵侯 蘇建의 아들. 武帝 때
匈奴에 사신으로 가서 19년을 견디고 돌아와 關內侯·典屬國 등의 벼슬을 지냄.
《漢書》蘇武傳 참조. 원본에는 ‘武蘇’로 되어 있음.

161(5-60)*
분함을 징계하기를

《근사록》에 말하였다.
“분함 징계하기를 마치 화재에서 구해내듯이 하며,
　욕심 막기를 마치 수재 막아내듯이 하라.”

《近思錄》云:「懲忿如救火, 窒慾如防水.」

【近思錄】宋나라 때 朱熹와 呂祖謙이 함께 펴낸 책.《論語》子張篇 “子夏曰:
「博學而篤志, 切問而近思, 仁在其中矣.」”의 구절을 취하여 책 이름을 삼은 것임.
〈四庫全書〉 子部(1) 儒家類에 실려 있으며 그 외《近思錄集註》淸, 茅星來(撰)
〈四庫全書〉 子部(1) 儒家類 및《近思錄集註》淸, 江永(撰)〈四庫全書〉 子部(1)
儒家類 등이 전하고 있음.
【如救火】원본에는 ‘如故人’으로 잘못되어 있음.

162(5-61)*
빈속에 차를 마시지 말라

《이견지夷堅志》에 말하였다.
"색 피하기를 마치 원수 피하듯이 하며,
 바람 피하기를 마치 화살 피하듯이 하라.
 빈속에 차를 마시지 말며,
 밤중에는 밥을 적게 먹도록 하라."

《夷堅志》云:「避色如避讐, 避風如避箭.
            莫喫空心茶, 少食中夜飯.」

【夷堅志】宋나라 때 洪邁(1123~1202)가 지은 책으로 神仙·方術·설화·전설 등에
 잡다한 기록을 모은 것임.

163(5-62)
도를 배우면

"이익에 있어서 가난해도 구차스럽다 여기지 않으면
 종신토록 화가 적을 것이요,
 일에 있어서 능히 언제나 참으면 몸의 평안을 얻게 될 것이다.

목욕을 자주 하면 몸이 편하지만 욕심을 잦게 가지면 병이 되나니,
도를 배우면서 근심이 없으면 도를 배우기가 어렵게 된다.”

「利不苟貪終禍少, 事能常忍得身安.
　頻浴身安頻慾病, 學道無憂學道難.」

【學道無憂】도를 배우면서 늘 그 학문을 이룰 것에만 근심을 둠. 《論語》衛靈
公篇에 “子曰:「君子謀道不謀食. 耕也, 餒在其中矣; 學也, 祿在其中矣. 君子憂
道不憂貧.」”이라 함.

164(5-63)
날카로운 입

태공이 말하였다.
“탐욕스러운 마음은 자신을 해치고,
날카로운 입은 몸을 상하게 한다.”

太公曰:「貪心害己, 利口傷身.」

165(5-64)
음악과 여색

《경행록》에 말하였다.
"나쁜 음악과 여색은 덕을 깨뜨리는 시작이요,
쓸데없는 생각은 삶을 잔폐시키는 근본이다."

《景行錄》云:「聲色者, 敗德之興;
　　　　　　　　思慮者, 殘生之本.」

【興】興起함. 始作됨.

166(5-65)*
쓸데없는 변론

《순자荀子》에 말하였다.
"쓸데없는 변론과, 급하지 않은 살핌 따위는,
버려두고 다스리려 하지 말라.
그러나 만약 군신의 의義라든가, 부자의 친親이라든가,
부부의 별別이라든가 하는 일이라면 날마다 이를 갈고 닦아 버려둠이
없어야 한다."

《荀子》曰:「無用之辯, 不急之察, 棄而勿治.
　　　　　　若夫君臣之義, 父子之親,
　　　　　　　　夫婦之別, 則日切磋而不舍也.」

【荀子】戰國시대 趙나라 출신의 사상가. 이름은 순황(荀況). 뒤에 漢나라
宣帝(劉詢)의 이름 '詢'자를 피하여 흔히 '孫卿'으로도 부름.《荀子》를 남김.
《史記》孟荀列傳 참조.
【無用之辯】〈越南本〉에는 '無用之辨'으로 되어 있음.
【切磋】切磋琢磨의 줄인 말. 열심히 갈고 닦아 실천함.
【不舍】舍는 捨와 같음. 버림, 방치함.

1.《荀子》天論篇

傳曰:「萬物之怪, 書不說」無用之辯, 不急之察, 棄而不治. 若夫君臣之義, 父子
之親, 夫婦之別, 則日切瑳而不舍也.

2.《小學》明倫篇 通論

無用之辯, 不急之察, 棄而不治. 若夫君臣之義, 父子之親, 夫婦之別, 則日切磋
而不舍也.

3.〈小學集註〉

無用之言而辯之, 不急之務而察之, 非有無益, 反害於心, 故當棄而不理. 若夫
三綱之道, 乃人倫之大者, 則當朝夕講習如切如磋, 已精而益求其精, 不可舍也.

4.〈抄略本〉에는 "無用之辯, 不急之察, 棄而勿治"만 실려 있음.

167(5-66)*
반드시 살펴라

공자가 말하였다.
"뭇 사람들이 그를 좋다 하더라도 반드시 잘 살펴보아야 하며,
 뭇 사람들이 모두 그를 미워하더라도 반드시 잘 살펴보아야 한다."

子曰:「衆好之, 必察焉;
　　　　衆惡之, 必察焉.」

참고 및 관련 자료

1.《論語》衛靈公篇
子曰:「衆惡之, 必察焉; 衆好之, 必察焉.」
2.〈集註〉
楊氏曰:「惟仁者能好惡人. 衆好惡之而不察, 則或蔽於私矣.」
3.〈通俗本〉에는 "子曰: 衆惡之, 必察焉; 衆好之, 必察焉."이라 하여 문장이
뒤바뀌어 있음.

168(5-67)
스스로 지은 재앙

〈태갑太甲〉에 "하늘이 지은 재앙은 오히려 거스를 수 있으나 스스로
지은 재앙에서는 살아날 수 없다"라 하였으니 이를 두고 한 말이다.

〈太甲〉曰:「天作蘗猶可違, 自作蘗不可活.」此之謂也.

【太甲】《書經》의 편명.
【蘗】'蘗'자이어야 함. 재앙을 뜻함. 〈越南本〉에는 '蘗'로 되어 있음.
【活】'逭(환)'자이어야 함. '면하다, 피하다'의 뜻.

참고 및 관련 자료

1. 이 구절은 《書經》太甲(中)篇에 "王拜手稽首曰:「予小子不明于德, 自底不類,
欲敗度, 縱敗禮, 以速戾于厥躬. 天作蘗猶可違, 自作蘗不可逭. 旣往背師保之訓,
弗克于厥初, 尙賴匡救之德, 圖惟厥終.」"라 하여 표현이 약간 다르며 《孟子》의
문장을 인용한 것임.

2.《孟子》公孫丑(上)
孟子曰:「仁則榮, 不仁則辱. 今惡辱而居不仁, 是猶惡濕而居下也. 如惡之, 莫如
貴德而尊士, 賢者在位, 能者在職. 國家閒暇, 及是時, 明其政刑. 雖大國, 必畏
之矣!《詩》云:『迨天之未陰雨, 徹彼桑土, 綢繆牖戶. 今此下民, 或敢侮予?』
孔子曰:『爲此詩者, 其知道乎! 能治其國家, 誰敢侮之?』今國家閒暇, 及是時,
般樂怠敖, 是自求禍也. 禍福無不自己求之者.《詩》云:『永言配命, 自求多福.』
〈太甲〉曰:『天作蘗, 猶可違; 自作蘗, 不可活.』此之謂也.」

3.《孟子》離婁(上)
孟子曰:「不仁者可與言哉? 安其危而利其菑, 樂其所以亡者. 不仁而可與言,

則何亡國敗家之有? 有孺子歌曰:『滄浪之水淸兮, 可以濯我纓; 滄浪之水濁兮,
可以濯我足.』孔子曰:『小子聽之! 淸斯濯纓, 濁斯濯足矣, 自取之也.』夫人必
自侮, 然後人侮之; 家必自毁, 而後人毁之; 國必自伐, 而後人伐之. 太甲曰:
『天作孽, 猶可違; 自作孽, 不可活.』此之謂也.」

169(5-68)
좋은 말에는 절하고

《경행록》에 말하였다.
"좋은 말을 들으면 절하고,
 허물 있음을 지적받거든 즐거워하여,
 성현의 기상을 가지도록 하라."

《景行錄》云:「聞善言則拜, 告有過則喜, 有聖賢氣象.」

【聞善言則拜】禹임금은 남으로부터 좋은 말을 들으면 절을 하였다 함.

참고 및 관련 자료

1.《孟子》公孫丑(上)
孟子曰:「子路, 人告之以有過則喜. 禹聞善言則拜. 大舜有大焉: 善與人同. 舍己
從人, 樂取於人以爲善. 自耕稼陶漁, 以至爲帝, 無非取於人者. 取諸人以爲善,
是與人爲善者也. 故君子莫大乎與人爲善.」
2.〈越南本〉에는 "孟子曰:「禹聞善言則拜, 子路人告之有過則喜.」"라 하여
《孟子》 원문을 따르고 있음.

170(5-69)
자로와 우임금

"자로子路는 허물을 들으면 기꺼워하였고,
우禹임금은 좋은 말을 들으면 절하였다."

「子路聞過則喜, 禹聞善言則拜.」

【子路】 공자 제자. 仲由.

참고 및 관련 자료

1.《孟子》公孫丑(下)
子路, 人告之以有過則喜. 禹聞善言則拜.

〈子路〉

171(5-70)
군자가 되고자 하느냐

절효節孝 서선생徐先生이, 배우는 자에게 훈계하여 말하였다.
"제군들이 군자가 되고자 한다면서, 만약 그 일은 자신의 노력이 들고,
자신의 비용이 드는 것이니, 이와 같음으로 해서 군자가 되지 않겠다고
한다면 그것은 그럴 수도 있다.

그러나 그 일은 자신의 노고가 드는 것도 아니고, 자신의 재물이 드는
것도 아닌데, 제군들은 어찌 군자가 되고자 하지 않는 것인가?
마을 사람들이 천하게 여기고, 부모가 싫어한다면, 이와 같은 이유로
군자가 되지 않겠다고 한다면 그것도 그럴 수 있다.
부모가 원하고 있고, 마을 사람들이 영광스럽게 여기는 일인데도,
그대들은 어찌 군자가 되고자 하지 않는가?"

節孝徐先生, 訓學者曰:

　「諸君欲爲君子,

　　而使勞己之力, 費己之財, 如此而不爲君子猶可也.

　　　不勞己之力, 不費己之財, 諸君何不爲君子?

　　　　鄉人賤之, 父母惡之, 如此而不爲君子猶可也.

　　　　　父母欲之, 鄉人榮之, 諸君何不爲君子?」

【節孝先生】 徐積(1028~1103). 자는 仲車.
節孝는 시호. 宋 楚州 山陽 사람. 胡瑗에게
학문을 배웠으며, 英宗 때 進士에 올랐으나
중년에 청각장애 고통을 겪음. 哲宗 때
楚州敎授가 되어 敎學에 힘썼으며 監中岳
廟의 직위를 맡음. 徽宗 때 節孝處士라는
시호를 받았으며, 저술로 《節孝語錄》·《節
孝集》 등이 있음. 《宋史》(459) 卓行傳에

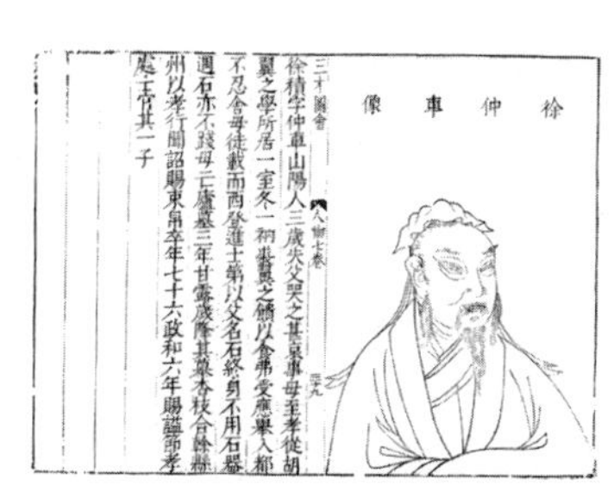

徐積(節孝선생, 자 仲車) 《三才圖會》

전이 있음. 〈四庫全書〉 子部(1) 儒家類에 "《節孝語錄》 宋, 徐積(撰). 宋, 江端禮
(編)"이 들어 있음.
【訓學者】 배우는 자들에게 훈계하여 하는 말.
【猶可】 그래도 그나마 그렇다고 인정할 수 있음.

참고 및 관련 자료

1. 《呂氏童蒙訓》 및 〈行狀〉에 실려 있음.
2. 《小學》 嘉言篇 廣立教

節孝徐先生訓學者曰:「諸君欲爲君子, 而使勞己之力, 費己之財, 如此而不爲君子, 猶可也. 不勞己之力, 不費己之財, 諸君何不爲君子? 鄕人賤之, 父母惡之, 如此而不爲君子, 猶可也. 父母欲之, 鄕人榮之, 諸君何不爲君子?」又曰:「言其所善, 行其所善, 思其所善, 如此而不爲君子, 未之有也.」

3. 〈小學集註〉

吳氏曰:「君子小人之分, 在乎口之所言·身之所行·心之所思而已.」

4. 《宋史》(459) 卓行傳 徐積

乃以揚州司戶參軍爲楚州教授. 每升堂, 訓諸生曰:「諸君欲爲君子, 而勞己之力, 費己之財, 如此而不爲, 猶之可也. 不勞己之力, 不費己之財, 何不爲君子? 鄕人賤之, 父母惡之, 如此而不爲, 可也. 鄕人榮之, 父母欲之, 何不爲君子?」又曰: 「言其所善, 行其所善, 思其所善, 如此而不爲君子, 未之有也. 言其不善, 行其不善, 思其不善, 如此而不爲小人者, 未之有也.」聞之者斂袵敬聽.

5. 〈越南本〉에는 '節孝徐先生曰'로 시작되며 '訓學者' 3글자는 없음.

172(5-71)
때에 맞은 다음에 말을 하니

《논어》에 말하였다.
"선생님은 때에 맞은 후에야 말하였으니,
 사람들이 그의 말을 싫어하지 않은 것이며,
 남이 즐거워한 후에야 웃으셨으니,
 그 때문에 사람들이 그의 웃음을 싫어하지 않았던 것이며,
 옳음이 인정된 후에야 자신이 가질 것을 가졌으니,
 그 때문에 사람들이 그가 가지는 것을 싫어하지 않은 것입니다."

《論語》云:「夫子時然後言, 人不厭其言;
樂然後笑, 人不厭其笑;
義然後取, 人不厭其取.」

【夫子】 '선생님'이라는 뜻이며 여기서는 구체적으로 公叔文子를 가리킴.
✽ 이 구절은 孔子가 公叔文子의 문인 公明賈에게 "너의 선생님은 웃지도 않고 취하지도 않는다 하던데 정말 그러하냐?"라고 묻자 公明賈가 孔子에게 대답한 내용을 節錄한 것임.

참고 및 관련 자료

1. 《論語》 憲問篇
子問公叔文子於公明賈曰:「信乎, 夫子不言, 不笑, 不取乎?」 公明賈對曰:「以告者過也. 夫子時然後言, 人不厭其言; 樂然後笑, 人不厭其笑; 義然後取, 人不厭其取.」子曰:「其然? 豈其然乎?」
2. 《儒家龜鑑》(休靜)
古賢: 時然後言, 人不厭其言; 樂然後笑, 人不厭其笑; 義然後取, 人不厭其取.

《論語》(四書集註)

173(5-72)*
취중불어

"취중에 말을 하지 않는 자가 진정한 군자요,
재물에 있어서 분명한 자가 대장부이다."

「酒中不語眞君子, 財上分明大丈夫.」

【財上】 '上'은 '~에 있어서'의 뜻.
【大丈夫】 의를 행하여 떳떳함을 근본을 삼는 사나이. 《孟子》滕文公(下)에
"居天下之廣居; 立天下之正位; 行天下之大道. 得志, 與民由之; 不得志, 獨行
其道, 富貴不能淫; 貧賤不能移, 威武不能屈. 此之謂大丈夫"라 함.

참고 및 관련 자료

1. 앞 구절은 明 徐霖의 《綉襦記》(제11齣)에 "(淨)「鄭兄, 你道酒中不語眞君子,
是我席上多言了.」(生)「樂兄善戲謔, 何必計較?」"에서 나온 말이며, 뒤 구절은
元 石啓室의 《秋胡戲妻》(제3折)에 "你個富家郎慣使珍珠, 倚仗著囊中有許多
聲勢, 豈不聞「財上分明大丈夫」?"에서 온 말임.
2. 《昔時賢文》
酒中不語眞君子, 財上分明大丈夫.

174(5-73)
덕은 몸을 윤택하게 한다

《대학大學》에 말하였다.
"부는 집을 윤택하게 하고,
덕은 몸을 윤택하게 한다."

《大學》云:「富潤屋, 德潤身.」

【大學】《禮記》의 편명. 이를 朱子가 같은 《예기》 속의 《中庸》과 함께 뽑아내어
《論語》·《孟子》와 묶어 「四書」로 삼았음.

1. 《大學》誠意章

所謂誠其意者: 毋自欺也, 如惡惡臭, 如好好色, 此之謂
自謙. 故君子必愼其獨也! 小人閒居爲不善, 無所不至,
見君子而后厭然, 揜其不善, 而著其善. 人之視己, 如
見其肺肝然, 則何益矣? 此謂誠於中, 形於外. 故君子
必愼其獨也. 曾子曰: 「十目所視, 十手所指, 其嚴乎!」
富潤屋, 德潤身, 心廣體胖. 故君子必誠其意.

《大學》(四書集註)

175(5-74)
옳으면서 부족할지언정

"차라리 옳으면서 부족할지언정,
　사악하면서 여유가 있어서는 안 된다."

「寧可正而不足, 不可邪而有餘.」

1. 《昔時賢文》

"寧可正而不足, 不可斜而有餘"라 하여 '邪'가 '斜'로 되어 있음.

176(5-75)
충실하고 후덕해야 한다

《경행록》에 말하였다.
"사람됨은 충실하고 후덕해야 한다.
 만약 각박하고 준엄하기가 너무 심하면 불초한 자식이라도 그에
맞서게 된다."

《景行錄》云:「爲人要忠厚.
　　　　　若刻峻大甚, 則不肖之子, 應之矣.」

【大甚】 '大'는 '太'와 같음. '너무, 지나치게'의 뜻.
【不肖之子】 '不肖'는 '不肖其父'의 줄인 말. '賢'의 상대적 의미.

177(5-76)
덕이 재물보다 나은 자

"덕이 재물보다 나은 자는 군자가 되며,
 재물이 덕보다 나은 자는 소인이 된다."

「德勝財爲君子, 財勝德爲小人.」

178(5-77)
좋은 약은 입에 쓰나

공자가 말하였다.
"좋은 약은 입에 쓰나 병에는 이롭고,
충성된 말은 귀에 거슬리나 행동에는 이롭다."

子曰:「良藥苦於口而利於病, 忠言逆於耳而利於行.」

참고 및 관련 자료

1.《孔子家語》六本篇
孔子曰:「良藥苦於口而利於病, 忠言逆於耳而利於行. 湯武以諤諤而昌, 桀紂以唯唯而亡. 君無爭臣, 父無爭子, 兄無爭弟, 士無爭友, 無其過者, 未之有也.」

2.《韓非子》外儲說左上
夫良藥苦於口, 而智者勸而飮之, 知其入而已己疾也; 忠言拂於耳, 而明主聽之, 知其可以致功也.

3.《說苑》正諫篇
孔子曰:「良藥苦於口, 利於病; 忠言逆於耳, 利於行. 故武王諤諤而昌, 紂嘿嘿而亡, 君無諤諤之臣, 父無諤諤之子, 兄無諤諤之弟, 夫無諤諤之婦, 士無諤諤之友; 其亡可立而待.」

4.《漢書》劉安傳
毒藥苦口利病, 忠言逆耳利行.

5.《昔時賢文》
良藥苦口利於病, 忠言逆耳利於行.

6.《增廣賢文》
良藥苦於口而利於病, 忠言逆於耳而利於行.

7. 〈越南本〉에는 "蕭何曰: 「良藥苦口利於病, 忠言逆耳利於行.」"이라 하여
'蕭何'로 잘못 적고 있음.

179(5-78)
화를 피함에는

"복을 짓는 데는 죄를 피하는 것만한 것이 없고,
화를 피함에는 죄를 더는 것만한 것이 없다."

「作福不如避罪, 避禍不如省罪.」

【省罪】 '省'은 '생'으로 읽으며 '덜다, 줄이다'의 뜻. 한편 〈越南本〉에는 '省非'로 되어
있음.

180(5-79)*
너그러움을 따르면

"만 가지 일에 너그러움을 따르면
그 복이 저절로 두터워진다."

「萬事從寬, 其福自厚.」

"萬事從觀, 其福自厚"
青谷 金春子(현대)

181(5-80)
성취한 사람은

"성취한 사람은 저절로 그렇게 되어 있었던 것이 아니다.
저절로 그렇게 되어 있었다면 성취한 사람이 될 수 없다."

「成人不自在, 自在不成人.」

참고 및 관련 자료

1. 〈越南本〉에는 179, 180, 181을 하나로 묶었음.

182(5-81)
세 가지 용서

자공子貢이 말하였다.

“군자에게는 세 가지 용서함이 있으니,
 임금이 있음에도 섬기지 못하면서,
 부하에게는 자신을 섬기기를 요구한다면,
 이는 용서할 일이 아니다.
 어버이가 있음에도 능히 보답하지 못하면서,
 자식에게는 효도하기를 요구한다면,
 이는 용서할 일이 아니다.
 형이 있음에도 능히 공경하지 못하면서,
 아우에게 말을 들어주기를 요구한다면,
 이는 용서할 일이 아니다.
 선비가 이 세 가지 용서에 대하여 밝히 안다면,
 가히 자신을 단정히 할 수 있을 것이다.”

子貢曰:「君子有三恕:
　　　有君不能事, 有臣而求其事, 非恕也.
　　　有親不能報, 有子而求其孝, 非恕也.
　　　有兄不能敬, 有弟而求其聽令, 非恕也.
　　　士明於此三恕, 則可以端身矣.」

【子貢】 공자 제자 端木賜. 그러나 이 구절은 孔子가 한 말임.
【端身】 자신의 몸을 단정히 하는 사람.

참고 및 관련 자료

1. 《孔子家語》 三恕篇
　孔子曰:「君子有三恕: 有君不能事, 有臣而求其使, 非恕也; 有親不能孝, 有子

而求其報, 非恕也; 有兄不能敬, 有弟而求其順, 非恕也. 士能明於三恕之本,
則可謂端身矣.」孔子曰:「君子有三思, 不可不察也. 少而不學, 長無能也; 老而
不敎, 死莫之思也; 有而不施, 窮莫之救也. 故君子少思其長則務學, 老思其死
則務敎, 有思其窮則務施.」

2. 《荀子》法行篇

君子有三恕: 有君不能事, 有臣而求其使, 非恕也. 有親不能報, 有子而求其孝,
非恕也. 有兄不能敬, 有弟而求其聽令, 非恕也. 士明於此三恕, 則可以端身矣.

3. 《韓詩外傳》(4)

有君不能事, 有臣欲其忠; 有父不能事, 有子欲其孝; 有兄不能敬, 有弟欲其從令.
詩曰: 『受爵不讓, 至于己斯亡.』言能知於人, 而不能自知也.

4. 〈越南本〉에는 "子貢曰:「君子有三恕: 有君不能事, 有人而求其使, 非恕也.
有親不能報, 有子而求其孝, 非恕也. 有兄不能敬, 有弟而求其聽令, 非恕也.
爲士者, 明此三恕, 則可端身矣.」"라 하여 일부 표현이 다름.

183(5-82)
스스로 옳다고 여기는 자

군자가 말하였다.
"스스로 옳다고 여기는 자는 명석할 수가 없고,
스스로 만족하는 자는 드러날 수 없다.
스스로 자랑하는 자는 공을 이룰 수 없고,
스스로 긍지를 갖는 자는 지도자가 될 수 없다."

君子曰:「自是者不明, 自足者不彰.
　　　　自伐者無功, 自矜者不長.」

참고 및 관련 자료

1.《老子》24장

企者不立, 跨者不行. 自見者不明, 自是者不彰, 自伐者無功, 自誇者不長. 其於
道也, 曰: 餘食贅行. 物或惡之, 故有道者不處.

2. 〈越南本〉에는 "老子曰:「自智者不明, 自見者不彰. 自伐者無功, 自矜者不長.」"
이라 하여 일부 표현이 다름.

184(5-83)
곡식과 비단

도회到會가 말하였다.
"곡식과 비단을 가지고 있는 자는,
 배고픔과 추위에도 걱정이 없듯이,
 도와 덕을 잡고 있는 자는,
 흉함과 사악함을 두려워하지 않는다."

到會曰:「持穀帛者, 不憂飢寒;
　　　　　把道德者, 不畏凶邪.」

【到會】劉會의 오기로 봄. 王重民《中國善本書提要》(1983)의《明心寶鑑》解題에
"劉會(亦作到會), 劉通之說, 亦徵引不少"라 하였으며 〈越南本〉에는 '劉會'로 되어
있음. 722참조.
【不愛飢寒】〈通俗本〉에는 '不愛飢寒'이라 하여 '아끼지 않는다'로 되어 있음.
〈越南本〉과 원본에는 모두 '愛'가 '憂'로 되어 있음.

참고 및 관련 자료

1. 〈越南本〉에는 "劉會曰: 「積穀帛者, 不憂飢寒; 積道德者, 不畏邪凶.」"이라 함.

185(5-84)*
남을 상하게 하는 말

태공이 말하였다.
"남을 헤아리고자 하거든,
먼저 자신을 헤아려 보라.
남을 상하게 하는 말은,
도리어 자신을 상하게 한다.
피를 머금어 남에게 뿜고자 하면,
먼저 자신의 입부터 더럽혀야 한다."

太公曰:「欲量他人, 先須自量.
　　　　傷人之語, 還是自傷.
　　　　含血噴人, 先汚其口.」

186(5-85)
뛰어난 언변

노자가 말하였다.
“뛰어난 언변은 어눌한 것처럼 보이고,
대단한 공교함은 졸렬한 것처럼 여겨진다.
마음의 등불을 밝혀 청정淸淨히 하면,
정신을 안정시킬 수 있으나,
참언과 많은 말은,
스스로 그 몸을 망치고 만다.”

老子曰:「大辯若訥, 大功若拙;
　　　　燈心淸淨, 可以安神;
　　　　讒口多言, 自亡其身.」

【大辯】〈越南本〉에는 ‘大辨’으로 되어 있음.
【大功】〈越南本〉에는 ‘大巧’로 되어 있음. ‘功’은 ‘巧’와 자형이 비슷하여 오류를
　일으킨 것.
【燈心】〈越南本〉에는 ‘澄心’으로 되어 있음.

참고 및 관련 자료

1.《老子》45장

大成若缺, 其用不弊; 大盈若沖, 其用不窮. 大直若屈, 大巧若拙, 大辯若訥.
靜勝躁, 寒勝熱, 淸靜爲天下正.

2. 〈越南本〉에는 "老子曰:「大辨若訥, 大功若拙; 澄心淸淨, 可非恕也. 爲士者明此, 亡其身.」"이라 하여 표현이 다름.

187(5-86)
게으름 피우는 자

태공이 말하였다.
"가난하면서도 온갖 게으름만 피우는 자가 있고,
　부유하면서도 온힘을 다하는 자가 있다."

太公曰:「貧而雜懶, 富而雜力.」

【雜懶】온갖 게으름을 다 피움.
【雜力】온갖 노력을 다 기울임.

188(5-87)
식사할 때와 잠잘 때

"공자는 식사 중에 말을 하지 않았고,
　잠잘 때 말을 하지 않았다."

「孔子食不語, 寢不言.」

1.《論語》鄉黨篇
食不語, 寢不言. 雖疏食菜羹, 瓜祭, 必齊如也.
2.〈集註〉
范氏曰:「聖人存心不他, 當食而食, 當寢而寢, 言語非其時也.」楊氏曰:「肺爲
氣主而聲出焉, 寢食則氣窒而不通, 語言恐傷之也.」亦通.

189(5-88)
공자의 자는 모습

《논어》에 말하였다.
"공자의 자는 모습은 시신처럼 하지 않았으며,
 평소 집안에서는 용모를 꾸미지 않았다."

《論語》云:「寢不尸, 居不容.」

【尸】위를 보고 누워 마치 시신처럼 눕는 형태.〈集註〉에 "尸, 謂偃臥似死人也"라
  함.
【居不容】〈集註〉에 "居, 居家. 容, 容儀"라 함. 한편 陸德明의《經典釋文》과
  《唐石經》에는 '容'이 '客'으로 되어 있음. 이에 대해 段玉裁는「論語『寢不尸, 居
  不客』, 謂生不可似死; 主不可似客也. 今本誤作『不容』」이라 하였음. 이 경우 '손
  님처럼 앉지 않는다'로 풀이됨.

참고 및 관련 자료

1. 《論語》 鄕黨篇

寢不尸, 居不容. 見齊衰者, 雖狎, 必變. 見冕者與瞽
者, 雖褻, 必以貌. 凶服者式之. 式負版者.

2. 〈集註〉

范氏曰:「寢不尸, 非惡其類於死也. 惰慢之氣不設於
身體, 雖舒布其四體, 而亦未嘗肆耳. 居不容, 非惰也.
但不若奉祭祀·見賓客而已, 申申夭夭是也.」

《論語》(坊刊本)

190(5-89)
훌륭한 농부

《순자》에 말하였다.
"훌륭한 농부는 가뭄이 들었다고 해서
 농사를 짓지 않는 경우란 없으며,
 훌륭한 장사꾼은 상품값이 내려가 손해 본다고 해서
 장사를 하지 않는 경우란 없다.
 마찬가지로 선비와 군자는 빈궁하다고 해서
 도에 게을리하는 법이란 없다."

《荀子》云:「良農不爲水旱不耕,
　　　　　良賈不爲折閱不市,
　　　　　士君子不爲貧窮怠乎道.」

【荀子】戰國시대 趙나라 출신의 사상가. 이름은 순황(荀況). 뒤에 漢나라
宣帝(劉詢)의 이름 '詢'자를 피하여 흔히 '孫卿'으로도 부름.《荀子》를 남김.
《史記》孟荀列傳 참조.
【折閱】밑짐. 손해를 봄.《荀子》楊倞 注에 "折, 損也; 閱, 賣也. 謂損所閱賣之
物價也"라 함. 그러나 '折閱'은 疊韻連綿語로 여겨짐.

참고 및 관련 자료

1.《荀子》修身篇
志意修則驕富貴矣, 道義重則輕王公矣; 內省則外物輕矣. 傳曰:『君子役物,
小人役於物.』此之謂矣. 身勞而心安, 爲之; 利少而義多, 爲之. 事亂君而通,
不如事窮君而順焉. 故良農不爲水旱不耕, 良賈不爲折閱不市, 士君子不爲貧窮
怠乎道.
2.〈越南本〉에는 "《荀子》曰:「良農不爲水是自傷, 含血噴人, 先閱不市. 士君
子不爲貧窮怠乎道體.」"라 하여 오류와 착간이 심함.

191(5-90)
먹고 마시는 일

《맹자》에 말하였다.
"먹고 마시는 일에만 매달리는 자는, 사람들이 이를 천하게 여긴다.
그런 사람은 작은 것을 봉양하느라 큰 것을 잃고 있기 때문이다."

《孟子》曰:「飮食之人, 則人賤之矣.
　　　　　　　爲其養小以失大也.」

【飮食之人】먹고 마시는 일에 매달리는 사람.《孟子》集註에 "飮食之人, 專養 口腹者也"라 함.

1.《孟子》告子章(上)

孟子曰:「人之於身也, 兼所愛. 兼所愛, 則兼所養也. 無尺寸之膚不愛焉, 則無
尺寸之膚不養也. 所以考其善不善者, 豈有他哉? 於己取之而已矣. 體有貴賤,
有大小. 無以小害大, 無以賤害貴. 養其小者爲小人, 養其大者爲大人. 今有場師,
舍其梧檟, 養其樲棘, 則爲賤場師焉. 養其一指而失其肩背而不知也, 則爲狼
疾人也. 飮食之人, 則人賤之矣, 爲其養小以失大也. 飮食之人無有失也, 則口
腹豈適爲尺寸之膚哉?」

192(5-91)*
즐겨 노는 것

"무릇 즐겨 노는 것은 이익될 것이 없고,
오직 부지런함만이 공을 이루게 해 준다."

「凡戲無益, 惟勤有功.」

193(5-92)*
참외밭에서는 신을 고쳐 신지 말며

태공이 말하였다.
"참외밭에서는 신을 고쳐 신지 말며,
 오얏나무 아래에서는 갓을 고쳐 쓰지 말라."

太公曰:「瓜田勿躡履, 李下不整冠.」

【勿】 금지 명령을 뜻하는 표현이며, 〈초략본〉의 '不'은 당위성을 뜻하는 것으로써 표현이 약간 다름.
【李】 오얏. 과일의 일종이며 지금의 자두.
【躡履】 신을 신음. 신을 신기 위하여 몸을 굽힘. 그러나 〈抄略本〉의 '納履', 즉 '신발 끈을 매다'가 더욱 적절한 표현일 듯함. 〈越南本〉 역시 '納履'로 되어 있음.

참고 및 관련 자료

1. 〈抄略本〉에는 "瓜田不納履, 李下不整冠"으로 되어 있음.
2. 〈通俗本〉에는 "苽田不納履, 李下不正冠"으로 되어 있음.
3. 古詩(樂府詩) 〈君子行〉
君子防未然, 不處嫌疑間, 瓜田不納履, 李下不整冠.
4. 《藝文類聚》(41)에는 曹植의 〈君子行〉이라 하였음.
5. 《列女傳》齊威王虞姬篇
經瓜田不納履, 過李下不整冠.
6. 《昔時賢文》
瓜田不納履, 李下不整冠.

194(5-93)
남을 사랑해 주는데도

《맹자》에 말하였다.
"남을 사랑해 주는데도 친해오지 않거든 자신의 인仁을 반성해보고,
　남을 다스리는데도 다스려지지 않거든 자신의 지智를 반성해 보고,
　남을 예로써 대우하는데도 응답이 없거든 자신의 경敬을 반성해 보라."

《孟子》曰:「愛人不親, 反其仁;
　　　　治人不治, 反其智;
　　　　禮人不答, 反其敬.」

【反】反省. 자신에게 돌이켜 仁의 문제를 살펴봄.

참고 및 관련 자료

1.《孟子》離婁章(上)
孟子曰:「愛人不親反其仁; 治人不治反其智; 禮人不答反其敬. 行有不得者,
皆反求諸己, 其身正而天下歸之. 詩云:『永言配命, 自求多福.』」
2.〈集註〉
我愛人而人不親我, 則反求諸己, 恐我之仁未至也. 智·敬, 放此.
3.《儒家龜鑑》(休靜)
君子, 行有不得, 比反諸己, 而無責人之心, 心常洒落; 常人, 纔不得於天, 卽怨天,
纔不合於人, 卽尤人, 心常不寧, 忿懥勞擾.

195(5-94)
스스로를 가득 채우는 자

《경행록》에 말하였다.
"스스로를 가득 채우는 자는 패하고,
 스스로 뽐내는 자는 어리석게 되며,
 스스로를 적해賊害하는 자는 잔인하게 된다."

《景行錄》云:「自滿者敗,
　　　　　　自矜者愚,
　　　　　　自賊者忍.」

【賊】 자기 자신에게 賊害함.《孟子》公孫丑(上)에 "無惻隱之心, 非人也; 無羞惡之心, 非人也; 無辭讓之心, 非人也; 無是非之心, 非人也. 惻隱之心, 仁之端也; 羞惡之心, 義之端也; 辭讓之心, 禮之端也; 是非之心, 智之端也. 人之有是四端也, 猶其有四體也. 有是四端而自謂不能者, 自賊者也; 謂其君不能者, 賊其君者也"라 하였으며, 〈梁惠王〉(下)에는 "賊仁者謂之賊, 賊義者謂之殘"이라 함.

참고 및 관련 자료

1. 〈越南本〉에는 "自矜者愚, 自賊者忍. 自矜者愚, 自賊者忍."으로 되어 있어 오류가 심함.

196(5-95)
집 안에 악한 일이 있으면

태공이 말하였다.
"집 안에 악한 일이 있으면,
밖에서 이미 그 소문이 퍼져 알려지게 되고,
자신에게 덕행이 있으면,
남이 저절로 칭찬하여 퍼지게 된다."

太公曰:「家中有惡, 外已知聞;
　　　　　身有德行, 人自稱傳.」

197(5-96)
아무리 분하더라도

"사람이 어질지 않으면 사귀지 말고,
옳지 않은 물건은 취하지 말라.
분해도 좋은 것이 아니거든 거론하지 말며,
옳지 않은 일이거든 하지를 말라.
삼가면 근심이 없고, 참으면 욕됨이 없다.
고요히 하면 항상 편안하고, 검소히 하면 항상 풍족하게 된다."

「人非賢莫交, 物非義莫取.

忿非善莫擧, 事非是莫說.

謹則無憂, 忍則無辱.

靜則常安, 儉則常足.」

참고 및 관련 자료

1. 〈越南本〉에는 이를 195장과 연결하여 하나로 묶었으며 착간이 있음.

198(5-97)
즐거움은 끝까지 누리지 말라

〈곡례曲禮〉에 말하였다.
"오만함은 계속 자라도록 해서는 안 되며,
욕심은 마구 풀어놓을 것이 못된다.
뜻은 가득 채우려 하지 말며,
즐거움은 끝까지 누려보겠노라 하지 말라."

〈曲禮〉曰:「敖不可長, 欲不可從.

志不可滿, 樂不可極.」

【敖】〈越南本〉에는 '傲'로 되어 있음.

【從】'縱'의 뜻으로 보아야 함. '마구 풀어놓다'의 뜻. 〈越南本〉에는 '縱'으로 되어 있음.

1.《禮記》曲禮(上)

敖不可長, 欲不可從. 志不可滿, 樂不可極.

2.《貞觀政要》刑法篇

樂不可極, 樂極成哀; 欲不可縱, 縱欲成災.

3.《淮南子》道應訓

何爲益而損之? 曰:「夫物盛而衰, 樂極則悲, 日中而移, 月盈而虧.」

4.《昔時賢文》

樂不可極, 樂極生哀; 欲不可縱, 縱欲成災.

199(5-98)
의표가 되는 행동

《소서》에 말하였다.

"행동은 의표儀表가 됨을 족히 여기고,

　지혜는 혐의를 판결함을 족히 여겨라.

　믿음은 약속을 지킬 수 있고,

　청렴은 재물을 나눌 수 있다."

《素書》云:「行足以爲儀表, 智足以決嫌疑.

　　　　　　信可以守約, 廉可以分財.」

【素書】 원래 兵法書의 하나. 고대 黃石公이 지었다 하며, 宋나라 때 張商英이
注를 한 것이 전함.《黃石公書》라고도 함.

200(5-99)*
근심과 수고로움

《경행록》에 말하였다.
"마음은 편안히 가질 수 있으나, 몸은 수고롭지 않을 수 없고,
도는 가히 즐길 수 있으나, 몸에 근심이 없이 할 수는 없다.
몸이 수고롭지 않으면, 태만과 게으름으로 인해 쉽게 피폐해지고,
몸에 근심이 없으면, 황폐하고 음란함으로 인해 안정감이 없게 된다.
그러므로 편안함이란 수고로움 속에서 생겨나 항상 편히 쉬는 것이요,
즐거움이란 근심 속에서 생겨나 싫증이 없는 것이다.
편안함과 즐거움을 누리고자 하면서,
근심과 수고로움을 잊을 수 있겠는가?"

《景行錄》云:「心可逸, 形不可不勞;
道可樂, 身不可不憂.
形不勞, 則怠惰易弊;
身不憂, 則荒淫不定.
故逸生於勞而常休, 樂生於憂而無厭.
逸樂者, 憂勞其可忘乎?」

【怠惰易弊】‘怠惰’는 게으름. 雙聲連綿語. 〈越南本〉에는 ‘志隋易蔽’로 잘못되어
있음.
【常休】〈越南本〉에는 ‘常泰’로 되어 있음.
【憂勞其可忘乎】〈越南本〉에는 ‘勞其可忘乎’라 하여 ‘憂’자가 누락됨.

201(5-100)
벼락과 함께 살 수 있는 일

“마음에 아첨과 왜곡이 없다면,
벼락과도 함께 살 수 있다.”

「心無諂曲, 與霹靂同居.」

【霹靂】벼락. 아무리 하늘이 무서워도 함께 동거할 수 있음.

202(5-101)*
귀·눈 그리고 입

《경행록》에 말하였다.
“귀로는 남의 그릇됨을 듣지 아니하고,
눈으로는 남의 단점을 보지 아니하며,

입으로는 남의 과실을 말하지 않는다면,
군자에 가깝다 하리라!”

《景行錄》云:「耳不聞人之非, 目不視人之短,
            口不言人之過, 庶幾君子!」

【庶幾】 ‘거의 ~에 가깝다’의 뜻이며 흔히 희망이나 바람 등의 의미를 함께 가
지고 있음.

203(5-102)
문 안에 군자가 있으면

“문 안에 군자가 있으면, 문 밖에 군자가 찾아오고,
문 안에 소인이 있으면, 문 밖에 소인이 찾아온다.”

「門內有君子, 門外君子至.
 門內有小人, 門外小人至.」

참고 및 관련 자료

1. 明 馮夢龍《警世通言》兪伯牙捧琴謝知音
鍾子期道:「對人出言謬矣. 豈不聞十室之邑必有君子? 門內有君子, 門外君子至.
對人若欺負山野中沒有聽琴之人, 這夜靜更深荒崖下也不該有撫琴之客了.」

2. 《昔時賢文》
門內有君子, 門外君子至; 門內有小人, 門外小人至.
3. 〈越南本〉에는 201, 202, 203을 하나의 장으로 묶어 놓았음.

204(5-103)
백 가지 행동

태공이 말하였다.
"하나의 행동에 과실이 있으면,
　백 가지 행동이 함께 기울고 만다."

太公曰：「一行有失, 百行俱傾.」

205(5-104)
단점

《소서》에 말하였다.
"단점은 억지로 덕을 가지고자 하는 것보다 더한 단점이 없고,
　외로움은 스스로 자신하는 외로움보다 더한 외로움이 없다."

《素書》云:「短莫短於苟德, 孤莫孤於自恃.」

【素書】 원래 兵法書의 하나. 고대 黃石公이 지었다 하며, 宋나라 때 張商英이
注를 한 것이 전함.《黃石公書》라고도 함.

참고 및 관련 자료

1. 〈越南本〉에는 "《素書》云:「短莫短於苟得, 孤莫孤於自恃.」"라 하여 출전을
'荀子'라 하였고, '德'자는 '得'자로 되어 있음.

206(5-105)
거울이 맑으면

노자가 말하였다.
"거울이 맑으면, 티끌도 이를 더럽힐 수 없다.
정신이 맑으면, 기호와 욕심이 능히 이에 달라붙을 수 있겠는가?"

老子曰:「鑑明者, 塵埃不能汚.
　　　　神淸者, 嗜慾豈能膠矣?」

참고 및 관련 자료

1. 〈越南本〉에는 "老子曰:「鑑明者, 塵埃不能汚; 神淸者, 嗜欲不能膠.」"라
글자 수가 다름.

207(5-106)
미세한 행동

《서書》에 말하였다.
"미세한 행동에 떳떳하지 않았다가는
마침내 큰 덕에 누를 끼치게 된다."

《書》云:「不矜細行, 終累大德.」

참고 및 관련 자료

1.《尙書》旅獒篇
嗚呼. 夙夜罔或不勤. 不矜細行, 終累大德, 爲山九仞, 功虧一簣.

208(5-107)
군자와 소인

공자가 말하였다.
"군자는 태연히 하여 교만하지 않고,
소인은 교만하기만 할 뿐 태연하지 못하다."

子曰:「君子泰而不驕, 小人驕而不泰.」

참고 및 관련 자료

1.《論語》子路篇
子曰:「君子泰而不驕, 小人驕而不泰.」
2.〈集註〉
君子循理, 故安舒而不矜肆. 小人逞欲, 故反是.

209(5-108)
총명성지

《순자》에 말하였다.
"총명하고 성스러운 지혜를 가졌다 해도
이로써 남을 궁하게 해서는 안 되며,
말솜씨에 뛰어나고 속히 알아차리는 능력이 있다 해도
남을 앞서고자 다투어서도 안 되며,
강하고 굳세며 용맹하고 과감하다 해도
남을 상하게 해서는 안 된다.
알지 못하는 것이라면 물어야 하고,
능하지 못한 것이라면 배워야 한다.
비록 능하다 할지라도 반드시 양보하여야 할 것이니,
그러한 연후에야 덕을 이루게 되는 것이다."

《荀子》云:「聰明聖智, 君(不)以窮人.
　　　　齊給速通, 不生(爭)先人.
　　　　剛毅勇敢, 不以傷人.

不知則問, 不能則學.

雖能必讓, 然後爲德.」

【荀子】戰國시대 趙나라 출신의 사상가. 이름은 순황(荀況). 뒤에 漢나라 宣帝 (劉詢)의 이름 '詢'자를 피하여 흔히 '孫卿'으로도 부름.《荀子》를 남김.《史記》 孟荀列傳 참조.

【君以窮人】'君'은 '不'의 오기.〈越南本〉에는 '不以窮人'으로 되어 있으며《荀子》 원문과도 같아 이에 따라 풀이함.

【齊給速通】남의 말에 대응이 아주 민첩하고 빠르며 通曉함. '齊'는 '한결같다, 동등하다'의 뜻이며 '給'은 말솜씨가 민첩하고 고르게 갖추고 있음을 뜻함. 《論語》公冶長篇 "或曰:「雍也仁而不佞.」子曰:「焉用佞? 禦人以口給, 屢憎於人. 不知其仁, 焉用佞?」"의 '口給'과 같음.〈集註〉에 "給, 辨也"라 함

【不生先人】《荀子》원문에 '不爭先人'으로 되어 있으며 이 역시 '不以先人' 이어야 함. 王念孫은 "不爭先人, 當依上下文作'不以先人', 今本'以'作'爭', 涉下文 '與人爭'而誤也"라 함.

참고 및 관련 자료

1.《荀子》非十二子篇

兼服天下之心: 高上尊貴不以驕人, 聰明聖知不以窮人, 齊給速通不爭先人, 剛毅勇敢不以傷人. 不知則問, 不能則學, 雖能必讓, 然後爲德. 遇君則修臣下 之義, 遇鄕則修長幼之義, 遇長則修子弟之義, 遇友則修禮節辭讓之義, 遇賤 而少者則修告導寬容之義. 無不愛也, 無不敬也, 無與人爭也, 恢然如天地之 苞萬物. 如是則賢者貴之, 不肖者親之. 如是而不服者, 則可謂訞怪狡猾之人矣. 雖則子弟之中, 刑及之而宜.《詩》云:『匪上帝不時, 殷不用舊, 雖無老成人, 尙有 典刑. 曾是莫聽, 大命以傾.』此之謂也.

2.《說苑》敬愼篇

高上尊賢, 無以驕人; 聰明聖智, 無以窮人; 資給疾速, 無以先人; 剛毅勇猛, 無以勝人. 不知則問, 不能則學. 雖智必質, 然後辯之; 雖能必讓, 然後爲之;

故士雖聰明聖智, 自守以愚; 功被天下, 自守以讓; 勇力距世, 自守以怯; 富有天下, 自守以廉; 此所謂高而不危, 滿而不溢者也.

3.《韓詩外傳》(6)

吾語子:「夫服人之心, 高上尊貴, 不以驕人; 聰明聖知, 不以幽人; 勇猛强武, 不以侵人; 齊給便捷, 不以欺誣人. 不能則學, 不知則問. 雖知必讓, 然後爲知. 遇君則修臣下之義; 出鄉則修長幼之義; 遇長老則修弟子之義; 遇等夷則修朋友之義; 遇少而賤者則修告道寬裕之義. 故無不愛也, 無不敬也, 無與人爭也. 曠然而天地苞萬物也. 如是, 則老者安之, 少者懷之, 朋友信之.」詩曰:『惠于朋友, 庶民小子. 子孫繩繩, 萬民靡不承.』

4.《孔子家語》三恕篇

聰明叡智, 守之以愚; 功被天下, 守之以讓; 勇力振世, 守之以怯; 富有四海, 守之以謙, 此所謂損之又損之之道也.

5.〈越南本〉에는 "齊給速通, 不生先人"의 구절이 없음.

210(5-109)
술을 탐하지 않으면

현사賢士 박博이 말하였다.

"색깔은 물들이지 않으면 더럽혀질 까닭이 없고,
재물은 탐하지 않으면 해 입을 이유가 없으며,
술은 탐하지 않으면 남에게 저촉될 일이 없게 된다.
남을 가벼이 여기지 않으면 저절로 후덕해지고,
남에게 나서지 않으면 저절로 평안해진다.
마음이 평온하면 원망과 미움이 없어진다."

賢士博曰:

「色不染無所穢, 財不貪無所害, 酒不貪無所觸.

　　不輕他自厚, 不出他自安. 心平則無怨惡.」

【賢士博】賢士로 알려진 博이라는 어떤 인물. 구체적으로는 알 수 없음. 원본
에는 '博'이 '博'으로 되어 있음.

211(5-110)
덕을 쌓되 재물은 쌓지 않는다

노자가 말하였다.
"성인은 덕을 쌓되, 재물은 쌓지 않는다.
 도를 따라 몸을 온전히 할 뿐,
 이익에 집착함은 손해에 해당한다고 여겼다."

老子曰:「聖人積德, 不積財.

　　　軌道全身, 執利於害.」

참고 및 관련 자료

1.《老子》81장
"聖人不積, 旣以爲人己餘有, 旣以與人己愈多. 天之道, 利而不害; 聖人之道,
爲而不爭"이라 하였으나, 본장과 많은 차이가 있음.

212(5-111)*

말이란 입에서 나오는 것

채백개蔡伯喈가 말하였다.
"즐거움과 노함은 마음에 있는 것이며, 말이란 입에서 나오는 것이니,
가히 삼가지 않을 수 없다."

蔡伯喈曰:「喜怒在心, 言出於口, 不可不愼也.」

【蔡伯喈】 이름은 蔡邕(132~192). 자는 伯喈(132~192). 한나라 말기의 학자이며,
예술가·점술가·사부가·산문가. 점술·방술·음악·시문 등에 모두 뛰어났음.
漢나라 靈帝 때 楊賜 등과 六經의 문자를 확정하여
太學門 앞에 六經碑를 세움. 董卓에게 동조하여 中郎
將이 되었으나, 동탁이 패하자 그에 연좌되어 옥사함.
辭章과 音律·書法 등에 모두 뛰어났으며, 저술로
《獨斷》을 남김. 《後漢書》(60)에 전이 있음. 원전에는
'伯喈'가 '伯皆'로 잘못 표기되어 있음.

蔡伯喈(蔡邕)《三才圖會》

213(5-112)

힘써 배우는 것은

위백衛伯이 말하였다.
"너그럽고 은혜로우며 널리 사랑하는 것은, 몸을 수양하는 기본이요.
힘써 배우는 것은, 몸을 세우는 근본이다."

衛伯曰:「寬惠博愛, 養身之基.
　　　　勤學者, 立身之本.」

【衛伯】衛나라 임금이나 方伯이라는 뜻. 衛恒(?~291)
이 아닌가 함. 衛恒은 西晉 때 河東 安邑 사람. 자는
巨山. 衛瓘의 아들이며 衛玠의 아버지. 太子舍人을
거쳐 黃門郞에 오름. 동한 張芝의 서법을 익혀 草書·
章草·隷書·散隷 등에 뛰어났음. 뒤에 아버지와 함께
賈后에게 죽임을 당함. 저서에 《四體書勢》가 있으며,
이는 書藝學에 중요한 문헌으로 평가받고 있음.
시호는 蘭陵貞世子.《晉書》에 전이 있음.
【博愛】博愛와 같음.

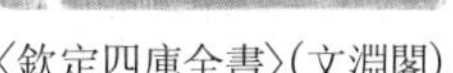

〈欽定四庫全書〉(文淵閣)

214(5-113)
부귀에 처해 있을수록

공자가 말하였다.
"몸이 부귀에 처해 있을수록, 능히 남에게 낮추어 겸손히 할 것이며,
　그리 하면 그 누가 부귀한 자와 함께하려 하지 않겠는가?
　자신이 남의 위에 있을수록, 능히 남을 아끼고 공경할 것이며,
　그리 하면 그 누가 감히 아끼고 공경하지 않을 수 있겠는가?
　자신이 권세의 직위에 있을수록, 행동을 엄숙히 할 것이며,
　그리 하면 그 누가 감히 그를 두려워하지 않겠는가?
　말을 함에 있어 옛 사람의 행동거지와 법에 합당하게 할 것이며,
　그리 하면 그 누가 감히 그 명령을 거역하겠는가?"

子曰:「身居富貴, 而能下人者, 故何人而不與富貴?
　　身居人上, 而能愛敬者, 何人而不敢愛敬?
　　身居權職, 所行嚴肅者, 何人而不敢畏懼也?
　　發言而古動止合規, 何人而敢違命者也?」

【動止】行動擧止의 줄인 말.

215(5-114)
빌려온 남의 책

《안씨가훈顔氏家訓》에 말하였다.
"남의 책을 빌려볼 때는, 모두 아끼고 소중히 다루도록 하라.
이미 해진 부분이나 찢어진 곳이 있었다면,
곧 이를 잘 꿰매어 온전히 해 주어라.
이 역시 사대부의 백 가지 행동 중에 바른 행동의 하나이다."

《顔氏家訓》曰:「借人典籍, 皆須愛護.
　　先有缺壞, 就爲補治.
　　此亦士大夫, 百行之一也.」

【顔氏家訓】北朝 때 顔之推(531~591?)가 자손들을 경계하는 글을 모아 가훈
　　으로 쓴 책. 모두 7권 20편으로 되어 있음.
【缺壞】〈越南本〉에는 '缺害'로 되어 있음.
【士大夫】관직을 가지고 있거나 공부하는 학자로서 남에게 모범을 보여야 할
　　신분. 〈越南本〉에는 '士夫'로 되어 있음.

참고 및 관련 자료

1. 《顔氏家訓》治家篇

借人典籍, 皆須愛護, 先有缺壞, 就爲補治, 此亦士大夫
百行之一也. 濟陽 江祿, 讀書未竟, 雖有急速, 必待卷
束整齊, 然後得起, 故無損敗, 人不厭其求假焉. 或有
狼籍几案, 分散部帙, 多爲童幼婢妾之所點汙, 風雨蟲
鼠之所毀傷, 實爲累德. 吾每讀聖人之書, 未嘗不肅敬
對之; 其故紙有五經詞義, 及賢達姓名, 不敢穢用也.

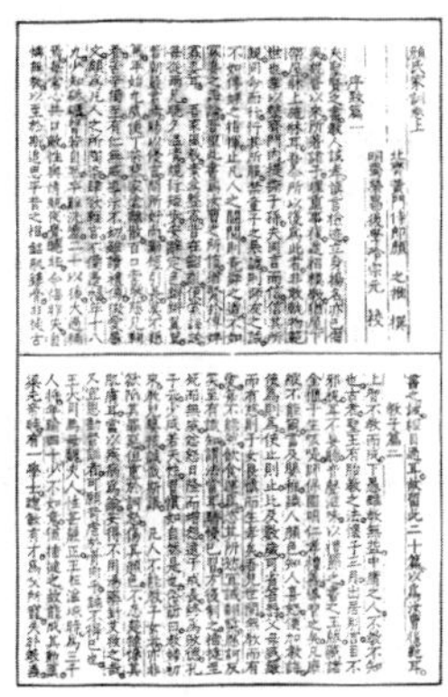

北齊 顔之推《顔氏家訓》

216(5-115)*
썩은 나무는 조각할 수 없다

재여宰予가 낮잠을 자거늘 공자가 말하였다.
"썩은 나무는 조각할 수 없고,
분토의 담장은 더 이상 흙을 바를 수가 없다."

宰予晝寢. 子曰:

「朽木不可雕也. 糞土之牆, 不可汙也.」

【宰予】 공자의 제자. 자는 宰我, 혹은 子我.
【朽木】 썩은 나무(腐木).
【糞土】 더러운 흙.
【汙】 '杇'자의 오기. 원래 名詞로는 흙손. 벽을 바르는 연장. 動詞로는 '흙을
바르다'의 뜻. 음은 '오'. 〈集註〉에 "杇, 鏝也"라 함.

참고 및 관련 자료

1. 《論語》 公冶長篇

宰予晝寢. 子曰:「朽木不可雕也, 糞土之牆不可杇也; 於予與何誅?」子曰:
「始吾於人也, 聽其言而信其行; 今吾於人也, 聽其言而觀其行. 於予與改是.」

2. 〈集註〉

言其志氣昏惰, 敎無所施也.

217(5-116)*
자허원군의 〈성유심문誠諭心文〉

자허원군紫虛元君의 〈성유심문誠諭心文〉에 말하였다.
"복은 청렴하고 검소한 데에서 생기고,
덕은 낮추고 물러서는 데에서 생기며,
도는 평안히 하고 고요히 하는 데에서 생기며,
명은 화평하고 맑은 데에서 생기며,
근심은 많은 욕심에서 생겨나고,
화는 많은 탐욕을 부리는 데에서 생기며,
허물은 경솔하고 거만한 데에서 생기며,
죄는 어질지 못한 데에서 생겨난다.
눈은 남의 그릇됨을 보지 않도록 경계하고,
입은 남의 단점을 말하지 않도록 경계하며,
마음은 스스로 탐내고 성내지 않도록 경계하며,
몸은 악한 짝을 따르지 않도록 경계하라.
무익한 말을 마구 내뱉지 말고,
자신과 관계없는 일에 마구 간섭하지 말라.
묵묵히 하고 또 묵묵히 하면,
끝없는 신선의 길도 이를 따라 터득할 수 있으며,

용서하고 용서하면, 천만 가지 재앙도 한꺼번에 사라지며,
참고 또 참으면, 빚쟁이나 원수도 이로부터 없어지며,
그치고 또 그치면, 세상을 덮을 공명의 권세라도 나를 어쩌지 못한다.
임금을 존경하고 부모에게 효도하며,
어른을 공경하고 덕 있는 이를 받들고,
어진 이 어리석은 이를 구별하며 무식한 사람을 용서하라.
물건이 순리에 맞게 오거든 거역하지 말고,
물건이 이미 떠났거든 뒤쫓지 말라.
몸이 아직 때를 만나지 못했거든 바라지 말고,
일이 이미 지나갔거든 생각지 말라.
총명한 사람이라 해도 어두울 때가 많고,
셈이 빠른 사람이라 해도 틀림없음을 놓칠 때가 있는 법이다.
남을 손해나게 하면 끝내 자신이 잃게 되고,
세력에 기대었다가는 화가 이를 따라온다.
마음에 이를 경계하고, 기氣에 이를 지켜내어라.
절약하지 않았다가 집을 망치고,
청렴하지 못한 이유로 지위를 잃는다.
그대에게 권하노니 스스로 평소에 이를 경계하라.
가히 한탄스럽고 가히 경계할 만하며 가히 두려워할 일이로다.
위로는 이를 하늘 거울이 임하여 지켜보고 있고,
아래로는 땅의 신령이 이를 살피고 있다.
밝은 곳에서는 왕법王法이 서로 이어져 왔고,
어두운 곳에서는 귀신이 서로 따라다니고 있다.
오직 바른 것은 지킬 만한 것이요,
마음이란 속일 수가 없는 것이다.
경계하고 또 경계하라.”

紫虛元君〈誠諭心文〉:

　　「福生於淸儉, 德生於卑退,
　　　道生於安靜, 命生於和暢,

患生於多慾, 禍生於多貪,

過生於輕慢, 罪生於不仁.

戒眼莫看他非, 戒口莫談他短,

戒心莫自貪嗔, 戒身莫隨惡伴.

無益之言莫妄說, 不干己事莫妄爲.

黙黙黙, 無限神仙從此得;

饒饒饒, 千災萬禍一齊消;

忍忍忍, 債主寃家從此盡;

休休休, 蓋世功名不自由.

尊君王孝父母, 敬尊長奉有德, 別賢愚恕無識.

物順來而勿拒, 物旣去而勿追,

身未遇而勿望, 事已過而勿思.

聰明多暗昧, 算計失便宜.

損人終自失, 倚勢禍相隨.

戒之在心, 守之在氣.

爲不節而亡家, 因不廉而失位.

勸君自警於平生. 可嘆可驚而可畏.

上臨之以天鑑, 下察之以地祇.

明有王法相繼, 暗有鬼神相隨.

惟正可守, 心不可欺. 戒之戒之.」

【紫虛元君】紫虛는 이름이며 元君은 道敎에서 부르는 女神의 높은 칭호. 도교의
지도자. 〈通俗本〉 注에 "紫虛元君, 道家者流"라 함.
【誠諭心文】紫虛元君이 지은 道敎의 경전 문장. 진실로 마음을 바르게 깨우치
도록 하는 發願文의 일종. 〈越南本〉에는 '戒諭心文'으로 되어 있어 '誠'은 '誡'의
오자가 아닌가 함.

【戒心莫自貪嗔】〈越南本〉에는 ‘戒心莫恣貪嗔’으로 되어 있음.

【便宜】편리하고 마땅함. 아주 적절함을 표현하는 백화어. 뒤에는 ‘물건의 값이
싸다’는 뜻으로 轉義되기도 하였음.

【倚勢禍相隨】〈抄略本〉에는 ‘依勢禍相隨’로 되어 있음.

【守之在氣】〈越南本〉에는 ‘守之在志’로 되어 있음.

【勸君自警於平生】〈越南本〉에는 ‘勸君自儆於平生’으로 되어 있음.

【可嘆可驚而可畏】〈越南本〉에는 ‘可驚’이 ‘可儆’으로 되어 있으며, 〈通俗本〉에는
‘可歎可警而可思’로 되어 있음.

【天鑑】〈越南本〉에는 ‘天神’으로 되어 있음.

【明有王法】〈通俗本〉에는 ‘明有三法’으로 되어 있음.

【惟正可守】〈越南本〉에는 ‘惟志可守’로 되어 있음.

참고 및 관련 자료

1. 〈抄略本〉에는 “默默默, 無限神仙從此得; 饒饒饒, 千災萬禍一齊消; 忍忍忍,
債主冤家從此盡; 休休休, 蓋世功名不自由.”의 40자가 생략되어 있음.

218(5-117)
다섯 가지 불효

《맹자》에 말하였다.
“세속에 소위 불효라는 것으로 다섯 가지가 있다.
그 사지四支를 게을리하여,
부모의 봉양을 거들떠보지 않는 것이, 첫째 불효이다.
도박과 장기에 빠지거나, 술 마시기만을 좋아하여,
부모 봉양을 거들떠보지 않는 것이 둘째 불효이다.
그리고 재물을 좋아하여 처자에게는 사사로이 베풀면서
부모 봉양을 거들떠보지 않는 것이, 셋째 불효이다.

이목의 욕심을 좇아, 부모가 죽어도 좋도록 여김이, 넷째 불효이다.
용맹을 좋아하여 싸움질만 하면서,
부모를 위태롭게 하는 것이, 다섯째 불효이다."

《孟子》曰:
「世俗所謂不孝者五:
惰其四肢, 不顧父母之養, 一不孝也.
博奕, 好飮酒, 不顧父母之養, 二不孝也.
好貨財, 私妻子, 不顧父母之養, 三不孝也.
從耳目之欲, 以爲父母戮, 四不孝也.
好勇鬪狠, 以危父母, 五不孝也.」

【四肢】 온몸. 몸뚱이, 두 팔과 두 다리. 몸을 사리지 않고 힘쓸 일을 뜻함.《孟子》
원본에는 '四支'로 되어 있음.
【戮】 '모욕을 주다'의 뜻.
【好勇鬪狠】《孟子》〈四部刊要本〉에는 '狠'이 '很'으로 되어 있으나 '狠'이
의미상 옳은 것으로 봄. 很(狠)은 '사납게 굴다'의 뜻.

참고 및 관련 자료

1.《孟子》離婁章(下)
公都子曰:「匡章, 通國皆稱不孝焉. 夫子與之遊, 又從而禮貌之, 敢問何也?」
孟子曰:「世俗所謂不孝者五: 惰其四支, 不顧父母之養, 一不孝也; 博弈好飮酒,
不顧父母之養, 二不孝也; 好貨財, 私妻子, 不顧父母之養, 三不孝也; 從耳目
之欲, 以爲父母戮, 四不孝也; 好勇鬪很, 以危父母, 五不孝也. 章子有一於
是乎? 夫章子, 子父責善而不相遇也. 責善, 朋友之道也; 父子責善, 賊恩之大者.
夫章子, 豈不欲有夫妻子母之屬哉? 爲得罪於父, 不得近. 出妻屛子, 終身不養焉.
其設心以爲不若是, 是則罪之大者, 是則章子已矣.」

6. 안분편 安分篇 第六

"凡八十二條"
모두 18장이다.
이는 앞머리 目錄에 '十八條'라 하여 잘못 표기된 것임.

"자신의 분수에 만족하기를 권한 글들"

〈觀荷圖〉(淸, 金農)

219(6-1)*
탐욕에 힘쓰면

《경행록》에 말하였다.
"족함을 알면 즐거움을 누릴 수 있으나,
 탐욕에 힘쓰면 근심 속에 살게 된다."

《景行錄》云:「知足可樂, 務貪則憂.」

220(6-2)*
가난하고 천해도

"족함을 아는 자는, 가난하고 천해도 역시 즐거움을 느끼지만,
 족함을 모르는 자는, 부하고 귀해도 역시 근심에서 벗어나지 못한다."

「知足者, 貧賤亦樂;
不知足者, 富貴亦憂.」

【貧賤】 '富貴'에 상대되는 말로 貧富는 물질적인 것, 貴賤은 지위나 신분에 대한
 구분.

참고 및 관련 자료

1. 본 문장에 이어 〈抄略本〉에는 다음 구절이 더 있음.

○「濫想徒傷神, 妄動反致禍.」

(넘친 생각은 한갓 정신만 상하게 하고, 망령된 행동은 도리어 재앙만 불러
온다)

2.《儒家龜鑑》(休靜)

知足者, 貧賤亦樂; 不知足者, 富貴亦憂.

221(6-3)*
그침을 알면

"족함을 알면 언제나 풍족하여, 종신토록 욕됨을 입지 아니하고,
　그침을 알면 언제라도 그칠 수 있어, 종신토록 치욕이 없게 될 것이다."

「知足常足, 終身不辱.
　知止常止, 終身無恥.」

【無恥】〈抄略本〉에는 '無耻'로 되어 있음.

참고 및 관련 자료

1.《老子》44장

知足不辱, 知止不殆.

2.《昔時賢文》

知足常足, 終身不辱. 知止常止, 終身不恥.

3. 清 金纓《格言聯璧》惠言類와《增廣賢文》에도 실려 있음.

4. 본 장에 이어 〈抄略本〉에는 다음 구절이 더 있음.

○ 書曰:「滿招損, 謙受益.」

(《서경》에 말하였다. "가득하면 손해를 부르고, 겸손하면 이익을 받는다.)

이는《尙書》大禹謨篇에 실려 있으며 관련 사항은 103을 볼 것.

222(6-4)
내려다보면

"위로 견주어 보면 부족하나,
아래로 비교해 보면 여유가 있게 마련이다."

「將上不足, 比下有餘.」

참고 및 관련 자료

1. 〈越南本〉은 처음(219)부터 이곳까지를 하나의 장으로 처리하였으며,
출전을《景行錄》이라 함. 아울러 문자도 일부 차이가 있음.

223(6-5)
아래로 보면

"아래로 비교하여 보면,
　삶에 부족함이 있을 수 없다."

「若比向下, 生無有不足者.」

224(6-6)*
인간 세상에 살고 있지만

《격양시擊壤詩》에 말하였다.
"분수에 평안히 여기면 몸에 욕됨이 없을 것이요,
　기미를 알면 마음이 저절로 한가로워질 것이다.
　비록 인간 세상에 살고 있지만,
　도리어 인간 세상을 벗어난 것처럼 될 것이다."

《擊壤詩》云:「安分身無辱, 知幾心自閑.
　　　　　雖居人世上, 却是出人間.」

【擊壤詩】程頤의 《伊川擊壤集》을 가리킴. 이천(1033~1107)은 자는 正叔, 廣平
先生이라 불렀으나 이천(伊川, 지금의 洛陽 남쪽)에 살아 흔히 伊川先生이라
불렸음. 그의 형 程顥(明道先生)와 더불어 北宋 理學 四派 즉, 濂溪學派(周敦頤),
百源學派(邵雍), 關學派(張載)와 더불어 洛學派의 대표적인 인물이며 小程子로
불림. 이들 학통이 南宋 閩學派(朱熹)에게로 이어진 것임. 〈抄略本〉과 〈通俗本〉
에는 모두 '安分吟'으로 되어 있음.
【知幾心自閑】 '幾'는 幾微. 작은 원리. 微細하나 큰 天理. 그러나 〈通俗本〉에는
'知機心自閒'으로 되어 있음.
【人間】 인간 세상. 속세. 사람 사는 세상.

참고 및 관련 자료

1. 〈抄略本〉과 〈通俗本〉에는 이 구절의 출처를 '安分吟'이라 하였음.

2. 《昔時賢文》

有容德乃大, 無欲心自閑.

225(6-7)
신동시

《신동시神童詩》에 말하였다.
"장수나 요절은 명에 달린 것이 아니요,
 궁함과 통함은 각기 때가 있는 것이다.
 길을 잃고 길에 공연히 힘만 들이고 있으나,
 중간 정도의 분수가 곧 편하고 마땅한 것이다."

《神童詩》云:「壽夭莫非命, 窮通各有時.
　　　　　　迷途空役役, 中分是便宜.」

【神童詩】宋代 어린이의 시를 모은 책으로 五言絶句 천여 수를 수록하고 있음.
【壽夭】장수함과 요절함.
【迷途】길을 잃고 헤맴. 미혹한 길에 들어섬.
【中分】중간 정도의 분수. 〈越南本〉에는 '安分'으로 되어 있음.
【便宜】편리하고 마땅함. 아주 적절함을 표현하는 백화어. 뒤에는 '물건값이
　　싸다'는 뜻으로 轉義되기도 하였음.

참고 및 관련 자료

1. 〈越南本〉에는 '神童詩云'이 '擊壤詩曰'로 되어 있어 출전을 '擊壤詩'라 하였음.

226(6-8)
누구나 바라는 부귀

공자가 말하였다.
"부와 귀함은, 사람이면 누구나 바라는 것이다.
그러나 도에 맞지 않은데도 이를 얻게 된다면 거기에 처해서는 안 된다.
가난함과 천함은, 사람이라면 누구나 싫어한다.
그러나 도에 맞지 않은데도 자신에게 찾아왔다면, 이를 버릴 수도 없다."

子曰:「富與貴, 是人之所欲也. 不以其道得之, 不處也.
　　　貧與賤, 是人之所惡也. 不以其道得之, 不去也.」

【貧與賤】 이 구절 다음의 "不以其道得之"는 의미상으로 '바른 道로써 물리
　치지 못함'으로 보아야 함. 王充은 《論衡》 問孔篇에서 "貧賤何故當言『得之』?
　顧當言: 貧與賤, 是人之所惡也; 不以其道去之, 則去也"라 하였음.

참고 및 관련 자료

1. 《論語》 里仁篇
子曰:「富與貴, 是人之所欲也; 不以其道得之, 不處也. 貧與賤, 是人之所惡也;
不以其道得之, 不去也. 君子去仁, 惡乎成名? 君子無終食之間違仁, 造次必於是,
顚沛必於是.」

2. 《論衡》 問孔篇
夫言不以其道得富貴, 不居, 可也; 不以其道得貧賤, 如何? 富貴顧可去, 去貧賤
何之? 去貧賤, 得富貴也; 不得富貴, 不去貧賤. 如謂得富貴不以其道, 則不去
貧賤邪? 則所得富貴, 不得貧賤也. 貧賤何故當言「得之」? 顧當言「貧與賤, 是人
之所惡也, 不以其道去之, 則不去也」當言「去」, 不當言「得」.「得」者, 施於得之也.
今去之, 安得言「得」乎? 獨富貴當言「得」耳. 何者? 得富貴, 乃去貧賤也.

227(6-9)
뜬구름 같은 부귀

공자가 말하였다.

"의롭지 못하면서 부富하고 게다가 귀해지는 일이란,
나에게 있어서는 뜬구름과 같다."

子曰:「不義而富且貴,
　　　於我如浮雲.」

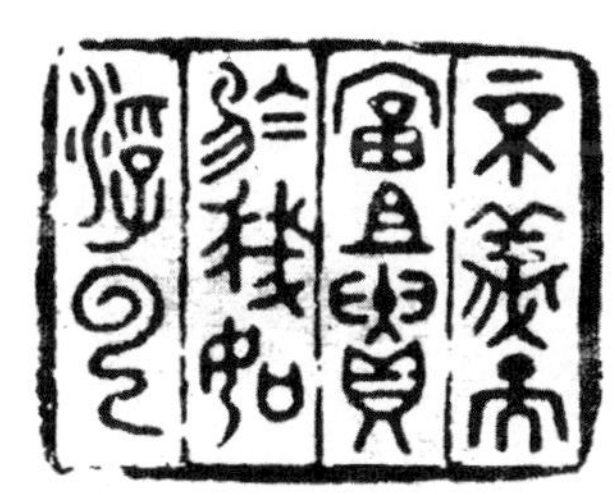

"不義而富且貴, 於我如浮雲"篆刻작품

참고 및 관련 자료

1.《論語》述而篇
子曰:「飯疏食飮水, 曲肱而枕之, 樂亦在其中矣. 不義而富且貴, 於我如浮雲.」
2.〈集註〉
聖人之心, 渾然天理, 雖處困極, 而樂亦無不在焉. 其視不義之富貴, 如浮雲之
無有, 漠然無所動於其中也.
3.〈越南本〉에는 226장의 뒤에 이 구절을 이어 하나의 장으로 처리하였음.

228(6-10)
영광과 치욕

노자가 말하였다.
"그 영화를 알고, 그 욕됨을 지켜라."

老子曰:「知其榮, 守其辱.」

참고 및 관련 자료

1. 《老子》 28장

知其榮, 守其辱, 爲天下谷. 爲天下谷, 常德乃足, 復歸於樸.

229(6-11)
남을 원망하지 아니하고

《순자》에 말하였다.
"스스로 아는 자는 남을 원망하지 아니하고,
 명을 아는 자는 하늘을 원망하지 아니한다.
 남을 원망하는 자는 궁하고,
 하늘을 원망하는 자는 뜻이 없는 것이다.
 자신에게 잃을 것을 남에게 되돌린다면,
 어찌 우활迂闊한 짓이 아니겠는가?
 영화와 욕됨의 큰 것이란,
 안위와 이해의 떳떳한 본체를 지켜내는 일이다.
 의를 먼저하고 이익을 뒤로 하는 자는 영화로울 것이요,
 이익을 먼저하고 의를 뒤로 하는 자는 욕됨을 입으리라.
 영화로운 자는 항상 통달하고,
 욕을 입는 자는 항상 궁하게 된다.
 통달한 자는 언제나 남을 제압할 수 있고,
 궁한 자는 언제나 남에게 제압을 당한다.
 이것이 영화와 욕됨의 커다란 구분이다."

《荀子》云:

「自知者不怨人, 知命者不怨天.

怨人者窮, 怨天者無志.

失之己, 反之人.

豈不亦迂哉?

榮辱之大, 守安危利害之常體.

先義而後利者榮, 先利而後義者辱.

榮者常通, 辱者常窮.

通者常制人, 窮者常制於人.

是榮辱之大分也.」

【荀子】戰國시대 趙나라 출신의 사상가. 이름은 순황(荀況). 뒤에 漢나라 宣帝(劉詢)의 이름 '詢'자를 피하여 흔히 '孫卿'으로도 부름.《荀子》를 남김. 《史記》孟荀列傳 참조.

【制於人】남에게 통제·제압을 당함. '於'는 피동형으로 쓰임.

【不怨天】《論語》憲問篇에 "子曰:「莫我知也夫!」子貢曰:「何爲其莫知子也?」子曰:「不怨天, 不尤人, 下學而上達. 知我者其天乎!」"이라 함.

참고 및 관련 자료

1.《荀子》榮辱篇

自知者不怨人, 知命者不怨天. 怨人者窮, 怨天者無志. 失之己, 反之人, 豈不迂乎哉? 榮辱之大分, 安危利害之常體: 先義而後利者榮, 先利而後義者辱. 榮者常通, 辱者常窮, 通者常制人, 窮者常制於人, 是榮辱之大分也. 材愨者常安利, 蕩悍者常危害, 安利者常樂易, 危害者常憂險, 樂易者常壽長, 憂險者常夭折, 是安危利害之常體也.

2. 〈越南本〉에는 "《荀子》曰:「自知者不怨人, 知命者不怨天. 怨人者窮, 怨天
者無志. 先義而後利者榮, 先利而後義者辱. 榮者常通, 辱者常窮. 通者常制人,
窮者常制於人. 是榮辱之大分也.」"라 하여 일부를 생략하고 있으며, 앞의
228장이 이 다음에 있음.

230(6-12)
좋은 국수

"운명이 거친 밥을 먹도록 되어 있다면,
비단 체로 친 좋은 국수는 생각지 말라."

「命含喫麤食, 莫思重羅麵.」

【喫麤食】 끽(喫)은 백화어의 '吃'(먹다)과 같으며, 추(麤)는 '麤'와 같으며 조(粗)와
같음. '거칠고 조악하다'의 뜻.
【羅麵】 비단의 체로 밀가루를 곱게 쳐서 만든 훌륭한 국수. '麵'은 '麪'과 같음.

231(6-13)
수입과 지출

"들어오는 것을 헤아려 보고,
나가는 것을 헤아려 보라."

「量其所入, 度其所出.」

【度】 '헤아리다'의 뜻. '탁'으로 읽음. 탁지(度支)의 뜻.

참고 및 관련 자료

1. 《禮記》 王制篇의 내용을 축약한 것임.

232(6-14)
군자라야 궁할 수 있다

공자가 말하였다.
"군자라야 진실로 궁할 수 있다.
소인은 궁하면 이에 넘치고 만다."

子曰:「君子固窮, 小人窮斯濫矣.」

1. 《論語》衛靈公篇

衛靈公問陳於孔子. 孔子對曰:「俎豆之事, 則嘗聞之矣; 軍旅之事, 未之學也.」
明日遂行. 在陳絶糧, 從者病, 莫能興. 子路慍見曰:「君子亦有窮乎?」子曰:
「君子固窮, 小人窮斯濫矣.」

2. 〈集註〉

言君子固有窮時, 不若小人窮則放溢爲非.

233(6-15)
줄이고 줄여라

"먹는 것을 줄이고, 쓰는 것을 줄이며, 남에게 요구하는 것을 줄여라."

「省喫, 省用, 省求人.」

【省喫】 '省'은 '생'으로 읽으며 '줄이다, 덜다'의 뜻. '喫'은 백화어 '吃'과 같음. '음
식을 먹다'의 뜻.

234(6-16)
나물뿌리 씹는 맛

왕신민汪信民이 일찍이 말하였다.
"사람이 항상 나물뿌리를 씹어 먹는 고통을 겪어보면,
그 무슨 일이라도 할 수 있으리라."

汪信民嘗言:「人常咬得菜根, 則百事可做」

【汪信民】宋나라 때의 학자 汪革. 자는 信民. 淸溪先生이라 부름. 撫州 臨川人
으로 呂希哲의 門人이며 哲宗 4년에 進仕에 급제,
長沙, 宿州, 楚州 등의 敎官을 역임함. 40세에
죽었으며 《淸溪類稿》, 《論語直解》 등이 있음.
《新安文獻志》 권 77에 사적이 실려 있음. 明代
洪自誠(洪應明)은 이 구절을 취하여 《菜根譚》을
짓게 됨.

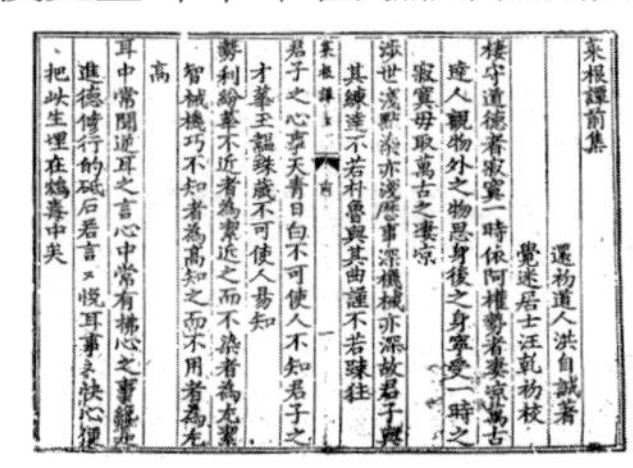

明, 洪自誠(洪應明) 《菜根譚》

참고 및 관련 자료

1. 南宋 呂本中의 《東萊呂紫微師友雜志》에 "汪信民嘗言:「人常咬得菜根, 則百
事可做」"라 하였고, 朱熹의 《小學》(外篇) 善行篇에도 "汪信民嘗言:「人常咬得
菜根, 則百事可做」 胡康侯聞之, 擊節嘆賞. 集說: 陳氏曰: 信民, 名革, 臨川人.
康侯, 文定公字也. 人能甘淡泊, 而不以外物動心, 則可以有爲矣. 擊節, 一說,
擊手指節; 一說, 擊器物爲節, 皆通. 嘆, 嗟嘆賞, 稱賞. 朱子曰:「學者, 須常以
志士不忘在溝壑爲念, 則道義重而計較死生之心輕矣. 況衣食外物, 至微末事,
不得未必便死, 亦何用義犯犯分投心投志, 營營以求之耶! 某觀今人, 因不能
咬菜根, 而至於違其心者, 衆矣. 可不戒哉!」"라 함.

2.《昔時賢文》

咬得菜根香, 尋出孔顔樂.

3. 본인 역주《菜根譚》을 참조할 것.

4.《小學》外篇 善行 實敬身

汪信民常言:「人常咬得菜根, 則百事可做.」

胡康侯聞之, 擊節嘆賞.

5.《小學集說》

陳氏曰: 信民, 名革, 臨川人. 康侯, 文定公字也. 人能甘淡泊, 而不以外物動心, 則可以有爲矣. 擊節, 一說, 擊手指節; 一說, 擊器物爲節, 皆通. 嘆, 嗟嘆賞, 稱賞. 朱子曰:「學者, 須常以'志士不忘在溝壑'爲念, 則道義重而計較死生之心輕矣. 況衣食外物, 至微末事, 不得未必便死, 亦何用犯義犯分, 投心投志, 營營以求之耶! 某觀今人, 因不能咬菜根, 而至於違其心者, 衆矣. 可不戒哉!」

6.《小學》外篇 善行 實敬身

人能甘淡泊, 而不以外物動心, 則可以有爲矣. 朱子曰:「學者, 須常以'志士不忘在溝壑'爲念, 則道義重; 而計較死生之心輕矣. 況衣食外物, 至微末事, 不得未必便死, 亦何用犯義犯分, 投心投志, 營營以求之耶! 某觀今人, 因不能咬菜根, 而至於違其心者, 衆矣. 可不戒哉!」

235(6-17)
빈천이 본바탕이라면

《중용中庸》에 말하였다.

"부귀가 현재 상태라면 부귀에 맞추어 실행하고,
　빈천이 현재 상태라면 빈천에 맞추어 실행하며,
　이적夷狄에 처하면, 이적에 맞추어 행동하고,
　환난에 처하면, 환난에 맞추어 행동한다."

《中庸》云:「素富貴, 行乎富貴;
　　　　素貧賤, 行乎貧賤;
　　　　素夷狄, 行乎夷狄;
　　　　素患難, 行乎患難.」

《中庸》(四書集註)

【中庸】《禮記》의 편명으로 《大學》과 함께 《論語》·《孟子》와 묶어 남송 때
　朱熹가 「四書」를 편정함.
【素】《中庸》集註에 "素, 猶見在也. 言:「君子但因見在所居之位, 而爲其所當爲,
　無慕乎其外之心也.」"라 함.

참고 및 관련 자료

1. 《中庸》 제14장

君子素其位而行, 不願乎其外. 素富貴, 行乎富貴; 素貧賤, 行乎貧賤; 素夷狄,
行乎夷狄; 素患難, 行乎患難; 君子無入而不自得焉. 在上位不陵下, 在下位不
援上, 正己而不求於人則無怨. 上不怨天, 下不尤人. 故君子居易以俟命, 小人
行險以徼幸. 子曰:「射有似乎君子; 失諸正鵠, 反求諸其身.」

236(6-18)
그 지위에 있지 않거든

공자가 말하였다.

"그 지위에 있지 않거든
그 정사를 도모하지 말라."

子曰:「不在其位, 不謀其政.」

【政】 정치나 행정. 행정 처리의 계획이나 실행, 결정 따위.
【謀】 여기서는 잘잘못을 따져 비평함을 뜻함.

참고 및 관련 자료

1.《論語》泰伯篇
子曰:「不在其位, 不謀其政.」
2.〈集註〉
程子曰:「不在其位, 則不任其事也, 若君大夫問而告者則有矣.」

7. 존심편存心篇 第七

"凡八十三條"
모두 83장이다. 그러나 37, 38은 분장을 하지 않았으며,
이를 감안해도 실제 82장임.

"자신의 마음을 떳떳이 보존하기를 권한 글들"

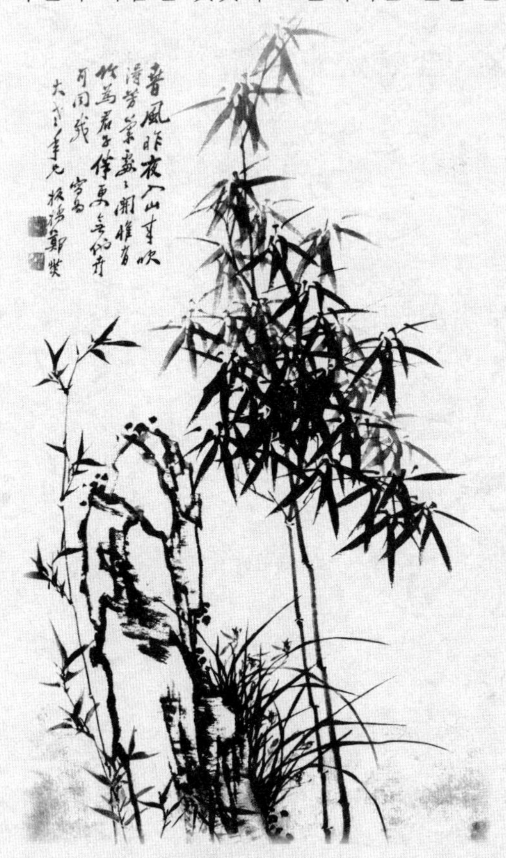

〈蘭竹圖〉(淸, 鄭燮)

237(7-1)*
밀실에 앉아 있어도

《경행록》에 말하였다.
"밀실에 앉아 있어도 마치 큰 거리에 있는 듯이 하며,
 한 치밖에 안 되는 마음 조종하기를 마치 여섯 필 말 다루듯이 하면,
 가히 허물을 벗어날 수 있다."

《景行錄》云:「坐密室如通衢,
馭寸心如六馬,
可免過.」

【通衢】 사통팔달의 공개된 큰 길. 누구나 모두 그 언행을 알 수 있음.
【馭】 '御'와 같음. '조종하다, 어거하다, 다스리다, 통솔하다, 말을 몰다' 등의 뜻.

참고 및 관련 자료

1. 〈越南本〉에는 "《景行錄》云:「坐密室如通衢, 馭寸心如六馬.」"라 하여 '可逸過'가 생략되어 있음.

238(7-2)
몸속에 있어야 할 마음

유대부游大夫의 기록에 말하였다.
"마음이란, 반드시 몸 속에 있도록 해야 한다."

《游大夫錄》:「心, 要在腔子裏.」

【游大夫錄】 游大夫는 宋나라 游醇(游定夫). 《二程遺書》를 기록한 인물 중의
하나로 그가 伊川(程頤)의 어록을 기록한 것임. 이에 따라 〈越南本〉은 '程子曰'로
되어 있음.
【要】 '반드시 ~하도록 하다'의 뜻.
【腔子】 신체의 腔腸. 뱃속. 통으로 공간이 있는 내장들. 마음이란 몸의 어디
엔가 들어 있으니 온몸으로 이를 감지하여 직접 담고 있어야 함을 말함.
'외물의 욕심을 추구하기 위해 마음이 몸 밖에 나와 있어서는 안 된다'는 뜻.

참고 및 관련 자료

1. 《二程遺書》(7)
伊川先生曰:「心, 要在腔子裏」
2. 《近思錄》 道體篇
滿腔子, 是惻隱之心.
3. 《近思錄》 存養篇
心, 要在腔子裏. 只外面有些隙罅, 便走了.
4. 《昔時賢文》
身欲出樊籠外, 心要在腔子裏.

5.《小學》嘉言篇 廣敬身
"心, 要在腔子裏"라 하였으며 〈集註〉에 "朱子曰:「心之爲物, 至虛至靈, 神妙
不測, 常爲一身之主, 而提萬事之綱, 而不可有頃刻之不存者也. 一不自覺, 而馳
騖飛揚, 以徇物欲於軀殼之外, 則一身無主, 萬事無綱, 雖其俯仰顧盼之間, 在己
自不覺其身之所在矣.」又曰:「敬, 便在腔子裏.」라 함.

239(7-3)
좋은 모책

《소서》에 말하였다.
"좋은 모책을 짜내고자 힘쓰는 자는, 악한 일이란 없을 것이며,
　멀리까지를 염려하지 않는 자는, 머지않아 근심이 있게 되느니라."

《素書》云:「務善策者, 無惡事;
　　　　無遠慮者, 有近憂.」

【素書】원래 兵法書의 하나. 고대 黃石公이 지었다 하며, 宋나라 때 張商英이 注를
　한 것이 전함.《黃石公書》라고도 함.

참고 및 관련 자료

1.《論語》衛靈公篇
子曰:「人無遠慮, 必有近憂.」

2. 〈集註〉
蘇氏曰: 「人之所履者, 容足之外, 皆爲無用之地, 而不可廢也. 故慮不在千里之外,
則患在几席之下矣.」

240(7-4)
한 뼘의 땅

"손님이 찾아와 서로 방문하니
어떻게 이 삶을 다스릴꼬?
단지 사방 한 뼘의 땅이 있어
자손에게 농사지어 살도록 해주면 그뿐일세."

「有客來相訪, 如何是治生?
　恒存方寸地, 留與子孫耕.」

【恒存】〈越南本〉에는 '但存'으로 되어 있어 풀이는 이를 따름.

참고 및 관련 자료

1. 南宋 羅大經 《學林玉露》 丙編(권6)
俗語云: 「但存方寸地, 留于子孫耕」指心而言也. ……雖有貧無立錐地者, 有跨
都兼倂者, 但此方寸地, 人人有之. 斂之其細無倫, 充之包八荒, 備萬物, 無界限,
無方體.

2.《全唐詩》(795) 賀公에도 실려 있으며, 그 외에 宋 葉適의《水心文集》(10),
明 田汝成의《西湖遊覽志餘》(5)에도 인용되어 있음.

3.《昔時賢文》

但存方寸地, 留與子孫耕.

4.《增廣賢文》

但存方寸土, 留與子孫耕.

5.〈越南本〉에는 이 문장을 游
定夫의〈詩〉라 하였음.

6.《儒家龜鑑》(休靜)

有客來相訪, 如何是治生? 恒存方寸地, 留與子孫耕.

〈牛耕圖〉魏晉 塼畫, 1972 嘉峪關 戈壁灘 출토

241(7-5)*

부귀를 꾀로써 구할 수 있는 것이라면

《격양시》에 말하였다.
"부귀를 장차 지혜와 힘으로 구할 수 있는 것이라면
공자 같은 이는 어린 나이에 제후로 봉해졌을 것이다.
세상 사람은 하늘의 뜻을 알지 못한 채,
공연히 몸과 마음으로 하여금 한밤중에 근심토록 하는구나."

《擊壤詩》云:

「富貴如將智力求, 仲尼年少合封侯.

　世人不解靑天意, 空使身心半夜愁.」

【擊壤詩】程頤의《伊川擊壤集》을 가리킴. 이천(1033~1107)은 자는 正叔, 廣平
先生이라 불렀으나 이천(伊川, 지금의 洛陽 남쪽)에 살아 흔히 伊川先生이라
불렸음. 그의 형 程顥(明道先生)와 더불어 北宋 理學 四派 즉, 濂溪學派
(周敦頤), 百源學派(邵雍), 關學派(張載)와 더불어 洛學派의 대표적인 인물이며
小程子로 불림. 이들 학통이 南宋 閩學派(朱熹)에게로 이어진 것임.
【仲尼】孔子. 孔丘, 자는 仲尼.
【合封侯】諸侯에 봉해지기에 합당함. 侯는 公侯伯子男의 작위이며 제후로 봉해짐.

242(7-6)*
자신은 우매하면서

범충선공范忠宣公의 〈계자제戒子弟〉 글에 이렇게 말하였다.

"사람이란, 자신은 지극히 우매하지만 남을 책하는 데는 밝으며,

비록 총명하다고 하나 자신을 용서하는 데는 어둡다.

너희들은 다만 항상 남을 책하는 마음으로 자신을 책하고,

자신을 용서하는 마음으로 남을 용서하라.

그렇게 한다면 성현의 지위에 이르지 못함을 걱정하지 않아도 된다."

范忠宣公〈誡子弟〉曰:
「人雖至愚, 責人則明.
雖有聰明, 恕己則昏.
爾曹但當以責人之心責己.
恕己之心恕人.
不患不到聖賢地位也.」

【范忠宣公】范純仁(1027~1101). 자는 堯夫. 文正公 范仲淹의 둘째아들. 胡瑗·孫復에게 배웠으며, 侍御史·同知諫院 등을 역임함. 王安石의 신법에 반대하여 갈등을 빚었으며, 哲宗 때 다시 복권되어 재상에 오름. 시호는 忠宣.《范忠宣公集》이 있음.《宋史》(314)에 전이 있음.

范仲淹(989~1052)

【誡子弟】자제들에게 경계시키기 위한 글이나 말.〈戒子弟〉로도 표기함.

【聰明】원래는 귀로 듣고 잘 알아차리는 똑똑함을 ‘聰’이라 하고, 눈으로 보아 민첩하게 깨닫는 것을 ‘明’이라 하였으나, 이를 묶어 사리에 밝고 영민(靈敏)함을 뜻하는 말로 쓰임.《尙書》堯典에 「昔在帝堯, 聰明文思, 光宅天下」라 하였고, 孔穎達의 疏에 「言聰明者, 據人近驗, 則聽遠爲聰, 見微爲明. ……以耳目之聞見, 喩聖人之智慧, 兼知天下之事」라 함.

【恕己】자신의 잘못에 대해서는 관대함.〈小學集註〉에 "吳氏曰:「恕字之義, 范公蓋以寬恕爲言.」"이라 함.

【爾曹】‘너희들.’당시 백화어. ‘爾’는 ‘你’와 같으며, ‘曹’는 ‘們’과 같음.

【己·人】‘己’는 자기 자신, ‘人’은 남을 의미함.

【不患不到】〈抄略本〉에는 ‘則不患不到’로 되어 있음.

【聖賢地位】〈越南本〉에는 ‘地位’ 두 글자가 없음.

참고 및 관련 자료

1. 淸, 金纓《格言聯璧》持躬類
以恕己之心恕人, 則全交; 以責人之心責己, 則寡過.

2. 元曲《東坡夢》
責人則明, 責己則昏.

3.《增廣賢文》
責人之心責己, 恕己之心恕人.

4.《昔時賢文》
責人之心責己, 愛己之心愛人.

5.《小學》嘉言篇 廣敬身
范忠宣公〈戒子弟〉曰:「人雖至愚, 責人則明; 雖有聰明, 恕己則昏. 爾曹但常以責人之心責己, 恕己之心恕人, 不患不到聖賢地位也.」

243(7-7)
불심

"자신의 마음으로 남의 마음을 비교해 보라,
 이것이 곧 불심佛心이니라."

「將心比心, 便是佛心.」

참고 및 관련 자료

1. 《堅瓠集》(3) 〈銘心訓〉
將心比心.

244(7-8)
자신의 마음으로

"자신의 마음으로,
 남의 마음을 헤아려라."

「以己之心, 度人之心.」

【度】 헤아림. '탁'으로 읽으며, '촌탁(忖度)'의 뜻.

참고 및 관련 자료

1. 〈越南本〉에는 242, 243과 본장을 묶어 范忠宣公의 '戒子書'로 보았음.

245(7-9)
널리 배워 간절히 묻는 것은

《소서》에 말하였다.
"널리 배워 간절히 묻는 것으로써 앎을 넓히고,
 행동은 높이 하되 말은 낮추는 것으로써 몸을 수양하라."

《素書》云:「博學切問, 所以廣知;
　　　　　高行做言, 所以修身.」

【素書】 원래 兵法書의 하나. 고대 黃石公이 지었다 하며, 宋나라 때 張商英이 注
　를 한 것이 전함. 《黃石公書》라고도 함.
【博學】 博學과 같음. 〈越南本〉에는 '博學'으로 되어 있음.
【高行微言】 〈越南本〉에는 '高言微行'으로 되어 있음. 혹 일부 판본에는 '微'자를
　잘못 판독하여 '做'로 된 것도 있음.

1. 《論語》子張篇

子夏曰:「博學而篤志, 切問而近思, 仁在其中矣.」

2. 〈集註〉

程子曰:「博學而篤志, 切問而近思, 何以言仁在其中矣? 學者要思得之. 了此, 便是徹上徹下之道.」又曰:「學不博則不能守約, 志不篤則不能力行. 切問近思 在己者, 則仁在其中矣.」又曰:「近思者以類而推.」蘇氏曰:「博學而志不篤, 則大而無成; 泛問遠思, 則勞而無功.」

3. 〈越南本〉에는 "《素書》云:「博學切問, 所以廣知; 高言微行, 所以修身.」" 이라 함.

246(7-10)
독실히 믿고

공자가 말하였다.

"독실히 믿어 배우기를 좋아하며, 죽음으로써 훌륭한 도를 지켜내어라."

子曰:「篤信好學, 守死善道.」

1. 《論語》泰伯篇

子曰:「篤信好學, 守死善道. 危邦不入, 亂邦不居. 天下有道則見, 無道則隱. 邦有道, 貧且賤焉, 恥也; 邦無道, 富且貴焉, 恥也.」

247(7-11)*
우직함

공자가 말하였다.

"총명하고 생각이 뛰어나더라도, 이를 우직함으로 지켜내고,

공이 천하를 덮는다 해도, 이를 겸양으로 지켜내며,

용기와 힘이 세상에 떨친다 해도, 이를 겁으로 지켜내며,

부유함이 사해를 가질 정도라 해도, 이를 겸손으로 지켜내어라."

子曰:「聰明思智, 守之以愚;

功被天下, 守之以讓;

勇力振世, 守之以怯;

富有四海, 守之以謙.」

【聰明】 원래는 귀로 듣고 잘 알아차리는 똑똑함을 '聰'이라 하고, 눈으로 보아
민첩하게 깨닫는 것을 '明'이라 하였으나, 이를 묶어 사리에 밝고 영민(靈敏)함을
뜻하는 말로 쓰임.《尙書》堯典에「昔在帝堯, 聰明文思, 光宅天下」라 하였고,
孔穎達의 疏에「言聰明者, 據人近驗, 則聽遠爲聰, 見微爲明. ……以耳目之聞見,
喩聖人之智慧, 兼知天下之事」라 함.
【思智】 '叡智'와 같음. 밝은 지혜. 〈抄略本〉에는 '思睿'로 되어 있으며 일부 다른
기록에는 '思知', '聖知' 등으로 되어 있음. 한편 〈越南本〉에는 '瘠知'로 잘못 되어
있음.

1.《荀子》宥坐篇

孔子觀於魯桓公之廟, 有欹器焉. 孔子問於守廟者曰:「此爲何器?」守廟者曰: 「此蓋爲宥坐之器.」孔子曰:「吾聞宥坐之器者, 虛則欹, 中則正, 滿則覆.」孔子 顧謂弟子曰:「注水焉.」弟子挹水而注之, 中而正, 滿而覆, 虛而欹. 孔子喟然而 歎曰:「吁, 惡有滿而不覆者哉?」子路曰:「敢問持滿有道乎?」孔子曰:「聰明 聖知, 守之以愚; 功被天下, 守之以讓, 勇力撫世, 守之以怯; 富有四海, 守之以謙. 此所謂挹而損之之道也.」

2.《韓詩外傳》(8)

故德行寬容, 而守之以恭者榮; 土地廣大, 而守之以儉者安; 位尊祿重, 而守之 以卑者貴; 人衆兵强, 而守之以畏者勝; 聰明睿智, 而守之以愚者哲; 博聞强記, 而守之以淺者不溢. 此六者皆謙德也.

3.《韓詩外傳》(3)

吾, 文王之子, 武王之弟, 成王之叔父也, 又相天子, 吾於天下亦不輕矣. 然一沐 三握髮, 一食三吐哺, 猶恐失天下之士. 吾聞德行寬裕, 守之以恭者, 榮. 土地 廣大, 守之以儉者, 安. 祿位尊盛, 守之以卑者, 貴. 人衆兵强, 守之以畏者, 勝. 聰明叡智, 守之以愚者, 哲. 博聞强記? 守之以淺者, 智. 夫此六者, 皆謙德也

4.《韓詩外傳》(3)

孔子曰:「持滿之道, 抑而損之.」子路曰:「損之有道乎?」孔子曰:「德行寬裕者, 守之以恭; 土地廣大者, 守之以儉; 祿位尊盛者, 守之以卑, 人衆兵强者, 守之 以畏; 聰明睿智者, 守之以愚; 博聞强記者, 守之以淺. 夫是之謂抑而損之.」詩曰:『湯降不遲, 聖敬日躋.』

5.《淮南子》道應訓

孔子觀桓公之廟, 有器焉, 謂之宥卮. 孔子曰:「善哉! 予得 見此器.」顧曰:「弟子取水.」水至, 灌之, 其中則正, 其盈 側覆. 孔子造然革容曰:「善哉, 持盈者乎!」子貢在側曰: 「請問持盈?」曰:「益而損之.」曰:「何謂益而損之?」曰: 「夫物盛而衰, 樂極則悲, 日中而移, 月盈而虧. 是故聰明 睿智, 守之以愚; 多聞博辯, 守之以陋; 武力毅勇, 守之 以畏; 富貴廣大, 守之以儉; 德施天下, 守之以讓. 此五者, 先王所以守天下而弗失也, 反此五者, 未嘗不危也.」

〈孔子像〉 북경고궁
박물관 소장

6.《孔子家語》三恕篇

孔子觀於魯桓公之廟, 有欹器焉. 孔子問於守廟者曰:「此謂何器?」對曰:「此蓋
爲宥坐之器也.」子曰:「吾聞宥坐之器, 虛則欹, 中則正, 滿則覆. 明君以爲至誠,
故常置之於坐側.」顧謂弟子曰:「試注水焉.」乃注之水, 中則正, 滿則覆. 夫子
喟然嘆曰:「嗚呼! 夫物惡有滿而不覆者哉.」子路進曰:「敢問持滿有道乎?」
子曰:「聰明睿智, 守之以愚; 功被天下, 守之以讓; 勇力振世, 守之以怯; 富有
四海, 守之以謙. 此所謂損之又損之之道也.」

7.《文子》九守篇

三皇五帝有戒之器, 命曰宥卮, 其中卽正, 其盈側覆. 夫物盛則衰, 日中則移, 月滿
側虧, 樂終而悲. 是故聰明睿智守以愚, 多聞博辨守以儉, 武力勇毅守以畏, 富貴
廣大守以狹, 德施天下守以讓. 此五者, 先王所以守天下也. 服此道者不欲盈,
夫惟不盈, 是以弊不新成.

8. 清 金纓《格言聯璧》持躬類

聰明睿知, 守之以愚; 功被天下, 守之以讓; 勇力振世, 守之以怯; 富有四海,
守之以謙.

248(7-12)
아첨과 교만

자공이 말하였다.
"가난해도 아첨하지 않아야 하며,
부유해도 교만하지 않아야 한다."

子貢曰:「貧而無諂, 富而無驕.」

【子貢】 공자 제자. 端木賜.

참고 및 관련 자료

1. 《論語》 學而篇
子貢曰:「貧而無諂, 富而無驕, 何如?」 子曰:「可也; 未若貧而樂, 富而好禮者也.」
子貢曰:「《詩》云: 『如切如磋, 如琢如磨』, 其斯之謂與?」 子曰:「賜也, 始可與言
詩已矣, 告諸往而知來者.」

249(7-13)
원망과 교만

공자가 말하였다.
"가난하면서 원망이 없기는 어렵지만,
 부유하면서 교만하지 않기는 쉽다."

子曰:「貧而無怨難, 富而無驕易.」

참고 및 관련 자료

1. 《論語》 憲問篇
子曰:「貧而無怨, 難; 富而無驕, 易.」
2. 〈集註〉
處貧難, 處富易, 人之常情. 然人當勉其難, 而不可忽其易也.

250(7-14)
소옹과 진단의 대화

소강절邵康節이 진희이陳希夷에게 물었다.
"몸 다루는 방법을 구합니다."
진희이는 이렇게 말하였다.
"뜻을 상쾌하게 하는 일은 하고자 해도 될 수 있는 것이 아니며,
편리하고 마땅한 곳이란 두 번 그곳으로 갈 수 없는 것입니다."

邵康節問陳希夷:「求將身之術.」

希夷曰:「快意事不可做得, 便宜處不可再性.」

【邵康節】邵雍. 자는 堯夫(1011~1077). 호는 安樂先生, 시호는 康節. 北宋 理學
百源學派의 대표적 인물이며, 지금의 河南 輝縣 蘇門山 百源에 살아 百源先生
이라 불렸음. 당시 李三才가 鞏城令을 돕고 있다가 穆修에게 전해 오던 〈先天
象數圖〉를 소옹에게 주어 이를 통해 체득하였다 하며, 저술로는 《先天圖》·
《皇極經世》·《觀物篇》 등이 있음. 《宋史》(427) 道學傳에 전이 있음.

【陳希夷】宋나라 학자이며 도인인 진단(陳搏: ?~989). 亳州 眞源 사람으로
자는 圖南. 호는 扶搖子. 武當山 九室巖에 은거하여 도술을 익혔으며, 뒤에 華山
雲臺觀에 거주하며 穀類를 끊고 득도함. 宋 太宗이 그에게 希夷先生이라는
號를 내려주어 흔히 '希夷先生'으로 널리 불림.
《周易》에 심취하였고, 《無極圖》 및 《太極圖》를
지어 이 이론이 周敦頤·邵雍 등에게 이어져 理學
의 발단이 됨. 그 외에 《指玄篇》·《三峰寓言》·
《高陽集》·《釣潭集》·《正易心法》 등이 있으며,
《宋史》(457) 隱逸傳에 전이 있음.

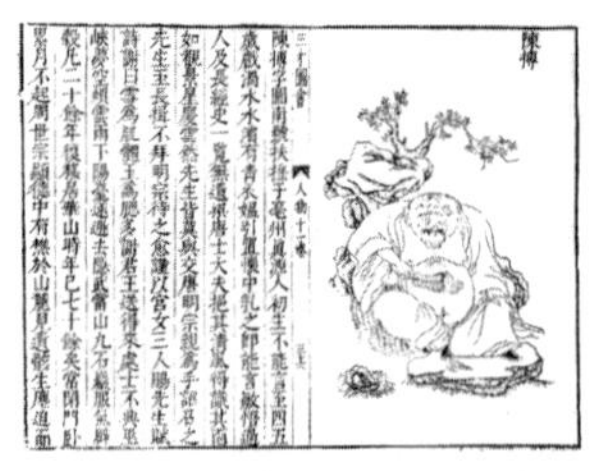

陳搏(圖南)《三才圖會》

【做得】'해낼 수 있음.' 백화어 표현법. 그러나 〈越南本〉에는 '多得'으로 되어
  있어 '많이 얻고자 해서는 안 된다'의 뜻으로 봄. 다음 장을 참조할 것.
【便宜】편리하고 마땅함. 아주 적절함을 표현하는 백화어. 뒤에는 '물건값이
  싸다'는 뜻으로 轉義되기도 하였음.
【不可再性】다시 똑같은 성질이 두 번 있을 수 없음. 그러나 '再性'은 '再往'의
  오기임. 〈越南本〉에는 '再徃'으로 되어 있어 '性'은 '徃(往)'의 오기로 보임. 다음 장
  참조.

참고 및 관련 자료

1. 〈越南本〉에는 앞의 '邵康節問陳希夷: 「求將身之術」'의 구절이 없으며 '陳希
  夷先生曰'로 시작하고 있음.

251(7-15)
고개를 돌려라

"뜻을 얻은 곳에서는,
  얼른 고개를 돌려라."

「得意處, 早廻頭.」

참고 및 관련 자료

1. 〈越南本〉에는 본 장을 앞장과 연결하여 "陳希夷先生曰:「快意事, 不可多得;
  便宜處, 不可再徃; 得意處, 宜早回頭.」"라 하여 朝鮮時代 初刊本 覆刊할 때
  分章을 잘못한 것으로 여겨짐.

252(7-16)
하늘의 숨은 뜻

"총명이란 본래 숨은 하늘의 뜻이 도와주어야 하며,
숨은 하늘의 뜻은 사람을 총명한 길로 인도한다.
하늘의 숨은 뜻을 행하지 않고 자신의 총명을 부렸다가는,
총명이 도리어 총명으로 인한 그르침을 입게 된다."

「聰明本是陰騭助, 陰騭引人聰明路.
　不行陰騭使聰明, 聰明返被聰明悞.」

【聰明】 원래는 귀로 듣고 잘 알아차리는 똑똑함을 '聰'이라 하고, 눈으로 보아 민첩하게 깨닫는 것을 '明'이라 하였으나, 이를 묶어 사리에 밝고 영민(靈敏)함을 뜻하는 말로 쓰임.《尚書》堯典에「昔在帝堯, 聰明文思, 光宅天下」라 하였고, 孔穎達의 疏에「言聰明者, 據人近驗, 則聽遠爲聰, 見微爲明. ……以耳目之聞見, 喻聖人之智慧, 兼知天下之事」라 함.
【陰騭】 '음즐'로 읽음. 보이지 않는 곳의 어떤 큰 도움. 하늘과 신의 도움. 陰德의 다른 말. 일본·중국 등지에《太上感應篇》과 함께《陰騭錄》·《功過格》 등의 책 이름이 보임.
【引人】〈越南本〉에는 '引入'으로 되어 있음.
【悞】 '誤'와 같은 뜻임.

> 참고 및 관련 자료

1. 明, 王九思《碧山新稿》
聰明反被聰明誤.

2. 明, 浚川《送康對山太史歸田》

多才反被多才誤.

3.《昔時賢文》

愛兒不得愛兒憐, 聰明反被聰明誤.

4. 蘇東坡의 〈洗兒〉 시에 「人皆養子望聰明, 我被聰明誤一生. 但願吾兒魯且
陋, 無災無難到公卿」이라 하였고, 明 周楫《西湖二集》(권4)에 「蘇東坡曉得
一生吃虧在聰明二字, 所以有感作這首詩. 然與其聰明反被聰明誤, 不如做個愚
蠢之人, 一生無災無難, 安安穩穩, 做到九棘三槐, 極品垂朝, 何等快活, 何等
自在?」라 함.

253(7-17)
풍수

"풍수風水는 인간 세상에 없을 수 없으나,

모두가 숨은 하늘의 뜻에 의지하여 두 가지가 서로 도와야 하는 것이다.

부귀를 만약 풍수에 의하여 얻을 수 있는 것이라면,

곽박郭璞이 살아 난다해도 역시 도모하기가 어려울 것이다."

「風水人間不可無, 全憑陰騭兩相扶.

　富貴若憑風水得, 在生郭璞也難圖.」

【郭璞】字는 景純(276~324). 晉나라 河東 聞喜人. 經術에 밝고 박학다식하였
으며 점술에도 뛰어났음. 著作佐郎을 지냈으며, 王敦의 記室參軍 등을 지냈음.
元帝 때에 尙書郎을 역임하였으며 王敦의 起兵을 저지하다가 피살되었음.
《爾雅》·《方言》·《穆天子傳》 등에 注를 썼으며《晉書》(72)에 傳이 실려 있음.
원본에는 '郭璞'이 '郭朴'으로 잘못 표기되어 있음.

【風水】 지리 형세와 방위 등으로 길흉화복을 점치는 것.
【人間】 人間世上의 줄인 말. 人世.
【陰騭】 陰德의 다른 말. 보이지 않는 곳의 어떤 큰 도움. 하늘과 신의 도움.
【若憑風水】 〈越南本〉에는 '若從風水'로 되어 있음.
【在生】 〈越南本〉에는 '再生'으로 되어 있어 훨씬 순통함. 풀이는 이를 따름.

254(7-18)
짐승의 마음

"옛 사람은 그 모습이 짐승과 같았으나,
마음은 대성大聖의 덕이 있었다.
지금 사람은 겉은 사람과 같으나,
그 짐승 같은 마음을 어찌 측량할 수 있겠는가?"

「古人形似獸, 心有大聖德;
　今人表似人, 獸心安可測?」

【安可測】 원본에는 '安可側'으로 잘못 표기되어 있음.

参고 및 관련 자료

1. 〈越南本〉에는 본장을 다음의 255, 256장과 연결하여 「古人形似獸, 心有
大聖德; 今人表似人, 獸心安可測? 有心無相, 相自心生. 有相無心, 相自心生.
有相無心象, 橫鉤似月斜; 披毛從此得, 做佛也由他.」라 하였으며, 일부 글자도
차이와 착간이 있음.

255(7-19)
관상

"마음은 있으나 관상에 없다 해도,
관상은 마음을 따라 생겨나는 것이다.
관상에는 있으나 마음이 없다면,
관상은 마음을 따라 소멸되는 것이다."

「有心無相, 相逐心生.
　有相無心, 相隨心滅.」

【有心無相】 관상에는 없다할 지라도 마음 씀씀이가 훌륭하면 좋은 결과를 얻게
　된다는 뜻.
【相逐心生】〈越南本〉에는 '相自心生'으로 되어 있으며 뒤에는 착간이 있음.

256(7-20)
부처가 되는 일

"세 개의 점은 마치 별처럼 생겼고,
굽은 갈고리는 기울어진 달 같구나.
털옷을 뒤집어쓰고 이로써 터득하니,
부처가 됨도 역시 거기에 말미암는구나."

「三點如星象, 橫鉤似月斜;
　披毛從此得, 作佛也由他.」

【橫鉤】굽은 쇠갈고리. 鉤는 원래 허리띠의 고리 부분. 굽은 모습을 말함.
【作佛】〈越南本〉에는 '做佛'로 되어 있음. '做'는 '作'과 같음.
【由他】〈通俗本〉에는 '有他'로 되어 있으나 원본과 〈越南本〉에는 모두 '由他'로
　되어 있어 '그로부터 말미암다'의 뜻임.

참고 및 관련 자료

1. 〈越南本〉은 앞장과 뒤섞인 채 '象, 橫鉤似月斜, 披毛從此得, 做佛也由他'
라 하여 많은 착간이 있음.

257(7-21)
악취를 싫어하듯

《대학》에 말하였다.
"소위 그 뜻을 성실히 한다 함은, 스스로를 속이지 않음을 말한다.
　나쁜 냄새를 싫어하듯 하며, 좋은 미색을 좋아하듯 하라."

《大學》云:「所謂誠其意者, 毋自欺也.
　　　　　　如惡惡臭, 如好好色.」

【惡惡臭】 앞의 ‘惡’는 음이 ‘오’이며, 뒤의 ‘惡’자는 음이 ‘악’임. ‘악취를 싫어함.’
【好好色】 앞의 ‘好’자는 동사, 뒤의 ‘好’자는 형용사. ‘호색을 좋아함.’

참고 및 관련 자료

1. 《大學》誠意章
所謂誠其意者: 毋自欺也, 如惡惡臭, 如好好色, 此之謂自謙. 故君子必愼其獨也!
小人閒居爲不善, 無所不至, 見君子而后厭然, 揜其不善, 而著其善. 人之視己,
如見其肺肝然, 則何益矣? 此謂誠於中, 形於外. 故君子必愼其獨也. 曾子曰:
「十目所視, 十手所指, 其嚴乎!」富潤屋, 德潤身, 心廣體胖. 故君子必誠其意.

258(7-22)
졸렬한 듯이 하라

《도경道經》에 말하였다.
“성실함을 쓰되 우직한 듯이 하며,
　침묵을 사용하되 어눌한 듯이 하며,
　부드러움을 사용하되 마치 졸렬한 듯이 하라.”

《道經》云:「用誠似愚, 用黙似訥, 用柔似拙.」

【道經】 道家의 글을 모은 것, 혹은 道敎의 經典이 아닌가 하나 확실치 않음.

259(7-23)
나의 졸렬함만 같지 못하리

"사람들이 나를 못났다고 말하며,
나 역시 내가 못났다고 말하네.
귀가 있으나 항상 귀머거리처럼 굴고,
입이 있으나 말하지 못하네.
스스로 호걸의 모습을 드러내려 하지 말게,
대적하여 맞섰다가는 오도가도 못한다네.
발이 아프도록 고생만하여 그대 생각과 바꾸어보면
도리어 내 졸렬함만 같지 못하리."

「人皆道我拙, 我亦自道拙.
　有耳常如聾, 有口不會說.
　休自逞豪傑, 橫豎有一跰.
　喫跌敎君思, 返不如我拙.」

【道】'말하다'의 뜻.
【不會】'~하지 못함.'
【休】금지 명령을 표현하는 부사.
【休自逞豪傑】호걸의 기상을 겉으로 드러내지 말도록 권고함. '휴'는 금지명령
　권유어. '逞'은 하고 싶은 대로 마구 행동함을 뜻함. 그러나 〈越南本〉에는 '你自
　逞豪彊'이라 되어 있음.
【橫豎有一跰】'맞대어 대적해 섰다가는 오도가도 못함.' '橫'은 '從'의 상대어로
　대적함을 뜻함. '跰'은 머뭇거리며 나가지 못하는 상태를 뜻함. 가까이 하지
　않기를 권고한 것. 〈越南本〉에는 '一跌'로 되어 있음.
【喫跌】'喫'(吃)은 흔히 백화어로 '고통 따위를 맛보다, 당하다'의 뜻으로 쓰며 이에

의해 '발이 닳도록 고생하면서'의 뜻이 됨. 〈越南本〉에는 '喫趺'로 되어 있음.
【敎君思】〈越南本〉에는 '交君思'로 되어 있음. 이에 따라 풀이함.

참고 및 관련 자료

1. 〈越南本〉에는 '人皆道我拙, 我亦自道拙. 有耳常如聾, 有口不會說. 你自逞
豪彊, 橫竪有一趺. 喫趺交君思, 返不如我拙.'이라 하여 훨씬 뜻이 명확함.

260(7-24)
온갖 공교함

"온갖 공교함과 온갖 성취라 해도,
하나의 졸렬함만 같지 못하다."

「百巧百成, 不如一拙.」

261(7-25)
미래와 과거

"오지 않은 것을 두고 온 희망을 걸지 말며,
지나간 것에 대해 미련을 갖지 말라."

「未來休指望, 過去莫思量.」

【休】'~하지 말라'의 금지명령어.
【莫思量】〈越南本〉에는 '勿思量'으로 되어 있음.

262(7-26)
시간이 넉넉했을 때

"항상 장차 날이 있을 때는 시간이 모자랄 때를 생각하여 대비하고,
때가 없을 때를 만나 시간이 넉넉했을 때를 그리워하지 말라."

「常將有日思無日, 莫待無時思有時.」

참고 및 관련 자료

1.《事林廣記》(9〈治家警語〉),《警世通言》(3),《鏡花緣》(12)
常將有日思無日, 莫待無時思有時.
2.《歧路燈》(85)
寧當有日籌無日, 莫待無時思有時.

263(7-27)
돈이 있을 때는

"돈이 있을 때는 항상 돈이 없었을 때를 기억하고,

몸이 편안하고 즐거울 때는
항상 오관에 병이 들 때가 있을 수 있음을 생각하라.”

「有錢常記無錢日, 安樂常思官病時.」

【官病】'官'은 '五官'. 몸속의 모든 장기와 기능.
【安樂常思官病時】〈越南本〉에는 '安樂須防患難時'로 되어 있음.

참고 및 관련 자료

1. 〈越南本〉에는 259~263장을 하나로 묶어 “人皆道我拙, 我亦自道拙. 有耳
常如聾, 有口不會說. 你自逞豪彊, 橫竪有一跌. 喫跌交君思, 返不如我拙. 百巧
百成, 不如一拙. 未來休指望, 過去勿思量. 常將有日思無日, 莫待無時思有時.
有錢常記無錢日, 安樂須防患難時.”라 하여 일부 표현이 다름.
2. 본《明心寶鑑》治家篇(672)에도 같은 말이 실려 있음.
「有錢常備無錢日, 安樂須防官病時.」

264(7-28)*
얇게 베풀면서

《소서》에 말하였다.
“얇게 베풀면서 큰 보답을 바라는 자는 보답을 받지 못하며,
귀하면서 천한 때를 잊는 자는 오래 가지 못한다.”

《素書》云:「薄施厚望者, 不報;
　　　　　　貴而忘賤者, 不久.」

【素書】원래 兵法書의 하나. 고대 黃石公이 지었다 하며, 宋나라 때 張商英이
注를 한 것이 전함.《黃石公書》라고도 함.
【不久】〈越南本〉에는 '不義'로 되어 있음.

참고 및 관련 자료

1. 〈越南本〉에는 본장과 265~267장을 하나로 묶어《素書》의 글로 보았음.

265(7-29)
사람을 찾아 쓸 바엔

"사람을 찾아 쓸 바엔 모름지기 대장부를 찾을 것이요,
　사람을 살릴 바엔 모름지기 위급할 때
　도움을 얻지 못하는 자를 구제하라."

「求人須求大丈夫, 濟人須濟急用無.」

【大丈夫】《孟子》滕文公(下)에「富貴不能淫, 貧賤不能移, 威武不能屈, 此之謂
　大丈夫」라 하였음.

【急用無】위급한 때에 도움으로 쓸 만한 것이 없음. 다른 인용문 및 〈越南本〉에는 '急時無'라 하여 '위급한 상황에서 도움이 없음'의 뜻으로 하였음.

참고 및 관련 자료

1. 明 蘭陵笑笑生《金甁梅詞話》(제60회)

西門慶看了文契, 還使王經: 「送與你常二叔收了.」 不在話下. 正是: 「求人須求大丈夫, 濟人須濟急時無.」

2.《事林廣記》(9),《淸平山堂話本》,《永樂大全》(19) 등에도 실려 있음.

3.《昔時賢文》

求人須求大丈夫, 濟人須濟急時無.

4.《增廣賢文》

求人須求大丈夫, 濟人須濟急時無.

266(7-30)*
은혜를 베풀었거든

"은혜를 베풀었거든 보답을 구하지 말며,
남에게 주었거든 준 것을 후회하지 말라."

「施恩勿求報, 與人勿追悔.」

267(7-31)
한 치밖에 안 되는 마음

"한 치밖에 안 되는 마음에 어두움을 없애면,
만 가지 법이 모두 밝아진다."

「寸心不昧, 萬法皆明.」

268(7-32)*
담은 크게 갖되

손사막孫思邈이 말하였다.
"담은 크게 가지려 하되, 마음은 작게 가지려 하며,
지혜는 원만히 하고자 하되, 행동은 방정하게 하고자 하라."

孫思邈言:「膽欲大, 而心欲小.
　　　　　智欲圓, 而行欲方.」

【孫思邈】 唐나라 太宗 때 인물로 京兆 사람. 陰陽과 醫術·占術 등에 모두
뛰어난 道人으로, 太白山에 은거하며 관직에 나서지 않았었음.《舊唐書》(191)
方技傳과《新唐書》(196) 隱逸傳에 전이 실려 있음.

【心】 여기서는 욕심을 가리킴.
【方】 모가 남. 여기서는 '方正함, 方直함'을 말함.

1.《舊唐書》(191) 方技傳 孫思邈

孫思邈, 京兆華原人也. 七歲就學, 日誦千餘言. 弱冠善談莊老及百家之說, 兼好
釋典. 洛州總管獨孤信見而歎曰: 「此聖童也. 但恨其器大, 適小難爲用也.」
……又曰: 「膽欲大而心欲小, 智欲圓而行欲方.《詩》曰: 『如臨深淵, 如履薄氷』,
謂小心也; 『赳赳武夫, 公侯干城』, 謂大膽也. 『不爲利回, 不爲義疚』, 行之方也;
『見機而作, 不俟終日』, 智之圓也.」

2.《新唐書》(196) 隱逸傳 孫思邈

孫思邈, 京兆華原人. 通百家說, 善言老子·莊周. 周洛州總管獨孤信見其少,
異之, 曰: 「聖童也. 顧器大, 難爲用爾!」……照隣曰: 「人事奈何?」曰: 「心爲
之君, 君尙恭, 故欲小.《詩》曰: 『如臨深淵, 如履薄氷』, 小之謂也; 膽爲之將,
以果決爲務, 故欲大.《詩》曰『赳赳武夫, 公侯干城』, 大之謂也. 仁者靜, 地之象,
故欲方.《傳》曰『不爲利回, 不爲義疚』, 方之謂也; 智者動, 天之象, 故欲圓.
《易》曰『見機而作, 不俟終日』, 圓之謂也.」

3.《淮南子》主術訓

凡人之論, 心欲小而志欲大, 智欲圓而行欲方, 能欲多而事欲鮮.

4.《昔時賢文》

志宜高而身宜下, 膽欲大而心欲小.

5.《幼學瓊林》人事篇

智欲圓而行欲方, 膽欲大而心欲小.

6.《小學》嘉言篇 廣敬身

孫思邈曰: 「膽欲大, 而心欲小; 智欲圓, 而行欲方」

7.〈小學集註〉

膽大謂敢, 心小謂畏; 智圓謂通變, 行方謂有守.

藥王 孫思邈《三才圖會》

8.《近思錄》爲學篇

孫思邈曰: 「膽欲大而心欲小, 智欲圓而行欲方」可以爲法矣.

269(7-33)*
위험한 다리를 건너듯

"생각하고 생각하되 적과 맞닥뜨린 날과 같이 여기며,
 마음을 쓰고 마음을 쓰되 항상 위험한 다리를 건너듯이 조심하라."

「念念有如臨敵日, 心心常似過橋時.」

【臨敵日】〈抄略本〉에는 '臨戰日'로 되어 있음.

참고 및 관련 자료

1.《昔時賢文》
念念有如臨敵日, 心心常似過橋時.
2.〈越南本〉에는 앞장(268)과 본장을 하나로 묶었음.

270(7-34)
용서하라

《경행록》에 말하였다.
"성의를 다하면 후회가 없을 것이요,
 용서하면 원망이 없을 것이며,

온화하게 하면 원수질 일이 없을 것이요,
참으면 욕됨이 없을 것이니라.”

《景行錄》云:「誠無悔, 恕無怨,

　　　　　　　和無讐, 忍無辱.」

【誠無悔】〈越南本〉에는 ‘誠無侮’로 되어 있음.

참고 및 관련 자료

1. 〈越南本〉에는 본장과 271, 272장을 하나로 묶었음.

271(7-35)*
법을 두려워하면

“법을 두려워하면 아침마다 즐거울 것이요,
공의公義를 속이면 날마다 근심스러울 것이니라.”

「懼法朝朝樂, 欺公日日憂.」

【公】公義. 公法. 公衆大義.

참고 및 관련 자료

1.《昔時賢文》
懼法朝朝樂, 欺公日日憂.

272(7-36)
소심함과 대담함

"조심하면 천하 어디라도 갈 수 있지만,
　너무 담대하면 한 걸음도 옮기기 어렵다."

「小心天下去得, 大膽寸步難移.」

【小心】 백화어로 '조심하다'의 뜻. 마음을 작게 가짐. 욕심을 줄임. 마음을 비움.
【去得】 '갈 수 있다'의 백화어 용법.
【大膽】〈越南本〉에는 '氣剛'으로 되어 있음.. 氣가 지나치게 뻣뻣함.

참고 및 관련 자료

1.《殺狗記》(20),《說岳全傳》(8)
小心天下去得, 大膽寸步難行.
2.《警世通言》(21)
大膽天下去得, 小心寸步難行.

朱熹(朱子)

273(7-37)
사악함이 없다

공자가 말하였다.
"생각에 사악함이 없다."

子曰：「思無邪.」

【思無邪】 원래《詩經》魯頌 駉篇의 구절. 思는 語辭, 즉《詩經》의 표현 언어를
말함.《毛詩鄭箋》에 "思遵伯禽之法, 專心無復邪意也"라 함.

참고 및 관련 자료

1. 본장은 원본에는 다음 장(274)과 연결하여 분장 표시를 하지 않았음.
필자가 이를 분장한 것임.
2.《詩經》魯頌 駉

駉駉牡馬, 在坰之野. 薄言駉者, 有駰有騢, 有驒有魚, 以車袪袪. 思無邪, 思
馬斯徂.
3.《論語》爲政篇
子曰：「詩三百, 一言以蔽之, 曰：『思無邪』.」
4.〈集註〉
凡詩之言, 善者, 可以感發人之善心；惡者, 可以懲創人之逸志. 其用歸於使人
得情性之正而已. 然其言微婉, 且或各因一事而發, 求其直指全體, 則未有若
此之明且盡者. 故夫子言詩三百篇, 而惟此一言足以盡蓋其義, 其示人之意亦
深切矣. 程子曰：「『思無邪』者, 誠也.」范氏曰：「學者, 必務知要, 知要則能守約,
守約則足以盡博矣. 經禮三百, 曲禮三千；亦可以一言而蔽之, 曰：『毋不敬』.」

5. 《近思錄》存養篇

明道先生曰:「思無邪」,「毋不敬」, 只此二句, 循而行之, 安得有差? 有差者, 皆由不敬不正也.

6. 〈越南本〉은 "《詩》曰:「思無邪.」"라 함.

274(7-38)*
병마개를 막듯이

주문공朱文公이 말하였다.
"입을 지키기를 마치 병마개 막듯이 하며,
뜻을 방비하기를 마치 성 지키듯이 하라."

朱文公曰:「守口如瓶, 防意如城.」

【朱文公】 南宋 理學의 대표 인물인 朱子(朱熹: 1130~1200). 송대 理學을 집대성하였으며 閩學派의 영수로 자는 元晦 혹 晦庵, 仲晦. 閩(지금의 福建) 尤溪에 살았으며 二程(程顥, 程頤)의 학문을 이어받았고, 그 외 周敦頤(濂溪), 邵雍(康節) 등의 理學을 집대성함. 〈四書集注〉·〈朱子語錄〉 등 많은 저술을 남겼음. 우리나라 朝鮮에 가장 커다란 영향을 미친 학자이며, 考亭先生이라 부름. 시호는 文公.

朱子(朱熹, 晦庵)《三才圖會》

참고 및 관련 자료

1. 〈越南本〉에는 본장과 다음 장을 하나로 묶었으며, '朱文公曰'은 '朱子曰'로 되어 있음.

2. 《昔時賢文》

守口如甁, 防意如城.

群居守口, 獨坐防心.

275(7-39)
시비와 번뇌

"시비는 단지 입을 많이 여는 데에서 생겨나고,
 번뇌는 모두가 스스로 억지로 나서는 데에서 비롯된다."

「是非只爲多開口, 煩惱皆自强出頭.」

【强】〈越南本〉에는 '彊'으로 되어 있음. 副詞 '억지로'의 뜻. 혹 '강하게'의 뜻.
【出頭】'머리를 내밀다, 나서다'의 뜻.

참고 및 관련 자료

1. 宋 陳元靚《事林廣記》人事類〈處世警言〉

是非只爲多開口, 煩惱皆因强出頭.

2. 元曲《鴛鴦被》(1),《瀟湘雨》(1),《馬陵道》(2)에는 "煩惱皆因强出頭"라 함.

3. 《永樂大全》(41), 《古今小說》(22), 《警世通言》(3)에는 뒤의 구절이 "煩惱皆因巧弄舌"로 되어 있음.

4. 《昔時賢文》

是非只爲多開口, 煩惱皆因强出頭.

5. 《增廣賢文》

是非只爲多開口, 煩惱皆因强出頭.

276(7-40)
말 때문에 원망을 사는 자

《소서》에 말하였다.

"허물이 있어도 모르는 자는, 덮어 쓰인 것이요,

말 때문에 원망을 사는 자는, 화를 입게 된다."

《素書》云:「有過不知者, 蔽;

以言取怨者, 禍.」

【素書】 원래 兵法書의 하나. 고대 黃石公이 지었다 하며, 宋나라 때 張商英이 注를 한 것이 전함. 《黃石公書》라고도 함.

【蔽】 蒙蔽함.

(참고 및 관련 자료)

1. 〈越南本〉에는 "《素書》云:「有過不知者, 自蔽也; 以言取怨者, 自禍也.」"로 되어 있음.

277(7-41)
탐욕

《경행록》에 말하였다.
"탐욕은 밖에서 물건을 쫓아다니는 것이요,
 욕심은 안에서 욕정이 움직이는 것이다."

《景行錄》云:「貪是逐物於外, 欲是情動於中.」

【外】外物을 쫓아다님. 밖으로 욕심을 부림.
【中】마음 속에 안정을 찾지 못하고 격동함. 〈越南本〉에는 錯簡이 심함.

278(7-42)
재물을 아끼되

"군자도 재물을 좋아하되,
 이를 취함에는 그에 맞는 도리가 있다."

「君子愛財, 取之有道.」

【愛財】재물을 얻기를 좋아하고 쓰기를 아까워함.

279(7-43)
도와 가난

"군자는 도를 근심하지, 가난을 근심하지는 않으며,
군자는 도를 도모하지, 먹을 것을 도모하지는 않는다."

「君子憂道, 不憂貧;
　君子謀道, 不謀食.」

참고 및 관련 자료

1.《論語》衛靈公篇
子曰:「君子謀道不謀食. 耕也, 餒在其中矣; 學也, 祿在其中矣. 君子憂道不憂貧」
2.〈集註〉
耕所以謀食, 而未必得食. 學所以謀道, 而祿在其中. 然其學也, 憂不得乎道而已;
非爲憂貧之故, 而欲爲是以得祿也. 尹氏曰:「君子治其本而不卹其末, 豈以自
外至者爲憂樂哉?」
3. 陶淵明〈癸卯歲始春懷古田舍〉詩
先師有遺訓, 憂道不憂貧. 瞻望邈難逮, 轉欲志長勤. 秉耒歡時務, 解顔勸農人.
平疇交遠風, 良苗亦懷新.

280(7-44)
군자와 소인

공자가 말하였다.
"군자는 넓어 탕탕하나,
소인은 언제나 어찌할 줄을 몰라 한다."

子曰:「君子坦蕩蕩, 小人長戚戚.」

참고 및 관련 자료

1.《論語》述而篇
子曰:「君子坦蕩蕩, 小人長戚戚.」
2.〈集註〉
程子曰:「君子循理, 故常舒泰; 小人役於物, 故多憂戚.」程子曰:「君子坦蕩蕩,
心廣體胖.」

281(7-45)
도량이 크면

"도량이 크면 복도 크고,
속임이 깊으면 재앙도 깊다."

「量大福亦大, 機深禍亦深.」

【機】기틀을 가지고 일을 쉽게 하거나, 남을 속여 자신의 편함을 도모하는 것. 진실하고 질박한 행동에 상반되는 의미로, '속임'의 뜻으로도 쓰임.

참고 및 관련 자료

1.〈越南本〉訓子篇 끝에 "雀啄四顧食, 燕寢無疑心. 量大福亦大, 機深禍亦深"이라 함.

282(7-46)
복과 화

"복을 가장 우선으로 삼지 않으면,
화가 가장 앞서지도 않는다."

「莫爲福首, 莫爲禍先.」

참고 및 관련 자료

1.《事林廣記》(9)
莫爲禍首, 莫作福先.
2.〈越南本〉에는 '要爲福首, 莫爲禍先'이라 하여 '복을 머리로 해야지 화를 우선으로 앞세우지 말라'의 뜻으로 되어 있음.

283(7-47)
남의 지붕 위에 내린 서리

"각각 사람마다 자신의 문 앞 눈이나 쓸면 되지,
 남의 지붕 위에 내린 서리는 관여하지 말라."

「各人自掃門頭雪, 莫管他家屋上霜.」

【門頭雪】〈越南本〉에는 '門前雪'로 되어 있음.
【他家】〈越南本〉에는 '他人'으로 되어 있음.

참고 및 관련 자료

1. 明 馮夢龍《警世通言》玉堂春落難逢夫
王定拜別三官而去, 正是:「各人自掃門前雪, 莫管他人瓦上霜.」
2.《昔時賢文》
各人打掃門前雪, 休管他人瓦上霜.

284(7-48)
이렇게 후회할 줄 알았다면

"일찍이 오늘 이렇게 후회할 줄 알았다면, 애당초 하지 않았을 것이다."

「早知今日悔, 不當初.」

285(7-49)*
남을 속일 생각

"마음에 남을 속일 생각이 아니었다면,
　얼굴에 부끄러운 기색이 나타날 일이 없다."

「心不負人, 面無慙色.」

【負人】 '負'는 '欺負', 즉 속임수를 씀. 혹 負擔을 줌. 약속이나 의리를 저버림.
【慙色】 〈抄略本〉에는 '慙色'으로 되어 있음.

참고 및 관련 자료

1. 〈越南本〉에는 277에서 이곳까지를 하나로 묶되, 284는 생략하였으며
글자도 일부 출입이 있음.

286(7-50)
재물과 원한

장자莊子가 말하였다.
"재물을 모을 때에 많은 원한을 사지 않았어도,
　재물이 많으면 사람을 해친다."

莊子云:「求財恨不多, 財多害人已.」

【莊子云】 지금의 《莊子》에는 이 구절이 실려 있지 않음.

287(7-51)
예와 법률

"부자(공자)의 예를 10분의 3만 지켜내어도
　소하蕭何의 여섯 가지 법률을 범하지 않을 수 있다."

「但存夫子三分禮, 不犯蕭何六律條.」

【夫子】 선생님을 뜻하는 호칭. 흔히 공자를 일컫는 말로 쓰임.

【蕭何】蕭相國(?~B.C.193). 沛縣(현재는 江蘇省內에 있음) 사람으로 秦 말기에 劉邦을 도와 병사를 일으켜 공을 세움. 후에 유방은 漢王이 되고 소하는 丞相이 되었으며, 한나라 법을 제정하여 법치의 기틀을 마련함. 원전에는 '簫何'로 잘못 표기되어 있음.

1. 《史記》蕭相國世家 참조.
2. 《蒙求》蕭何定律

前漢, 高祖初入關, 約法三章. 曰:「殺人者死, 傷人及盜抵罪.」蠲削煩苛, 秦民大說. 其後四夷未附, 兵革未息, 三章之法, 不足以禦姦. 於是相國蕭何, 攈摭秦法, 取其宜於時者, 作律九章. 高祖布衣時, 何數以吏事護高祖, 高祖爲沛公, 何嘗爲丞督事. 沛公至咸陽, 諸將皆爭走金帛財物之府, 分之. 何獨先入, 收秦丞相·御史律令圖書藏之. 沛公具知天下阨塞, 戶口多少强弱處, 民所疾苦者, 以何得秦圖書也. 高祖卽位, 論功行封, 以何功最盛, 先封酇侯.

蕭何《三才圖會》

288(7-52)
선은 선양하고

《설원說苑》에 말하였다.
"어진 이를 추천하고 능한 이를 천거하며,
선은 선양하고 악은 억제해야 한다."

《說苑》云:「推賢能擧能, 揚善抑惡.」

【說苑】漢나라 때 劉向(B.C.77~6)이 편찬한 책으로
  모두 20편. 당시까지의 일화와 명언을 모은 것.
【推賢能擧能】 앞의 '能'자는 衍字. 잘못 끼어든 것임.
〈越南本〉 참조.

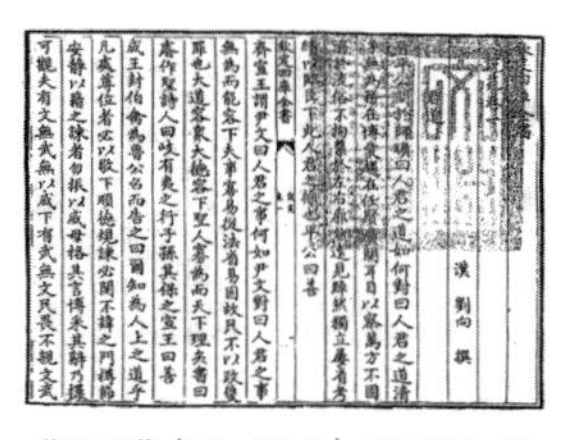

《說苑》(漢, 劉向) 四庫全書

1. 지금의 《說苑》에 똑같은 구절은 실려 있지 않으며, 《漢書》丙吉傳에 "掩過
揚善"이라 함.
2. 〈越南本〉에는 "《說苑》云:「推賢擧能, 掩惡揚善.」"으로 되어 있음.

289(7-53)
한 발 물러서면

《경행록》에 말하였다.
"눈 앞의 내 전지가 좁다고 한탄하지 말라.
 한 발 물러서면 저절로 넓어진다."

《景行錄》云:「休恨眼前田地窄, 退一步自然寬.」

1. 〈越南本〉에는 본 장과 다음의 290, 291을 묶어 "《景行錄》云:「休恨眼前
田地窄, 退後一步自然寬.」"이라 하여 '後'자가 더 있으며 글자 수가 맞음.

290(7-54)*
백 년을 못살면서

"사람은 백 세를 사는 이가 없건만,
공연히 천 년의 계획을 세운다."

「人無百歲人, 枉作千年計.」

【枉】'굽다'의 뜻이나 副詞로 '공연히, 한갓'의 의미이며 '空', '徒', '虛'와 같음.

참고 및 관련 자료

1.《古詩十九首》(15)
生年不滿百, 常懷千歲憂. 晝短苦夜長, 何不秉燭游. 爲樂當及時, 何能待來兹.
愚者愛惜費, 但爲後世嗤. 仙人王子喬, 難可與等期.
2. 宋, 費袞《梁谿漫志》(10) 王梵志(詩)
世無百年人, 强作千年調.
3.《儒家龜鑑》(休靜)
人無百歲人, 枉作千年計.

291(7-55)
자식은 제 복을 타고난다

"아들과 자손은 스스로 그 아들과 자손으로서의 복을 가지고 태어나니,
아들과 자손을 위해 먼 훗날의 근심은 하지 말라."

「兒孫自有兒孫福, 莫與兒孫作遠憂.」

【遠憂】 자식에 대한 먼 뒷날의 근심. 다른 인용문과 〈越南本〉 등에는 '馬牛'
혹 '牛馬' 등으로 표현되어 있음.

참고 및 관련 자료

1. 元 無名氏 《漁樵記》(제3절)
月過十五光明少, 人到中年萬事休. 兒孫自有兒孫福, 莫爲兒孫作馬牛.
2. 《宋詩紀事》(90) 徐神公語錄
兒孫自有兒孫福, 莫與兒孫作馬牛.
3. 關漢卿 《蝴蝶夢》 楔子
月過十五光明少, 人到中年萬事休. 兒孫自有兒孫福, 莫爲兒孫作遠憂.
4. 그 외 앞의 구절은 徐守信의 〈絶句〉, 宋 羅大經의 《鶴林玉露》, 《元曲選》
〈魔合羅〉, 《朱砂擔》, 《永樂大全》(4) 등에도 인용되어 있음.
5. 《增廣賢文》
月過十五光明少, 人到中年萬事休, 兒孫自有兒孫福, 莫爲兒孫作馬牛.
6. 《昔時賢文》
月到十五光明滿, 人到中年萬事休. 兒孫自有兒孫福, 莫與兒孫作馬牛.
7. 〈越南本〉에는 '兒孫自有兒孫福, 莫把兒孫作馬牛.」로 되어 있음.

292(7-56)
어려운 일이란 없다

"세상에 어려운 일이란 없으니,
　모두가 마음을 오로지 하지 않은 데서 말미암을 뿐이다."

「世上無難事, 都來心不專.」

【都來】 '모두가 ～에서 비롯되다'의 백화어 표현법.

참고 및 관련 자료

1.《西遊記》(2)
世上無難事, 只怕有心人.
2.《荊釵記》(8)
世間無難事, 只怕歪絲纏.
3.《韓婦人題紅記》(27)
天下無難事, 只怕有心人.
4.《紅樓夢》(49)
天下無難事, 只要老面皮.
5.《小倉山房尺牘》(4)
天下無易事, 只怕粗心人.

293(7-57)
한 사람과의 인연

"차라리 천 사람의 뜻을 묶을지언정,
 한 사람과의 인연으로 일처리를 하지는 말라."

「寧結千人意, 莫結一人緣.」

【緣】〈越南本〉에는 '寃'으로 되어 있음.

294(7-58)
또 하나 더

《경행록》에 말하였다.
"남의 단점을 말하면서, '또 하나 더'라고 말하지 말라.
 남의 악함을 구제해 주면서, '의로운 일을 했지'라고 말하지 말라."

《景行錄》云:「語人之短, 不曰且;
　　　　　　　濟人之惡, 不曰義.」

295(7-59)
견뎌내기 어려운 일

"견뎌내기 어려운 일을 참아내고, 명석하지 못한 사람을 용서하라."

「忍難耐事, 恕不明人.」

참고 및 관련 자료

1. 〈越南本〉에는 "忍難忍之事, 恕不明之人"(참기 어려운 것을 참아내고,
명철하지 못한 사람을 용서하라)라 하여 뜻이 명확함.

296(7-60)
작은 수치

《경행록》에 말하였다.
"작은 절조를 법으로 여기는 자는, 영예로운 이름을 이룰 수 없고,
　작은 수치를 혐오스럽게 여기는 자는, 큰 공을 세울 수 없다."

《景行錄》云:「規小節者, 不能成榮名.
　　　　　　　　惡小恥者, 不能立大功.」

【小節】작은 절개. 큰일을 위해 무시해도 될 작은 허물 따위.

참고 및 관련 자료

1. 《列子》 力命篇
公子糾敗, 召忽死之, 吾幽囚受辱; 鮑叔不以我爲無恥, 知我不羞小節而恥名
不顯於天下也.
2. 《史記》 管晏列傳
公子糾敗, 召忽死之, 吾幽囚受辱, 鮑叔不以我爲無恥, 知我不羞小節而恥功名
不顯於天下也. 生我者父母, 知我者鮑子也.
3. 《漢書》 陳湯傳
論大功者, 不錄小過; 擧大美者, 不疵細瑕.
4. 〈越南本〉에는 '景行錄云' 네 글자가 없음.

297(7-61)
보시와 지재

"요구하지 않는 것이 보시布施보다 낫고,
삼가 지키는 것이 지재持齊보다 낫다."

「無求勝布施, 謹守勝持齊.」

【布施】 남에게 널리 은혜를 베푸는 일.
【持齊】 '持齋'와 같음. 경건한 태도를 지켜 내어 계율을 엄수하는 것. 〈越南本〉
에는 '持齋'로 되어 있음. '齊'는 '재'로 읽음.

298(7-62)
돈이 없다고

"가벼움을 지켜내어 시끄럽도록 권하지 말며,
돈이 없으면 남을 청하지도 말라."

「守輕莫勸鬧, 無錢莫請人.」

【守輕】〈越南本〉에는 '言輕'으로 되어 있음.
【鬧】시끄럽고 왁자지껄하게 떠드는 것. 勢를 자랑하여 많은 사람이 들끓게
  하는 것.

1. 〈越南本〉에는 앞의 여러 장을 묶었으며, 아울러 이와 달리 "世上無難事,
都來心不專. 寧結千人意, 莫結一人寃. 忍難忍之事, 恕不明之人. 規小節者, 不能
成榮名. 惡小恥者, 不能立大功. 無求勝布施, 謹守勝持齋. 言輕莫勸鬧, 無錢
莫請人."이라 하여 표현이 일부 다름.

299(7-63)*
구래공의 〈육회명〉

구래공寇萊公의 〈육회명六悔銘〉에 말하였다.

"관직에서 행함에 사사로이 왜곡하면 그 때를 잃고 나서 후회할 것이요,

부유하다고 검소히 하지 않았다가는 가난해져서 후회할 것이다.

젊어 재능을 배워두지 않았다가는 때가 지나 후회할 것이요,

일을 보고 배우지 않았다가는 그것을 써야 할 때 이르러 후회할 것이다.

술 취하여 헛된 말을 하였다가는 깨고 나서 후회할 것이요,

편안할 때 쉬지 않았다가는 병들고 나서 후회할 것이다."

寇萊公〈六悔銘〉:

　　「官行私曲失時悔, 富不儉用貧時悔.

　　藝不少學過時悔, 見事不學用時悔.

　　醉後狂言醒時悔, 安不將息病時悔.」

【寇萊公】宋나라 명신 寇準(962~1023). 자는 平仲. 송나라 華州 下邽 사람
으로 太宗 太平興國 때 진사에 올랐으며 代理評事, 參知政事, 給事中 등을
역임함. 眞宗 때 재상에 올랐으며 거란의 遼나라가 침입하자 和議로 저지
하기도 함. 죽은 뒤 萊國公에 봉해졌으며 시호는 忠愍.《寇萊公集》이 전하며,
《宋史》(281)에 전이 있음.
【六悔銘】'후회할 일 여섯 가지를 하지 말라'는 좌우명.
【藝不少學】〈越南本〉에는 '勢不少惜'으로 되어 있음.
【安不將息】〈越南本〉에는 '安不得息'으로 되어 있음.

300(7-64)
손경초의 〈안락법〉

손경초孫景初의 〈안락법安樂法〉에 말하였다.
"거친 차와 담박한 밥이지만, 배부르면 그칠 것이니라.
해진 옷을 기워 입고 추위를 막는 것도, 따뜻하면 그칠 것이니라.
세 가지 정도가 평안하고 두 가지 정도가 만족하되,
과하면 그칠 것이니라.
탐하지도 말고 질투하지도 말고 늙으면 그칠 것이니라."

孫景初〈安樂法〉:
　「麤茶淡飯, 飽卽休.
　補破遮寒, 暖卽休.
　三平二滿, 過卽休.
　不貪不妬, 老卽休.」

【孫景初】 宋代 太醫를 지낸 孫昉으로 자는 景初, 호는 四休居士. 黃庭堅이
　그에게 "不貪不妬, 飽煖卽休"라 하며 養生安樂法을 배웠다 함.
【麤】 '麤'와 같으며 '조악하다, 거칠다'의 뜻으로 '粗'와 같음. 〈越南本〉에는 '麤'로
　되어 있음.
【不貪不如】 〈越南本〉에는 '不貪不妬'로 되어 있으며 일부 판본에는 '不貪不妨'
　으로도 되어 있음. 풀이는 이를 따름.

301(7-65)*
황금의 저택

《익지서益智書》에 말하였다.
"차라리 무사하면서 집안이 가난할지언정,
 일이 있으면서 집이 부유하기를 바라지 말라.
 차라리 무사하면서 초가집에 살지언정,
 일이 있으면서 황금 저택에 살기를 바라지 말라.
 차라리 병이 없으면서 거친 밥을 먹을지언정,
 병이 있으면서 좋은 약을 먹으려 하지 말라."

《益智書》云:

　　「寧無事而家貧, 莫有事而家富.
　　寧無事而住茅屋, 不有事而住金王.
　　寧無病而食麤飯, 不有病而食良藥.」

【金王】對句로 보아 '金屋'이어야 함. 〈越南本〉에는 이 구절이 제대로 정리되지
않은 채 音注에는 '監獄'으로 되어 있음.
【麤飯】麤는 麤와 같음. '粗'와 같음. 조악하고 거친 음식. 〈越南本〉에는 '粗飯'
으로 되어 있음.

　　참고 및 관련 자료

1. 〈越南本〉은 본장의 착간이 심함.

302(7-66)*
초가집도 안온하고

"마음이 편안하면 초가집도 안온하고,
정서가 안정되면 나물국도 향기롭다.
세상일이란 고요한 속에 바야흐로 드러나 보이고,
사람의 정이란 담담한 가운데에 비로소 자라난다."

「心安茅屋穩, 性定菜羹香.
　世事靜方見, 人情淡始長.」

【茅屋穩】〈越南本〉에는 '茅屋隱'으로 잘못 되어 있음.
【菜羹香】〈越南本〉에는 '菜根香'으로 되어 있음.

참고 및 관련 자료

1. 〈抄略本〉에는 '世事靜方見, 人情淡始長'의 10자가 없음.

303(7-67)
세속의 풍파

"풍파가 일어나는 속에서는 한 몸도 어렵나니,

처세의 법과 모습은 넓고 관대히 하라.
만사는 모두가 바쁘게 구는 속에서 착오가 일어나니,
이 마음을 모름지기 고요함 속에 안정을 구하라.
길이 평탄하면 더욱 걷기 편하고,
사람이 떳떳한 정을 가지면 오래 참고 서로 볼 수 있다.
곧바로 처음부터 끝까지 후회나 인색함이 없도록 하라.
겨우 가지나 마디가 생겨났을 때는 사단도 많아진다.”

「風波境界一身難, 處世規模要放寬.
　萬事盡從忙裏錯, 此心須向靜中安.
　路當平處更行穩, 人有常情耐久看.
　直到始終無悔吝, 纔生枝節便多端.」

【一身難】〈越南本〉에는 ‘立身難’으로 되어 있음.
【靜中安】〈越南本〉에는 ‘靜中閑’으로 되어 있음.
【行穩】〈越南本〉에는 ‘行隱’으로 잘못 되어 있음.

304(7-68)
작은 이익

공자가 말하였다.
“급히 이르려 하지 말며, 작은 이익을 보고자 하지 말라.
급히 이르고자 하면, 도달하지 못한다.
작은 이익에 눈 돌리면, 큰일을 이루어 내지 못한다.”

子曰:「無欲速, 無見小利.
　　　欲速, 則不達.
　　　見小利, 則大事不成.」

1. 《論語》子路篇
子夏爲莒父宰, 問政. 子曰:「無欲速, 無見小利. 欲速, 則不達; 見小利, 則大事
不成.」
2. 〈集註〉
欲事以速成, 則急遽無序, 而反不達. 見小者之爲利, 則所就者小, 而所失者大矣.
程子曰:「子張問政, 子曰:『居之無倦, 行之以忠.』子夏問政, 子曰:『無欲速,
無見小利.』子張常過高而未仁, 子夏之病常在近小, 故各以切己之事告之」

305(7-69)
교묘한 말

공자가 말하였다.
"교묘한 말은 덕을 어지럽힌다.
작은 것을 참아내지 못하면,
큰 모책을 어그러뜨리게 된다."

子曰:「巧言亂德. 小不忍, 則亂大謀.」

참고 및 관련 자료

1. 《論語》衛靈公篇

子曰:「巧言亂德. 小不忍, 則亂大謀.」

2. 〈集註〉

巧言, 變亂是非, 聽之使人喪其所守. 小不忍, 如婦人之仁·匹夫之勇皆是.

306(7-70)*
남에게 책임을 미루는 자

《경행록》에 말하였다.

"남에게 책임을 미루는 자와는, 온전하게 사귈 수 없고,

 자신을 용서함에 너그러운 자는, 허물을 고칠 수 없다."

《景行錄》云:「責人者, 不全交;

　　　　　　自恕者, 不改過.」

【恕】 남의 잘못은 파고들면서 자신의 잘못에 대해서는 너그러움.《論語》里仁篇
에 "子曰:「參乎! 吾道一以貫之」曾子曰:「唯.」子出, 門人問曰:「何謂也?」曾子
曰:「夫子之道, 忠恕而已矣.」"라 하였으며, 衛靈公篇에는 "子貢問曰:「有一言而
可以終身行之者乎?」子曰:「其『恕』乎! 己所不欲, 勿施於人.」"이라 함.

307(7-71)
세력이 떨어지고 나면

"세력이 있는 자는, 그 당장에는 누구의 말도 승낙하려 들지 않으며,
 세력이 떨어지고 나면 어린아이조차 그의 어릴 때 이름을 마구 부른다."

「有勢者, 不要當方承, 落得孩兒叫小名.」

【當方承】 즉시 그 자리에서 남의 의견을 받아들임.
【小名】 어릴 때의 이름. 두려워하거나 존경하지 않은 채 마구 무시함을 뜻함.

참고 및 관련 자료

1. 〈越南本〉에는 앞장과 연결하여 "《景行錄》云:「責人者, 不全交; 自恕者,
不改過. 有勢使人承, 落得孩兒叫小名.」"이라 하였으며, 일부 표현이 다름.

2. 〈越南本〉에는 본 장 다음에 "子曰:「恭則遠於患, 敬則人愛之. 忠則和於衆,
信人則任之(信則人任之).」"의 구절이 더 있으며 원전 명심보감에는 없어 의문을
자아냄.

308(7-72)
공자의 사절

"공자는 네 가지를 끊었다.
뜻대로 하지 않았고,
기필코 하겠다고 하지 않았으며,
무엇을 고집하지 않았으며,
나만 옳다고 하지 않았다."

「子絶四: 毋意·毋必·毋固·毋我.」

【意】臆測. 사사로운 생각.
【我】我執. 고집. 獨善. 利己的인 행동.

참고 및 관련 자료

1.《論語》子罕篇
子絶四: 毋意, 毋必, 毋固, 毋我.

2.〈集註〉
絶, 無之盡者. 毋,《史記》作「無」是也. 意, 私意也. 必, 期必也. 固, 執滯也. 我, 私己也. 四者相爲終始, 起於意, 遂於必, 留於固, 而成於我也. 蓋意必常在事前, 固我常在事後, 至於我又生意, 則物欲牽引, 循環不窮矣. 程子曰:「此毋字, 非禁止辭. 聖人絶此四者, 何用禁止?」張子曰:「四者有一焉, 則與天地不相似.」楊氏曰:「非知足以知聖人, 詳視而黙識之, 不足以記此.」

3.《近思錄》爲學篇
仲尼絶四, 自始學至成德, 竭兩端之敎也. 意, 有思也. 必, 有待也. 固, 不化也. 我, 有方也. 四者有一焉, 則與天地爲不相似矣.

309(7-73)
남의 아름다움을 이루어 주라

공자가 말하였다.
"군자는 남의 아름다움은 이루어 주되,
남이 악한 일을 하도록 하지는 않는다.
소인은 이에 상반된 짓을 한다."

子曰:「君子成人之美, 不成人之惡. 小人反是.」

【美】여기서는 잘하는 것(善). 장점.

참고 및 관련 자료

1.《論語》顔淵篇
子曰:「君子成人之美, 不成人之惡. 小人反是.」
2.〈集註〉
成者, 誘掖獎勸以成其事也. 君子小人, 所存旣有厚薄之殊, 而其所好又有善惡
之異. 故其用心不同如此.
3.《穀梁傳》隱公 元年 傳
春秋成人之美, 不成人之惡.

310(7-74)
하늘을 원망하지 않으며

《맹자》에 말하였다.
"군자는 하늘을 원망하지 않으며, 사람을 탓하지도 않는다.
 그리고 '그때는 그때, 지금은 지금'이라 말한다."

《孟子》曰:「君子不怨天, 不由人.'彼一時也, 此一時'也.」

【不由人】'不尤人'이야 함. 한편 〈초략본〉에는《孟子》曰:「君子不怨天, 不尤人.
 曰: '彼一時也, 此一時'也.」으로 된 판본도 있음.

참고 및 관련 자료

1.《論語》憲問篇
子曰:「莫我知也夫!」子貢曰:「何爲其莫知子也?」子曰:「不怨天, 不尤人, 下學
而上達. 知我者其天乎!」
2.《中庸》14장
在上位不陵下, 在下位不援上, 正己而不求於人則無怨. 上不怨天, 下不尤人.
故君子居易以俟命, 小人行險以徼幸.
3.《孟子》公孫丑(下)
孟子去齊, 充虞路問曰:「夫子若有不豫色然. 前日, 虞聞諸夫子曰:『君子不怨天,
不尤人.』」曰:「彼一時, 此一時也. 五百年必有王者興. 其閒必有名世者. 由周
而來, 七百有餘歲矣. 以其數則過矣; 以其時考之則可矣. 夫天, 未欲平治天下也;
如欲平治天下, 當今之世, 舍我其誰也? 吾何爲不豫哉?」
4. 〈越南本〉에는 "孟子曰:「君子不怨天, 不尤人.」"까지만 있음.

311(7-75)
두렵게 느껴야 할 세 가지

공자가 말하였다.
"군자는 세 가지 두려워할 것이 있다.
천명을 두려워하며, 대인을 두려워하고, 성인의 말씀을 두려워한다.
소인은 천명을 알지 못하여 두려워하지 않는다.
대인을 마구 친히 대들며, 성인의 말씀을 모욕한다."

子曰:

　「君子有三畏: 畏天命, 畏大人, 畏聖人之言.
　小人不知天命, 而不畏也. 狎大人, 侮聖人之言.」

【大人】 높은 자리에 있는 사람. 권력과 해결 능력을 가진 사람.
【狎】 親狎함. 가까운 사이라 해서 마구 대하는 것.

참고 및 관련 자료

1. 《論語》季氏篇
孔子曰:「君子有三畏: 畏天命, 畏大人, 畏聖人之言. 小人不知天命而不畏也,
狎大人, 侮聖人之言.」

312(7-76)*
하늘이 알아줄 것이다

《경행록》에 말하였다.
"아침 일찍 일어나고 밤늦게 잠자리에 들면서,
 생각하는 바가 충효인 사람은,
 사람들은 그를 알아주지 않아도,
 하늘이 반드시 알아줄 것이다.
 배불리 먹고 따뜻이 입어 편안히 자신만을 보위하는 사람은,
 몸은 비록 편하나 그 자손에게는 어떠하겠는가?"

《景行錄》云:

　「夙興夜寐, 所思忠孝者, 人不知, 天必知之.
　　飽食煖衣, 怡然自衛者, 身雖安, 其如子孫何?」

【夙興夜寐】 아침 일찍 일어나고 밤늦어 잠자리에 듦. 매우 근면함을 뜻함.
【人不知】 일부 〈초략본〉에는 '人雖不知'로 되어 있음.
【飽食煖衣】 배불리 먹고 따뜻한 옷을 입음. 몸이 매우 편안함을 추구함.

参考 및 관련 자료

1.《詩經》衛風 氓
三歲爲婦, 靡室勞矣. 夙興夜寐, 靡有朝矣. 言旣遂矣, 至于暴矣. 兄弟不知,
咥其笑矣. 靜言思之, 躬自悼矣.
2.〈小雅〉小宛
題彼脊令, 載飛載鳴. 我日斯邁, 而月斯征. 夙興夜寐, 無忝爾所生.

3. 〈大雅〉抑

夙興夜寐, 洒掃庭內, 維民之章. 脩爾車馬, 弓矢戎兵. 用戒戎作, 用遏蠻方.

4. 《論語》陽貨篇

子曰:「飽食終日, 無所用心, 難矣哉! 不有博弈者乎? 爲之, 猶賢乎已.」

5. 《孟子》滕文公(上)

人之有道也, 飽食煖衣, 逸居而無敎, 則近於禽獸. 聖人有憂之; 使契爲司徒,
敎以人倫: 父子有親, 君臣有義, 夫婦有別, 長幼有序, 朋友有信.

313(7-77)*
처자를 사랑하는 마음으로

《경행록》에 말하였다.
"처자를 사랑하는 마음으로 어버이를 모시면
　그 효도를 곡진히 다게 될 것이요,
　부귀를 지켜내는 책략으로 임금을 받들면
　나가서 충성하지 못할 것이 없을 것이며,
　남을 책망하는 마음으로 자신을 책망하면
　허물이 적어질 것이요,
　자신을 용서하는 마음으로 남을 용서하면
　사귐을 온전히 할 수 있으리라."

《景行錄》云:
　「以愛妻子之心事親, 則曲盡其孝.
　　以保富貴之策奉君, 則無往不忠.

以責人之心責己, 則寡過.
以恕己之心恕人, 則全交.」

【富貴之策】〈抄略本〉과 〈越南本〉에는 ‘富貴之心’으로 되어 있음.

참고 및 관련 자료

1. 〈越南本〉에는 “《景行錄》云:「以愛妻子之心事親, 則盡孝; 以保富貴之心
奉君, 則盡忠; 以責人之心責己, 則寡過; 以恕己之心恕人, 則全交.」”라 하여
글자 수를 맞추고 있음.

314(7-78)*
너의 꾀가 선하지 못하면

《경행록》에 말하였다.
“너의 꾀가 선하지 못하면 후회한들 어찌 미치겠는가?
 너의 견해가 길지 못하면 가르친들 무슨 이익이 되겠는가?
 이익에 마음 둠을 오로지 하면, 도道에 위배된다.
 사사로운 뜻에 확신을 가지면, 공의公義를 멸하게 된다.”

《景行錄》云:
　「爾謀不臧, 悔之何及?
　　爾見不長, 敎之何益?

利心專, 則背道.

私意確, 則滅公.」

【爾】백화어 '你'와 같음. 인칭대명사 '너'.
【臧】'착하다, 선하다'의 뜻.
【悔之】뒷구절 '敎之'로 보아 '誨之'여야 할 것으로 보임.

315(7-79)
쾌활한 분위기를 만드는 사람

"쾌활한 사람이 되어 범사에 일을 만들지 말라.
쾌활한 사람이 되어 일을 줄여 복잡하게 만들지 말라.
쾌활한 사람이 되어 큰일도 작은 일이 되게 하라.
쾌활한 사람이 되어 작은 일은 없는 일이 되게 하라."

「會做快活人, 凡事莫生事.

　會做快活人, 省事莫惹事.

　會做快活人, 大事化小事.

　會做快活人, 小事化沒事.」

【會】'될 수 있도록 하라'의 뜻.
【做】古文 '作'과 같음.
【惹事】일이 복잡하게 얽힘. '惹'는 '야'로 읽음.
【沒事】'沒'은 古文 '無'와 같음.

316(7-80)
옛날에 말을 삼갔던 사람의 동상

공자가 주周나라를 구경하러 가서 후직后稷의 사당에 들어갔더니 그곳에 금인金人이 있었다.

그 동상의 입은 세 겹으로 봉해져 있었고, 그 등에는 이러한 명문이 씌어 있었다.

"이는 옛날 말을 삼갔던 사람이다. 경계할지어다!

말을 많이 하지 말라. 말이 많으면 그만큼 실패도 많다.

일을 많이 벌이지 말라. 일이 많으면 근심도 많아진다.

편안하고 즐거울 때는 반드시 경계하라. 후회할 행동이 없도록 하라.

무슨 손상이 있겠느냐고 말하지 말라. 그 허물은 그럴수록 커진다.

무슨 손해가 있겠느냐고 말하지 말라. 그 말이 장차 커져 가리라.

듣지 못했노라 말하지 말라. 재앙이 장차 사람에게 미치리라.

불꽃이 타올라 꺼지지 않으니 그 불꽃은 어떠한가?

흐르고 흘러 막히지 않으니 마침내 강하江河가 되리라.

면면히 이어져 끊임이 없으니 혹 그물처럼 얽히리라.

털끝만 한 것을 살피지 않았다가 장차 도끼자루처럼 커지리라.

진실로 능히 삼가는 것은, 복의 근원이 되는 것이로다.

입은 무엇을 상하게 하는가? 바로 재앙의 문이니라.

고집으로 뻣뻣한 자는 그 죽음을 옳게 맞을 수 없고,

이기기를 좋아하는 자는 반드시 적을 만나게 되리라.

군자는 천하를 하나로 단정할 수 없음을 알기 때문에

남의 아래로 숙이는 것이요,

여러 사람보다 앞서서는 안 될 것임을 알기 때문에

뒤로 물러서는 것이다.

온화하고 공손히 하며 덕에 신중하기 때문에

관리나 사람들이 그를 사모하는 것이다.

강과 바다는 비록 스스로를 낮추지만 모든 냇물의 우두머리가 되는 것은,
스스로 낮추기 때문이다.
하늘의 도는 따로 친하게 여기는 것이 없기에
능히 사람보다 낮추는 것이다, 경계할지어다!"

孔子觀周, 入后稷之廟, 有金人焉.
三誠(緘)其巳(口), 而銘其背曰:
「古之愼言人也, 戒之哉!
無多事, 多言多敗;
無多事, 多事多患.
安樂必戒, 無所行悔.
勿謂何傷, 其過其長;
勿謂何害, 其謂將大;
勿謂不聞, 禍將及人.
焰焰不滅, 炎炎若何?
涓涓不壅, 終爲江河;
綿綿不絶, 或成網羅;
毫末不相, 將尋斧柯.
誠能愼之, 福之根也;
口是何傷? 禍之門也.
疆梁者, 不得其死;
好勝者, 必遇其敵.
君子知天下之不可一者, 故下之;
知衆人之不可先也, 故後之.
溫恭愼德, 吏人慕之.

江海雖左, 長於百川, 以其卑也.
天道無親, 而能下人, 成(戒)之哉!」

【后稷】周나라 王室의 시조. 농사에 재능이 있어 舜임금 때 農稷之官, 즉 后稷이라
  는 직책을 맡았음. 有邰氏의 딸 姜嫄이 巨人의 발자국을 보고 따라 갔다가 임신하여
  낳았으며 처음 기르지 않겠다고 버려 이름을 '棄'라 하였음.《史記》周本紀 참조.
【金人】동상. 구리로 사람 모양을 만든 것.
【三誠】'三緘'의 오기. 세 겹으로 싸서 막음. 〈越南本〉에는 '三緘'으로 되어 있음.
【無多事】인용문이나 내용으로 보아 '無多言'이어야 옳음. 〈越南本〉에는 '無多言'
  으로 되어 있음.
【無所行悔】〈越南本〉에는 '無所反悔'로 되어 있음.
【其過其長】〈越南本〉에는 '其禍將長'으로 되어 있음.
【其謂將大】〈越南本〉에는 '其禍將大'으로 되어 있음.
【禍將及人】〈越南本〉에는 '神將伺人'으로 되어 있음.
【涓涓】물 줄기 등이 가늘게 흐르는 모습.
【毫末不相】〈越南本〉에는 '毫末不折'로,《孔子家語》에는 '毫末不紮'로 되어 있음.
【斧柯】도끼 자루.《詩經》豳風 伐柯에 "伐柯如何, 匪斧不克. 取妻如何, 匪媒不得.
  伐柯伐柯, 其則不遠. 我覯之子, 籩豆有踐"라 함.
【彊梁】'彊梁'의 오기. 강하고 굳셈. 强梁과 같음.《說苑》에는 '彊梁'으로,《孔子
  家語》에는 '强梁'으로 표기되어 있음. 모두 疊韻連綿語를 표기한 것.
【不得其死】그 죽음을 옳게 맞지 못함.《論語》先進篇에 "若由也, 不得其死然"
  이라 함.
【不可一者】〈越南本〉에는 '不可上也'로 되어 있음.
【吏人慕之】〈越南本〉에는 '使人慕之'로 되어 있음.
【江海雖左】《孔子家語》注에 "左, 水之陽, 北"이라 함. "강과 바다는 낮은 곳에
  처하다"의 뜻.
【成之哉】'戒之哉'의 오기로 여김. 〈월남본〉에는 '戒之哉'로 되어 있음.

1. 〈越南本〉
孔子觀周, 入后稷之廟, 有金人焉. 三緘其口, 而銘其背曰:「古之愼言人也, 戒

之哉! 無多言, 多言多敗; 無多事, 多事多患. 安樂必戒, 無所反悔. 勿謂何傷, 其禍將長; 勿謂何害, 其禍將大; 勿謂不聞, 神將伺人. 焰焰不滅, 炎炎若何? 涓涓不壅, 將爲江河; 綿綿不絶, 或成網羅. 毫末不折, 將尋斧柯. 誠能愼之, 福之根也. 曰是何傷? 禍之門也. 彊梁者, 不得其死; 好勝者, 必遇其敵. 君子知天下之不可上也, 故下之; 知衆人之不可先也, 故後之. 溫恭愼德, 使人慕之. 江海雖左, 長於百川, 以其卑也. 天道無親, 而能下人, 戒之哉! 孔子旣讀斯文也, 顧謂諸子曰:「小子識之, 此言實而中, 情而信.」

2.〈越南本〉에는 "孔子旣讀斯文也, 顧謂諸子曰:「小子識之, 此言實而中, 情而信.」"의 《孔子家語》 원문 구절이 덧붙여져 있음.

3.《孔子家語》觀周篇

孔子觀周, 遂入太祖后稷之廟, 廟堂右階之前, 有金人焉, 三緘其口, 而銘其背曰:「古之愼言人也, 戒之哉! 無多言, 多言多敗; 無多事, 多事多患. 安樂必戒, 無所行悔. 勿謂何傷? 其禍將長; 勿謂何害, 其禍將大; 勿謂不聞, 神將伺人. 焰焰不滅, 炎炎若何? 涓涓不壅, 終爲江河; 綿綿不絶, 或成網羅; 毫末不紮, 將尋斧柯. 誠能愼之, 福之根也; 口是何傷, 禍之門也. 强梁者不得其死, 好勝者必遇其敵. 盜憎主人, 民怨其上. 君子知天下之不可上也, 故下之; 知衆人之不可先也, 故後之. 溫恭愼德, 使人慕之; 執雌持下, 人莫踰之. 人皆趨彼, 我獨守此; 人皆或之, 我獨不徙. 內藏我智, 不示人技; 我雖尊高, 人弗我害, 誰能於此? 江海雖左, 長於百川, 以其卑也. 天道無親, 而能下人, 戒之哉!」孔子旣讀斯文也, 顧謂弟子曰:「小子識之, 此言實而中, 情而信.《詩》曰:『戰戰兢兢, 如臨深淵, 如履薄冰.』行身如此, 豈以口過患哉?」

4.《說苑》敬愼篇

孔子之周, 觀於太廟, 右陛之前, 有金人焉, 三緘其口, 而銘其背曰:「古之愼言人也, 戒之哉! 戒之哉! 無多言, 多言多敗; 無多事, 多事多患. 安樂必戒, 無行所悔. 勿謂何傷, 其禍將長; 勿謂何害, 其禍將大; 勿謂何殘, 其禍將然; 勿謂莫聞, 天妖伺人; 熒熒不滅, 炎炎奈何; 涓涓不壅, 將成江河; 緜緜不絶, 將成網羅; 靑靑不伐, 將尋斧柯; 誠不能愼之, 禍之根也; 曰是何傷? 禍之門也. 彊梁者, 不得其死, 好勝者, 必遇其敵; 盜怨主人, 民害其貴. 君子知天下之不可蓋也, 故後之下之, 使人慕之; 執雌持下, 莫能與之爭者. 人皆趨彼, 我獨守此; 衆人惑惑, 我獨不從; 內藏我知, 不與人論技; 我雖尊高, 人莫害我. 夫江河長百谷者, 以其卑下也; 天道無親, 常與善人; 戒之哉! 戒之哉!」孔子顧謂弟子曰:「記之, 此言雖鄙, 而中事情. 詩曰:『戰戰兢兢, 如臨深淵, 如履薄冰.』行身如此, 豈以口遇禍哉!」

5.《鑑戒錄》(1)

强梁者不得其死, 好勝者必遇其敵.

6.《老子》66장

江海所以能爲百谷王者, 以其善下之, 故能爲百谷王. 是以聖人欲上民, 必以言
下之; 欲先民, 必以身後之.

7.《老子》79장

天道無親, 常與善人.

317(7-81)*
일이란 만들면 일이 생기고

"일을 만들면 일이 생기고,
  일을 덜면 일이 줄어든다."

「生事事生, 省事事省.」

【省】'덜다, 줄이다'의 뜻. 혹 '살피다'의 뜻으로 보아 "일을 살펴보면 일이 살펴
진다"로 해석할 수도 있으나, 앞의 '生'자로 보아 '줄이다'의 의미가 맞을 듯함.

참고 및 관련 자료

1.《遣愁集》(3) 耶律楚材(語)

生一事, 不若減一事.

2.《李開先集》(12)

生一事, 不如省一事.

318(7-82)
부드러움과 약함

"부드러움과 약함은, 몸을 삼가는 근본이요,
딱딱함과 강함은, 허물과 재앙의 원인이다."

「柔弱, 謹身之本; 剛强, 惹禍之因.」

【柔弱】 부드럽고 연약함.
【謹身之本】 〈抄略本〉과 〈越南本〉 모두 '護身之本'으로 되어 있음.
【剛强】 剛彊과 같음. 굳고 딱딱함.
【惹禍】 허물과 재앙. 화근. 〈越南本〉에는 '惹禍'로 되어 있음.

1. 〈越南本〉에는 앞장과 묶어 "生事事生, 省事事省. 柔弱, 護身之本; 剛彊,
惹禍之因."이라 함.
2. 《老子》 36장
將欲歙之, 必固張之. 將欲弱之, 必固强之. 將欲廢之, 必固擧之. 將欲奪之,
必固與之. 是謂微明. 柔弱勝剛强.
3. 《老子》 78장
天下莫柔弱於水, 而攻堅强者莫之能勝. 以其無以易之. 弱之勝强, 柔之勝剛,
天下莫不知, 莫能行.
4. 《老子》 52장
見小曰明, 守柔曰强.

8. 계성편戒性篇 第八

"凡十五條"

모두 15장이다.

"자신의 잘못된 성품을 경계하기를 권고한 글들"

〈兒童投桃圖〉(遼, 河北 宣化 벽화)

319(8-1)*
물과 같은 사람의 품성

《경행록》에 말하였다.

"사람의 성품은 물과 같다.

 물은 한 번 쏟아지면, 다시 되담을 수 없으며,

 성품도 한 번 풀어놓으면, 되돌릴 수 없다.

 물을 제어하는 자는, 반드시 제방으로써 해야 하고,

 성품을 제어하는 자는, 반드시 예법으로 해야 한다."

《景行錄》云:

「人性如水: 水一傾, 則不可復;

　　　　性一縱, 則不可反.

　　　　制水者, 必以隄防;

　　　　制性者, 必以禮法.」

【隄防】 '堤防'과 같음. 〈抄略本〉에는 '堤防'으로 되어 있음.

320(8-2)*
한때의 기분을 참으면

"한때의 기분을 참으면, 백날의 근심을 면할 수 있다."

「忍一時之氣, 免百日之憂.」

【氣】血氣나 憤氣, 忿氣. 〈抄略本〉에는 '忿'으로 되어 있음.

참고 및 관련 자료

1. 明 無名氏《四馬投堂唐》(제2절)
元帥息怒, 可不道:「忍一時之氣, 免百日之憂」也?
2.《紅樓夢》(9)
忍得一時忿, 終身無惱悶.
3.《昔時賢文》
忍得一時之氣, 免得百日之憂.
4.《舊唐書》(188) 孝友傳 劉君良과 司馬光《家範》및《小學》善行篇
鄆州壽張人張公藝, 九代同居, 北齊時, 東安王高永樂詣宅慰撫旌表焉. 隋開皇中,
大使·邵陽公梁子恭亦親慰撫, 重表其門. 貞觀中, 特敕吏加旌表. 麟德中, 高宗
有事泰山, 路過鄆州, 親幸其宅, 問其義由. 其人請紙筆, 但書百餘'忍'字. 高宗
爲之流涕, 賜以縑帛.

321(8-3)*
참고 또 참을지어다

“참아야 할 일은 참아내고,
경계해야 할 일은 경계하라.
참지도 않고 경계하지도 않으면,
작은 일이 큰 일이 되고 만다.”

「得忍且忍, 得戒且戒.
　不忍不戒, 小事成大.」

【得】白話語로 ‘～해야만 하다’의 뜻.

322(8-4)
온갖 번뇌

“일체의 여러 가지 온갖 번뇌는,
모두가 참지 못하는 데에서 생겨난다.
벌어진 일에 임하는 것과 경우에 이르러 대처함에는,
그 묘책은 미리 밝게 보는 데에 있다.
불가佛家의 말에 말로 다투지 말라 하였고,
유가儒家의 책에 다툼이 없음을 귀히 여겼느니라.

즐겁게 살아갈 좋은 길이 있건만,
세상에는 그 길로 다니는 사람이 적구나."

「一切諸煩惱, 皆從不忍生.
　臨機與對境, 妙在先見明.
　佛語在無諍, 儒書貴無爭.
　好條快活路, 世上少人行.」

【先見明】〈越南本〉에는 '先時明'으로 되어 있음.
【儒書貴無爭】원본에는 '儒'가 '孺'로 잘못 판각되어 있음.
【條】길 따위의 긴 물건이나 물체를 헤아리는 量詞.

323(8-5)
참음은 마음의 보배

"참음은 마음의 보배요,
참지 못함은 몸의 재앙이다.
혀는 부드럽기에 항상 입안에 있을 수 있고,
이가 부러지는 것은 단지 강함만을 내세우기 때문이다.
이 참을 인忍자를 잘 생각해보면,
즐겁게 살 좋은 방법이 하나 있도다.
잠시 짧은 순간을 능히 참지 못하면
번뇌가 날로 달로 자라나리라."

「忍是心之寶, 不忍身之殃.
　舌柔常在口, 齒所只爲剛.
　思量這忍字, 好箇快活方.
　片時不能忍, 煩惱日月長.」

【忍是心之寶】〈越南本〉에는 '忍是身之寶'로 되어 있음.
【齒所只爲剛】〈越南本〉에는 '齒折只爲剛'으로 되어 있어 이에 따라 풀이함.
【好箇快活方】'好'는 긍정을 표현하는 白話語이며 '箇'는 '方'에 연결되는 量詞.
【片時】아주 짧은 시간. 잠깐과 같음.

참고 및 관련 자료

1. 옛 격언에 "一勤之下無難事, 百忍之堂有泰和"라 함.

324(8-6)*
시비는 실상이 없는 것

"어리석고 혼탁한 자가 꾸짖고 성냄은,
모두가 이치를 통달하지 못했기 때문이다.
마음에 불꽃을 더 보태지 말고,
다만 귓가에 지나가는 바람으로 여겨라.
장단은 집집마다 있는 것이요,
덥고 찬 것은 가는 곳마다 같은 것이다.
시비는 실상이 없는 것이니,
결국은 모두가 헛된 것일 뿐이다."

「愚濁生嗔怒, 皆因理不通.

　休添心上焰, 只作耳邊風.

　長短家家有, 炎凉處處同.

　是非無實相, 究竟摠成空.」

【嗔怒】貪嗔癡와 怒氣.
【心上焰】〈越南本〉에는 '心上火'로 되어 있음.
【炎凉】날씨의 덥고 추움. 인정이나 世波의 정서가 이와 같음을 뜻함.
【無實相】〈通俗本〉에는 '無相實'로 되어 있음.
【摠】'모두 묶다'의 뜻. 〈越南本〉에는 '總'으로 되어 있음.

> 참고 및 관련 자료

1. 〈越南本〉에는 처음(319)부터 이곳까지 6장을 하나로 묶고 있음.

325(8-7)*
공자에게 받은 수신의 말씀 한 마디

자장子張이 떠나고자 하여, 선생님(공자)에게 인사를 하면서
수신의 아름다움으로 간직할 말씀을 하나 내려주기를 원하였다.
공자가 말하였다.
"백 가지 행동의 근본은, 참음이 최상이니라."
자장이 다시 여쭈었다.
"어찌함이 참는 것입니까?"
공자가 말하였다.

"천자가 참으면 나라에 해가 없고,
 제후가 참으면 큰 사업을 이루고,
 관리가 참으면 그 직위에 나갈 수 있고,
 형제가 참으면 집안이 부귀해지며,
 부부간에 참으면 그 세대를 다할 수 있고,
 친구간에 참으면 이름이 폐지되지 않고,
 스스로 참으면 근심과 재앙이 없게 되느니라."
 자장이 여쭈었다.
"참지 않으면 어떻게 됩니까?"
 공자가 말하였다.
"천자가 참지 않으면 나라가 공허해지고,
 제후가 참지 않으면 그 몸을 잃게 되고,
 관리가 참지 않으면 형법에 의해 죽게 되고,
 형제가 참지 않으면 각각 나누어 살게 되고,
 부부가 참지 않으면 아들을 고아로 만들고,
 친구 사이에 참지 않으면 정이 멀어지고,
 자신이 참지 않으면 우환을 없앨 수 없느니라."
 자장이 말하였다.
"훌륭하고 훌륭합니다! 참기 어렵고 참기 어려움이여.
 사람이 아니면 참는 일을 해낼 수 없고,
 참지 않으면 사람이 아니겠군요."

子張欲行, 辭於夫子, 願賜一言爲修身之美.
夫子曰:「百行之本, 忍之爲上」
子張曰:「何爲忍之?」
夫子曰:「天子忍之, 國無害; 諸侯忍之, 成其大;
　　　　官吏忍之, 進其位; 兄弟忍之, 家富貴;

夫妻忍之, 終其世; 朋友忍之, 名不廢;
自身忍之, 無患禍.」
子張曰:「不忍, 何如?」
夫子曰:「天子不忍, 國空虛; 諸侯不忍, 喪其軀;
官吏不忍, 刑法誅; 兄弟不忍, 各分居;
夫妻不忍, 令子孤; 朋友不忍, 情意疎;
自身不忍, 患不除.」
子張曰:「善哉, 善哉! 難忍難忍, 非人不忍. 不忍非人」

【子張】 공자의 제자로 顓孫師. 말솜씨에 뛰어났던 인물.
【修身之美】〈越南本〉에는 '修身之要'로 되어 있음.
【夫子曰】〈抄略本〉에는 모두 '子曰'로 되어 있음.
【終其世】 부부가 함께하는 한 世代를 잘 마칠 수 있음. 世는 30년.
【無患禍】〈抄略本〉에는 '無禍害'로 되어 있음.
【刑法誅】〈越南本〉에는 '刑罰誅'라 함.
【夫妻不忍, 令子孤. 朋友不忍, 情意疎.】〈越南本〉에는 '夫婦不忍, 情意疎'로 줄
여져 있으며, '夫妻'는 모두 '夫婦'로 되어 있음.
【不忍非人】〈通俗本〉에는 '忍不非人'으로 잘못 표기되어 있음. 한편〈抄略本〉
에는 '子張曰: 不忍則何如'이하를 별개의 장으로 분리하였음.

326(8-8)
참고 견디면 살아남는다

"참고 견디면 살아남는다."

「忍耐在.」

327(8-9)*
이기기를 좋아하는 자

《경행록》에 말하였다.
"자신을 굽히는 자는, 능히 중한 자리에 처할 수 있으며,
 이기기를 좋아하는 자는, 반드시 적을 만나게 된다."

《景行錄》云:「屈己者, 能處重;
　　　　　　好勝者, 必遇敵.」

【能處重】〈越南本〉에는 '能處衆'으로 되어 있음.

328(8-10)
의리의 노함

장경부張敬夫가 말하였다.
"작은 용기라는 것은, 혈기의 노함이요,

큰 용기라는 것은 의리義理의 노함이다.

혈기의 노함은, 지니고 있어서는 안 되지만,

의기의 노함은 없어서는 안 된다.

이를 알고 나면, 정성情性의 바름을 드러낼 수 있고,

하늘의 이치와 인욕의 구분을 알아낼 수 있으리라."

張敬夫曰:

　　「小勇者, 血氣之怒也;

　　　大勇者, 理義之怒也.

　　血氣之怒, 不可有;

　　義理之怒, 不可無.

　　　知此, 則可以見情性之正,

　　　而識天理·人欲之分矣.」

張栻(南軒선생)《三才圖會》

【張敬夫】張栻(1133~1180). 宋나라 때 理學者. 자는 敬夫 혹은 欽夫 또는 樂齋. 호는 南軒. 宋나라 漢州 綿竹 사람으로 衡陽에 옮겨 살았음. 張浚의 아들로 胡宏에게 배워 吏部侍郎·侍講 등을 역임함. 만년에 물러나 理學에 힘써 朱熹와 함께 道學의 大師로 추앙받음. 시호는 宣.《易說》·《論語解》·《孟子說》·《南軒集》 등이 있으며《宋史》(429) 道學傳에 전이 있음.

【理義之怒】〈越南本〉에는 '義理之怒'로 되어 있음.

　참고 및 관련 자료

1. 〈越南本〉에는 "知此, 則可以見情性之正, 而識天理·人欲之分矣."의 부분이 생략되어 있음.

329(8-11)*
하늘에 뱉은 침

"악한 사람이 착한 사람에게 욕을 하더라도,
착한 사람은 끝내 대응하지 않아야 한다.
착한 사람이 만약 맞서 욕을 하게 되면
피차 지혜가 없는 사람이 되고 말기 때문이다.
대꾸하지 않으면 마음이 청량해지며,
욕을 하는 자의 입만 열이 나서 끓게 된다.
이는 마치 사람이 하늘에 침을 뱉는 것과 같아,
뱉은 침은 결국 자신의 몸으로 떨어지고 만다."

「惡人罵善人, 善人總不對.
　善人若還罵, 彼此無智慧.
　不對心淸凉, 罵者口熱沸.
　正如人唾天, 還從己身墜.」

【罵】꾸짖거나 험담함.
【還罵】〈越南本〉에는 '還對'로 되어 있음. '還'은 副詞로 쓸 경우 '그래도,
또한'의 뜻임.
【淸凉】〈抄略本〉에는 '淸閑'으로 되어 있음.
【墜】떨어짐. 〈越南本〉에는 '墮'로 되어 있음.

> 참고 및 관련 자료

1. 〈抄略本〉에는 "惡人罵善人, 善人總不對. 不對心淸閑, 罵者口熱沸. 正如人
唾天, 還從己身墜"로 줄여져 있음.

330(8-12)*
내 마음은 허공

"내가 만약 남의 욕을 들었다면
귀먹은 듯이 하여 그 말을 따지지 말라.
그런 것은 마치 공중에 불을 피우는 것과 같아서
끄려고 덤비지 않아도 저절로 꺼질 것이다.
성냄의 불길도 이와 같으니
다른 땔감을 만나야 계속 타는 것이다.
내 마음은 허공과 같거늘
너의 입술과 혀 뒤집는 것만 듣고 있도다."

「我若被人罵, 佯聾不分說.
　譬如火燒空, 不救自然滅.
　嗔火亦如是, 有物遭他熱.
　我心等虛空, 听你翻唇舌.」

【佯聾】 거짓으로 귀가 먹은 체 함. 〈越南本〉에는 '侯聾'으로 되어 있음.
【火燒空】 〈越南本〉에는 '火當空'으로 되어 있음.
【嗔火】 〈越南本〉에는 '嗔人'으로 되어 있음.
【听儞】 '听'은 '聽'의 간체자. '儞'는 '你'의 번체자. 白話語 '너'를 뜻하는 인칭대명사.
〈越南本〉에는 '聽彼'로 되어 있으며, 〈抄略本〉에는 '摠爾'로 되어 있음.

참고 및 관련 자료

1. 〈越南本〉
我若被人罵, 侯聾不分說. 譬如火當空, 不救自然滅. 嗔人亦如是, 有物遭他熱.

我心等虛空, 聽彼翻脣舌.」

2. 〈抄略本〉에는 "我若被人罵, 佯聾不分說. 譬如火燒空, 不救自然滅. 我心等虛空, 摠爾翻脣舌."로 줄여져 있음.

331(8-13)
높은 선비

노자가 말하였다.
"높은 선비는 다툼이 없으나,
 낮은 선비는 다투기를 좋아한다."

老子曰:「上士無爭, 下士好爭.」

【下士好爭】〈越南本〉에는 '下士好事'로 되어 있음.

1. 《老子》에 같은 구절은 없으며, 41장에 "上士聞道, 勤而行之; 中士聞道, 若存若亡; 下士聞道, 大笑之. 不笑不足以爲道"라 함.

332(8-14)*
인정을 남겨두면

"범사에 인정을 남겨두면
뒤에 좋은 모습으로 서로 만나게 된다."

「凡事留人情, 後來好相見.」

참고 및 관련 자료

1. 淸, 靑心才人《金雲翹傳》(18)
凡事留一線, 久後好相見.
2. 〈越南本〉에는 앞장(331)과 본장을 하나로 묶고 있음.
3.《儒家龜鑑》(休靜)
凡事留人情, 後來好相見.

333(8-15)
명과 성

어떤 이가 회암晦庵에게 물었다.
"어떤 것이 명命입니까?"
선생이 말하였다.

"성_性은 이것입니다. 무릇 성이란 격에 통하지 못하거나
인정에 가깝지 않은 자는 운명이 박한 선비인 것입니다."

或問晦庵曰:「如何是命?」
　先生曰:「性是也. 凡性格不通,
　　　　不近人情者, 薄命之士也.」

【晦庵】 朱熹를 가리킴. 주희(朱熹: 1130~1200)는 南宋 때 徽州 婺源 사람
으로 建陽의 考亭에 옮겨 살았음. 자는 元晦 혹은 仲晦이며 호는 晦庵·晦翁·
遯翁·滄洲病叟 등이었으나, 별칭으로는 紫陽先生·考亭先生·雲谷老人 등으로
불림. 朱松의 아들로서 高宗 紹興 18년(1148)에 진사에 올라 同安主簿라는
벼슬을 하였으며, 孝宗 淳熙 연간에 知南康軍이 되었다가 浙東茶鹽公事에
오르기도 함. 당시 절동 지역에 큰 기근이 들자, 救荒을 서두르며 정치의 폐단을
주장하기도 하였으며, 慶元 2년 귀향하여 경원 6년(1200)에 생을 마쳤음. 시호는

〈朱熹〉臺北故宮博物院 소장

文公. 그는 李侗에게 수학하여 程顥·程頤의 학문을
전수하는 것으로써 목표를 삼고 아울러 周敦頤·
張載 등의 학설을 모아 북송 이래 이학을 집대성
하기에 이르렀음. 그리하여 白鹿洞書院·岳麓書院·
武夷精舍 등에서 50여 년간 講學에 힘써 閩學派
혹은 考亭學派라는 남송 최대 이학의 한 파를 이루
었으며, 二程의 학문을 이어받았다 하여 程朱學
이라고도 불림. 그의 학문은 한때 한탁주(韓侂胄)
등으로부터 僞學으로 배척받기도 하였으나, 역시
漢代 이래 최고의 학자로 지금까지 널리 칭송을 받고 있음. 그는 《四書章句
集註》·《名臣言行錄》·《伊洛淵源錄》·《資治通鑑綱目》·《詩集傳》·《楚辭集註》·
《小學》 등이 있으며, 후인이 편집한 〈朱子語類〉·〈朱文公文集〉 등이 있음. 그의
사적은 《勉齋集》(36) 行狀과 《宋史》(429) 道學傳에 자세히 실려 있음.
【人情】 人之常情을 가리킴.

9. 근학편 勤學篇 第九

"凡二十二條"
모두 22장이다.

"부지런히 학문에 힘쓸 것을 권고한 글들"

※ 〈越南本〉에는 '勸學篇'으로 되어 있음.

〈伏生授經圖〉

334(9-1)*
어짊이 그 가운데에 있으니

공자가 말하였다.
"널리 배워 뜻을 독실하게 하고,
간절히 물어 생각에 가까이하면
어짊이 그 가운데에 있느니라."

子曰:「博學而篤志, 切問而近思, 仁在其中矣.」

【子曰】〈越南本〉과〈抄略本〉에는 '子夏曰'이라 하여《論語》원 출전에 맞추어
쓰고 있으나 통속본에는 '자왈'이라 하였음.
【近思】유추해서 문제에 접근함. 혹은 자신을 반성함. 또는 '가까이 자기 몸에 견
주어 생각하다'의 뜻. 朱熹는 이 어휘에 깊은 의미를 부여하여 呂祖謙과 함께
《近思錄》을 저술하기도 하였음.

참고 및 관련 자료

1.《論語》子張篇
子夏曰:「博學而篤志, 切問而近思, 仁在其中矣.」
2.〈集註〉
四者, 皆學問思辨之事耳, 未及乎力行而爲仁也. 然從事於此, 則心不外馳, 而所
存自熟, 故曰『仁在其中矣』. 程子曰:「博學而篤志, 切問而近思, 何以言仁在其
中矣? 學者要思得之. 了此, 便是徹上徹下之道.」又曰:「學不博則不能守約,
志不篤則不能力行. 切問近思在己者, 則仁在其中矣.」又曰:「近思者以類而推.」
蘇氏曰:「博學而志不篤, 則大而無成; 泛問遠思, 則勞而無功.」
3. 본《明心寶鑑》存心篇(245)에 "《素書》云:「博學切問, 所以廣知; 高行微言,
所以修身.」"이라 함.

335(9-2)
널리 들어 이를 간직하되

《예기》에 말하였다.
"널리 들어 이를 기억하되 양보하고,
 선을 돈독히 하여 실행하되 게을리 하지 않으면,
 이를 일러 군자라 한다."

《禮記》曰:「博聞强識而讓, 敦善行而不怠, 謂之君子.」

【博聞强識】 '博聞强記'와 같음. '博'은 '博'과 같음. '識'은 '기억하다'의 뜻.

참고 및 관련 자료

1.《禮記》曲禮(上)
博聞强識而讓, 敦善行而不怠, 謂之君子. 君子不盡人之歡, 不竭人之忠, 以全交也.

336(9-3)
배움에는 민첩하게

공자가 말하였다.
"민첩하게 하여 배움을 좋아하고,
 아랫사람에게 묻기를 부끄러워하지 않아야 한다."

子曰:「敏而好學, 不恥下問.」

참고 및 관련 자료

1.《論語》公冶長篇
子貢問曰:「孔文子何以謂之『文』也?」子曰:「敏而好學, 不恥下問, 是以謂之
『文』也.」

337(9-4)
배움을 실행하는 순서

《성리서》에 말하였다.
"배움을 실행하는 순서는,
 널리 배우고,
 자세히 물으며,
 삼가 생각하고,
 밝게 변별하며,
 독실히 실행하는 것이다."

《性理書》云:
 「爲學之序: 博學之, 審問之,
   謹思之, 明辨之, 篤行之.」

【性理書】《性理大全》. 宋代 理學을 집대성한 책. 〈越南本〉에는 '性理'로만 되어 있음.
【博學之】 '博'은 '博'과 같음.
【謹思之】〈越南本〉에는 '愼思之'로 되어 있음.

1.《中庸》21장

誠者, 天之道也; 誠之者, 人之道也. 誠者, 不勉而中, 不思而得, 從容中道, 聖人也; 誠之者, 擇善而固執之者也. 博學之, 審問之, 愼思之, 明辨之, 篤行之.

2.〈集註〉

此誠之之目也. 學·問·思·辨, 所以擇善而爲知, 學而知也. 篤行, 所以固執而爲仁, 利而行也. 程子曰:「五者廢其一, 非學也.」

3.《近思錄》爲學篇

「博學之, 審問之, 愼思之, 明辨之, 篤行之.」此五者廢其一, 非學也.

338(9-5)*
사람이 배우지 않으면

장자가 말하였다.
"사람이 배우지 않으면,
마치 하늘에 오르되 아무런 기술이 없음과 같다.
배우면 지혜가 원대해져서,
마치 상서로운 구름을 헤치고 청천을 보는 것과 같고,
높은 산에 올라 사해를 조망하는 것과 같다."

莊子云:「人之不學, 若登天而無術.

學而智遠, 若披祥雲而觀靑天.

如登高山而望四海.」

1. 지금의 《莊子》에는 이 구절이 실려 있지 않음.

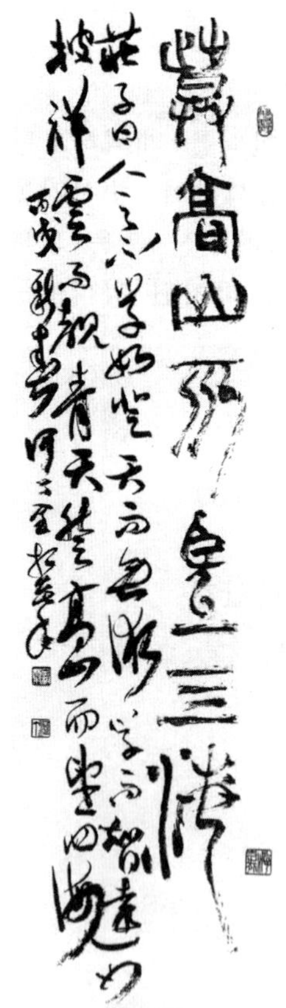

〈명심보감구〉 "登高而望四海" 河丁 全相摹(현대)

339(9-6)
높은 산에 올라보지 아니하면

장자가 말하였다.

"높은 산에 올라보지 아니하면, 하늘이 얼마나 높은지를 알지 못한다.
깊은 벼랑을 밟아보지 않고서, 어찌 땅의 두터움을 알겠는가?
사람이 성인의 도에 놀아보지 않고서, 어찌 어짊을 말할 수 있겠는가?"

莊子云:「不登峻嶺, 不知天高.
　　　　不履深崖, 豈知地厚?
　　　人不遊於聖道, 焉可謂賢?」

【人不遊於聖道, 焉可謂賢】〈越南本〉에는 '不遊聖道, 安得謂賢'으로 되어 글자
수를 맞추고 있음.

참고 및 관련 자료

1.《莊子》에는 앞 구절과 이 구절이 보이지 않음. 〈越南本〉에는 "不登峻嶺,
不知天高. 不履深崖, 豈知地厚? 不遊聖道, 安得謂賢?"이라 하였으며 '莊子云'
3글자가 없음.

2.《荀子》勸學篇

"不登高山, 不知天之高也; 不臨深溪, 不知地之厚也; 不聞先王之遺言, 不知
學問之大也"라 하여 비슷한 뜻의 문장이 있음.

3.《大戴禮記》勸學篇

不升高山, 不知天之高也. 不臨深谿, 不知地之厚也. 不聞先王之遺道, 不知學問
之大也. 于越戎貉之子, 生而同聲, 長而異俗者, 敎使之然也.

340(9-7)*
옥은 다듬지 않으면

《예기》에 말하였다.
"옥은 쪼아 다듬지 않으면, 옥기를 만들 수 없고,
　사람은 배우지 않으면, 의를 알지 못한다."

《禮記》云:「玉不琢, 不成器;
　　　　　　　人不學, 不知義.」

【不知義】〈越南本〉에는 '不知道'라 하여 《禮記》의 원
문을 따르고 있음.

■ 참고 및 관련 자료

1.《禮記》學記篇

玉不琢不成器, 人不學不知道. 是故古之王者建國君民,
敎學爲先. 兌命曰:「念終始曲于學, 其此之謂乎!」

"玉不琢不成器" 海亭
崔玟烈(현대)

341(9-8)*
어두운 밤길

태공이 말하였다.
"사람으로 태어나 배우지 않으면,
어둡고 어둡기가 밤길을 가는 것과 같다."

太公曰:「人生不學, 冥冥如夜行.」

참고 및 관련 자료

1.《顔氏家訓》勉學篇
幼而學者, 如日出之光, 老而學者, 如秉燭夜行, 猶賢乎瞑目而無見者也.

342(9-9)*
말이나 소 같을 뿐

한문공韓文公이 말하였다.
"사람이 고금에 통하지 못하면,
말이나 소에게 사람 옷을 입혀놓은 것과 같다."

韓文公曰:「人不通古今, 馬牛而襟裾.」

【韓文公】唐나라 때의 대문호 韓愈(768~824). 자는 退之, 唐宋八大家의 하나이며, 흔히 昌黎先生이라 부름. 시호는 文公. 이 구절은 한유의 아들 韓符가 城南으로 독서하러 떠날 때 아버지 한유가 학문을 면려하도록 五言長詩로 써 준 글의 한 구절. 참고란을 볼 것.

韓愈(退之)《三才圖會》

참고 및 관련 자료

1. 韓愈〈符讀書城南〉

"木之就規矩, 在在匠輪輿. 人之能爲人, 由腹有詩書. 詩書勤乃有, 不勤腹空虛. 欲知學之力, 賢愚同一初. 由其不能學, 所入遂異閭, 兩家各生子, 提孩巧相如, 少長聚嬉戲, 不殊同隊魚. 年至十二三, 頭角稍相疎. 二十漸乖張, 淸溝映汙渠. 三十骨骼成, 乃一龍一豬. 飛黃騰踏去, 不能顧蟾蜍. 一爲馬前卒, 鞭背生蟲蛆; 一爲公與相, 潭潭府中居. 問之何因爾? 學與不學歟! 金璧雖重寶, 費用難貯儲; 學問藏之身, 身在則有餘. 君子與小人, 不繫父母且, 不見公與相? 起身自犁鋤. 不見三公後? 寒饑出無驢. 文章豈不貴? 經訓乃菑畬, 潢潦無根源, 朝滿夕已除. 人不通古今, 馬牛而襟裾. 行身陷不義, 況望多名譽? 時秋積雨霽, 新涼入郊墟. 燈火稍可親, 簡編可卷舒. 豈不旦夕念? 爲爾惜居諸, 恩義有相奪, 作詩勸躊躇"라 하여 '燈火可親'의 성어가 여기에서 생겨났음.

2. 조선시대 鄭澈의 時調

"마을 사름들하 올흔 일 호쟈스라. 사름이 되여나셔 올티곳 못호면 무쇼를 갓 곳갈 씌워 밥 머기나 다르랴"

3.《昔時賢文》

學不尙實行, 馬牛而襟裾.

人不通古今, 馬牛而襟裾.

343(9-10)

배움을 모르면

"사람이 배움을 모르면, 비유컨대 소나 양과 같다."

「人不知學, 譬如牛羊.」

344(9-11)

오늘 배우지 않아도

주문공(朱熹)이 말하였다.
"오늘 배우지 않아도 내일이 있다고 말하지 말라.
올해에 배우지 않아도 내년이 있다고 말하지 말라.
날과 달은 가고 있어 세월은 나를 위해 연기해 주지 않는다.
아, 늙고 나면 이것이 누구의 허물이겠는가?

朱文公曰:「勿謂今日不學而有來日.
　　　　勿謂今年不學而有來年.
　　　　日月逝矣, 歲不我延.
　　　　鳴呼老矣, 是誰之愆?」

【朱文公】朱熹. 朱子. 333의 주를 참조할 것.

1. 이는 〈朱文公勸學文〉의 전문임. 《古文眞寶》에도 실려 있음.

2. 《古文眞寶》(1)

勿謂今日不學而有來日, 勿謂今年不學而有來年. 日月逝矣, 歲不我延. 嗚呼老矣, 是誰之愆?

〈朱文公勸學文〉 丘堂 呂元九(현대)

345(9-12)*
배움이란 몸의 보물

주문공朱熹이 말하였다.

"집이 가난하더라도, 가난함을 이유로 배움을 그만둘 수 없다.

집이 부유하더라도, 부유함을 믿고 배움을 게을리할 수 없다.

가난하지만 부지런히 배운다면, 몸을 세울 수 있고,

부유하되 부지런히 배운다면, 이름이 빛나고 영화로우리라.

오직 배운 자가 현달하는 것은 볼 수 있으나,

배운 자가 아무것도 이루지 못함은 볼 수가 없다.

배움이란 몸의 보물이요, 배움이란 세상의 보배이다.

이 까닭으로, 배우면 군자가 되고, 배우지 않으면 소인이 되고 만다.

뒷날의 배우는 자는, 각기 의당 여기에 힘쓸지니라!"

朱文公曰:

「家若貧, 不可因貧而廢學.

家若富, 不可恃富而怠學.

貧若勤學, 可以立身.

富若勤學, 名乃光榮.

惟見學者顯達, 不見學者無成.

學者乃身之寶, 學者乃世之珍.

是故, 學者乃爲君子, 不學則爲小人.

後之學者, 各宜勉之!」

【不可恃富】〈越南本〉에는 '不可因富'로 되어 있음.
【貧若勤學】〈越南本〉에는 '貧而勤學'으로 되어 있으며, 아래의 '富若勤學'
 역시 '富而勤學'으로 되어 있음.
【學者乃爲君子】〈抄略本〉에는 '學則乃爲君子'로 되어 있음.

346(9-13)*
휘종 황제의 〈근학문〉

휘종황제徽宗皇帝의 〈근학勤學〉에 말하였다.
"배우는 것이 좋은 것일까? 배우지 않는 것이 좋은 것일까?
 배움이란 마치 벼 포기나 벼 줄기 같고,
 배우지 않음은 마치 쑥이나 풀과 같다.
 벼 포기나 벼 줄기여, 나라의 훌륭한 양식이며, 세상이 큰 보물이다.
 쑥이나 풀 같음이여, 농사꾼이 증오하고 김매는 자가 고통스러워한다.
 나중에 무식하여 담을 맞대고 선 듯이 답답하여,
 이를 뒤늦게 후회하나 이미 늙고 만다."

徽宗皇帝〈勤學〉:

　　「學也好? 不學也好?
　　學者如禾如稻, 不學者如蒿如草.
　　　如禾如稻兮, 國之精糧, 世之大寶.
　　　如蒿如草兮, 耕者憎嫌, 鋤者繁惱.
　　　他日面牆, 悔之已老.」

【徽宗】北宋 제8대 황제로 이름은 趙佶. 1101~1125년 재위함. 예술과 학문에 뛰
  어났으며 아들 趙桓(欽宗)에게 나라를 물려주었으나, 靖康之恥를 만나 金나
  라에게 쫓겨 남쪽 臨安(杭州)으로 내려감.
【勤學】‘勤學文’의 ‘文’자가 누락된 것임. 부지런히 학문에 힘쓸 것을 권하는 문장.
  〈越南本〉에는 ‘勸學文’으로 되어 있음.
【繁惱】〈越南本〉과 〈抄略本〉에는 ‘煩惱’로 되어 있음.
【面牆】배우지 아니하면 담을 마주하고 서 있는 것처럼 앞으로 나갈 수도 없고,
  보이지도 않아 답답함.《論語》陽貨篇에 “子謂伯魚曰:「女爲周南·召南矣乎? 人而
  不爲周南·召南, 其猶正牆面而立也與!」”라 함.

참고 및 관련 자료

1. 〈抄略本〉에는 ‘學也好, 不學也好’의 구절이 실려 있지 않음.

347(9-14)
초를 만드는 것은

《직언결》에 말하였다.
“초를 만드는 것은 밝은 빛을 얻고자 함이요,
  책을 읽는 것은 이치를 찾고자 함이다.
  밝은 빛은 어두운 방을 비춰 주고,
  이치는 사람의 마음을 비춰 준다.”

《直言訣》曰:「造燭求明, 讀書求理.
　　　　明以照暗室, 理以照人心.」

348(9-15)
누에고치에서 실을 뽑으려면

유통劉通이 말하였다.
"누에고치에서 실을 뽑아 꼬려면, 고치를 켜는 일을 기다려야 한다.
사람의 정서에 지혜를 품음은, 모름지기 배워야 이를 이룰 수 있다."

劉通曰:「繭質合絲, 待繰方出.
　　　人情懷知, 須學乃成.」

【劉通】元나라 때의 인물로 자는 仲達(?~1256). 元나라 東平 齊河 사람으로 蒙古의 木華黎에 의해 齊河總管이 되었다가 千戶에 오름. 《元史》(152)에 전이 있음.

349(9-16)
홀로 배워 친구가 없으면

《예禮》에 말하였다.
"홀로 배워 친구가 없으면, 고루하여 듣는 바가 적게 된다."

《禮》曰:「獨學無友, 則孤陋寡聞.」

【禮】〈越南本〉에는 '禮記'로 되어 있음.

1. 《禮記》學記篇

發然後禁, 則扞格而不勝; 時過然後學, 則勤苦而難成; 雜施而不孫, 則壞亂而不脩; 獨學而無友, 則孤陋而寡聞; 燕朋逆其師; 燕辟廢其學. 此六者, 敎之所由廢也.

350(9-17)
책이란 몸을 따라다니는 근본

"책이란 몸을 따라다니는 근본이요,
재자才子란 나라의 보배이다."

「書是隨身本, 才是國家珍.」

1. 〈越南本〉에는 앞장과 본장을 하나로 묶고 있음.

2. 《昔時賢文》

賢乃國之寶, 儒爲席上珍.

3. 《幼學瓊林》珍寶篇

賢乃國家之寶, 儒爲席上之珍.

4.《增廣賢文》

士者國之寶, 儒爲席上珍.

351(9-18)*
미치지 못한 듯이 여기며

《논어》에 말하였다.
"배움에는 미치지 못한 듯이 여기며,
 오히려 놓치면 어쩌나 걱정해야 한다."

《論語》云:「學如不及, 猶恐失之.」

【論語】孔子의 語錄과 일상생활, 그리고 弟子들의 이야기를 모은 책으로
'四書'의 하나.

참고 및 관련 자료

1.《論語》泰伯篇
子曰:「學如不及, 猶恐失之.」
2.〈集註〉
言人之爲學, 旣如有所不及矣, 而其心猶竦然, 惟恐其或失之, 警學者當如是也.
程子曰:「學如不及, 猶恐失之, 不得放過. 才設姑待明日, 便不可也.」

352(9-19)
배움은 늙을 때까지

“배움은 늙을 때까지 가고,
　할 수 없음도 늙을 때까지 간다.”

「學到老, 不會到老.」

1. 《格言叢書》(初學備忘)
做到老, 學到老.
2. 중국 격언에 「活到老, 學到老」(늙어 죽도록 배워야 한다)라는 것이 있으나,
본장의 구절은 “늙어 죽도록 배워도 능하지 못함(不會) 혹은 터득하지 못함
(不會悟)이 있다”는 뜻임. 혹은 “늙음이 이르는 것도 알아차리지 못한다”의
뜻일 수도 있음.

353(9-20)
어짊을 좋아한다면서

《논어》에 말하였다.
“어짊을 좋아한다면서 배움을 즐겨하지 않으면
　그를 적해함이 덮어씌우고,

곧음을 좋아한다면서 배움을 즐겨하지 않으면
그를 박절함이 덮어씌우며,
믿음을 좋아한다면서 배움을 즐겨하지 않으면
그를 방탕함이 덮어씌우고,
용기를 좋아한다면서 배움을 즐겨하지 않으면
그를 난亂이 덮어씌우며,
굳셈을 좋아한다면서 배움을 즐겨하지 않으면
그를 광기狂氣가 덮어씌운다."

《論語》云:「好仁不好學, 其蔽也賊;

好直不好學, 其蔽也絞;

好信不好學, 其蔽也蕩;

好勇不好學, 其蔽也亂;

好剛不好學, 其蔽也狂.」

【賊】 자기 자신에게 賊害함. 《孟子》 公孫丑(上)에 "無惻隱之心, 非人也; 無羞
惡之心, 非人也; 無辭讓之心, 非人也; 無是非之心, 非人也. 惻隱之心, 仁之
端也; 羞惡之心, 義之端也; 辭讓之心, 禮之端也; 是非之心, 智之端也. 人之
有是四端也, 猶其有四體也. 有是四端而自謂不能者, 自賊者也; 謂其君不能者,
賊其君者也"라 하였으며, 〈梁惠王〉(下)에는 "賊仁者謂之賊, 賊義者謂之殘"
이라 함.
【絞】 그 폐단이 말로 급하게 나타남. '교'로 읽음.
【剛】 剛强함. 굳세고 의지가 굳음.
【狂】 狂妄, 마구 대들거나, 조급하고 경솔하게 나섬을 뜻함.

참고 및 관련 자료

1. 《論語》陽貨篇

子曰:「由也! 女聞六言六蔽矣乎?」對曰:「未也.」「居! 吾語女. 好仁不好學,
其蔽也愚; 好知不好學, 其蔽也蕩; 好信不好學, 其蔽也賊; 好直不好學, 其蔽
也絞; 好勇不好學, 其蔽也亂; 好剛不好學, 其蔽也狂.」

2. 본 장은 〈抄略本〉, 〈越南本〉과 달라 "好仁不好學, 其蔽也愚; 好智不好學,
其蔽也蕩; 好信不好學, 其蔽也賊; 好直不好學, 其蔽也絞; 好勇不好學, 其蔽
也亂; 好剛不好學, 其蔽也狂."으로 되어 있으나 원문에 따라 풀이함. 〈越南本〉
에는 서두의 '論語曰' 3글자가 없음.

354(9-21)
글공부는 나중에

공자가 말하였다.
"제자는 들어서는 효를 다하고, 나가서는 윗사람 모시기를 잘하며,
삼가 믿음이 있도록 하며, 널리 여러 사람을 사랑하되 어진 이를 친히 하며,
그러한 것을 실행하고도 남는 힘이 있으면, 글공부를 할지니라."

子曰:「弟子入則孝, 出則弟,
　　　謹而信, 汎愛衆而親仁,
　　　行有餘力, 則以學文.」

【弟子】 세 가지 뜻으로 풀이함. 나이 어린 사람. 학생. 남의 아우나 아들의 신분인 사람.
【信】 말에 信實·誠實함이 있는 것. '미덥다'로 풀이함.
【學文】 文을 배움. 여기서의 文은 당시의 교재, 즉 詩書禮樂 등을 말함.

참고 및 관련 자료

1. 《論語》學而篇
子曰:「弟子, 入則孝, 出則弟, 謹而信, 汎愛衆, 而親仁. 行有餘力, 則以學文.」
2. 〈集註〉
程子曰:「爲弟子之職, 力有餘則學文, 不修其職而先文, 非爲己之學也.」尹氏曰: 「德行, 本也; 文藝, 末也. 窮其本末, 知所先後, 可以入德矣.」洪氏曰:「未有餘力 而學文, 則文滅其質; 有餘力而不學文, 則質勝而野.」愚謂:「力行而不學文, 則無以考聖賢之成法, 識事理之當然, 而所行, 或出於私意, 非但失之於野而已.」

355(9-22)
제갈량의 〈계자서〉

제갈무후諸葛武侯의 〈계자서戒子書〉에 말하였다.
"군자의 행동은, 조용히 자신을 수양하며,
검소히 하여 덕을 기르는 일이다.
담박하게 하지 않으면 뜻을 밝힐 수 없고,
고요히 하지 않으면 원대함에 이를 수 없다.
무릇 배움은 모름지기 조용함에서 해야 하며,
재주는 모름지기 배움으로 해야 한다.

배우지 않으면 재주를 넓힐 수가 없고,

조용히 하지 않으면 학문을 이룰 수 없다.

거만히 굴면, 연구를 정밀하게 할 수 없고,

험하고 조급히 굴면, 성정을 다스릴 수 없다.

나이란 시간과 더불어 달아나고, 뜻은 세월을 따라 사라진다.

드디어 시들어 떨어져, 가난한 오두막에서 한탄한들,

장차 어찌 다시 미치겠는가?"

諸葛武侯〈戒子書〉曰:

　「君子之行, 靜以修身, 儉以養德.

　　非澹泊無以明志, 非寧靜無以致遠.

　　夫學須靜也, 才須學也.

　　非學無以廣才, 非靜無以成學.

　怠慢, 則不能硏精;

　險躁, 則不能理性.

　年與時馳, 意與歲去.

　遂成枯落, 悲歎窮廬. 將復何及也?」

【諸葛武侯】諸葛亮. 자는 孔明(191~234). 한말 陽都人. 은거하여 스스로 밭을
갈며, 자신을 管仲과 樂毅에 비교하여, 사람들이 그를 臥龍先生이라 불렀음.
뒤에 蜀漢 劉備의 三顧草廬로 불려가, 天下三分之策을 정하고 유비를 도와
荊州와 益州를 차지하여, 吳·蜀·魏 삼국 鼎立을 이루었음. 유비의 遺囑에 의해
그 아들 劉禪을 도와 〈出師表〉를 쓰고 북벌을 시도했으나, 五丈原에서 생을
마침. 죽은 뒤 武鄕侯에 봉해졌으며 시호는 忠武.《三國志》(35)에 전이 있음.

【戒子書】아들을 훈계하는 글. 諸葛亮의 아들은 諸葛瞻이며 자는 思遠. 한편 〈越南本〉에는 '戒子書' 세 글자가 없음.

【澹泊】淡泊과 같으며, 寧靜과 같은 의미로 쓰였음. 〈越南本〉에는 '淡泊'으로 표기되어 있음.

【寧靜】고요히 욕심을 줄인 상태. 疊韻連綿語로 사용하였음.

【慆慢】방자하며 태만하고 오만함.

【硏精】정밀하게 깊이 연구함.

【險躁】조급하고 거칠며 경망스러움. 시끄럽고 조악함.

【枯落】고목이 되고 잎이 져서 零落함.

1.《小學》嘉言篇 廣立敎

諸葛武侯〈戒子書〉曰:「君子之行, 靜以修身, 儉以養德. 非澹泊, 無以明志; 非寧靜, 無以致遠. 夫學須靜也, 才須學也. 非學無以廣才, 非靜無以成學. 慆慢則不能硏精, 險躁則不能理性. 年與時馳, 意與歲去, 遂成枯落, 悲歎窮廬, 將復何及也?」

2.〈小學集註〉

蓋人之年意與時歲, 而俱往不暫駐也. 失時不學, 遂與草木同枯落, 雖悲歎而無及矣. 眞氏曰:「孔明此書, 眞格言也.」

〈古隆中〉(諸葛亮 초기 거주지, 河北 襄陽)

10. 훈자편 訓子篇 第十

"凡十七條"
모두 17장이다.

"자녀를 바르게 가르칠 것을 권고한 글"

〈白釉黑花嬰戲瓷罐〉(元, 遼寧 綏中縣 출토)

356(10-1)
사마광의 〈권학가〉

사마온공司馬溫公이 말하였다.
"자식을 기르면서 가르치지 않는다면 이는 아버지의 과실이요,
가르치되 엄하게 하지 않는다면 이는 스승의 게으름이다.
스승이 엄하고 아버지가 가르치는 이 두 가지에 더 보탤 것이 없는데도
학문을 이루지 못한다면 이는 자식의 죄이다.
이렇게 배우지 못한 자는 따뜻한 옷과 배부른 음식으로 인륜 속에 살면서
남이 자신을 보면서 비웃어 마치 흙덩이나 같다고 말한다.
잡고 높이 오르려다가 미치지 못하여 하품下品으로 휩쓸리며,
현재賢才를 만나도 점점 더불어 상대를 할 수 없게 된다.
후생에게 권하노니 힘써 깨우쳐라.
훌륭한 스승에게 자신을 던져 몽매한 채 자신을 버려두지 말라.
하루아침에 과연 청운의 벼슬길에도 오르기만 하면,
성명이 비슷한 또래들도 선배라 불러주리라.
집안에서 아직 혼인을 맺지 않았다면
저절로 아름다운 이가 있어 배필이 되겠다고 나설 것이다.
힘쓸지어라, 너희들은 각기 일찍 학문을 닦아
늙어 한갓 스스로 후회만 하고 있을 때를 기다리지 말지어라."

司馬溫公曰:

　　「養子不教父之過, 訓導不嚴師之惰.

　　師嚴父教兩無外, 學問不成子之罪.

　　煖衣飽食居人倫, 視我笑談如土塊.

攀高不及下品流, 稍遇賢材無與對.

勉後生力求誨, 投明師莫自昧.

一朝雲路果然登, 姓名亞等呼先輩.

室中若未結親姻, 自有佳人求匹配.

勉旃汝等各早修, 莫待老來空自悔.」

【司馬溫公】 司馬光(1019~1086). 北宋의 사학가이며 문장가·사상가. 자는 君實. 만년의 호는 迂叟. 陝州 夏縣(지금의 山西 夏縣) 사람으로 涑水鄕(지금의 하현 서쪽)에 살아 涑水先生이라고도 부름. 북송 眞宗 天禧 3년에 태어나 哲宗 元祐 원년에 죽었음. 향년 68세. 인종 寶元 원년(1038)에 진사에 올라 仁宗·英宗·神宗 3조를 섬겼음. 신종 때 왕안석의 신법에 반대하였으며, 判西京御史臺를 그만두고 洛陽에 15년을 살았음. 철종이 즉위하자 조정으로 들어가 재상이 되어 신법을 파기하고 구제를 회복하였으나, 재위 8개월 만에 죽고 말았음. 시호는 文正, 溫國公에 봉해져 흔히 溫公이라 부름. 《資治通鑑》을 편찬하였으며, 《涑水紀聞》·《溫國文正司馬文集》 등이 있음. 《宋史》에 전이 있음.

司馬光(溫公)

【煖衣飽食】 따뜻한 옷에 배불리 먹음. 안락한 생활을 뜻함. 《論語》 陽貨篇에 "子曰:「飽食終日, 無所用心, 難矣哉! 不有博弈者乎? 爲之, 猶賢乎已.」"라 함. 그리고 《孟子》 滕文公(上)에 "人之有道也, 飽食煖衣, 逸居而無敎, 則近於禽獸. 聖人有憂之; 使契爲司徒, 敎以人倫: 父子有親, 君臣有義, 夫婦有別, 長幼有序, 朋友有信"이라 함.

【土塊】 흙덩어리. 아무런 쓸모가 없는 물체.

【雲路】 벼슬길. 성공의 길. 靑雲之路. 仕宦之路.

【姓名亞等】 이름의 항렬이나 나이 등이 버금가거나 비슷한 또래들. 혹 성명을 부르며 아래, 혹은 동급으로 대하던 이들.

【先輩】 唐宋시대 나이에 관계없이 科擧에 먼저 급제한 이를 높여 부르는 칭호.

【勉旃】 겪기에 부지런히 공부하고 힘을 다함. '旃'은 '之焉'의 합음자.

참고 및 관련 자료

1. 이는 〈司馬溫公勸學歌〉의 全文이며 《古文眞寶》에는 '勸學歌'로 되어 있음.
養子不敎父之過, 訓導不嚴師之惰; 父敎師嚴兩無外, 學問無成子之罪; 煖衣
飽食居人倫, 視我笑談如土塊; 攀高不及下品流, 稍遇賢才無與對; 勉厚生力
求誨, 投明師莫自昧; 一朝雲路果然登, 姓名亞等呼先輩; 室中若未結親姻, 自有
佳人求匹配. 勉旃汝等各早脩, 莫待老來徒自悔.

2. 《西遊記》(88)
敎訓不嚴師之惰, 學問無成子之罪.

3. 〈越南本〉에는 '司馬溫公'도 밝히지 않았으며 錯簡과 誤謬가 심함.

357(10-2)
유영의 〈권학문〉

유둔전柳屯田의 〈권학문勸學文〉에 말하였다.
"부모로서 자식을 기르면서 가르치지 않는다면,
이는 자식을 사랑하지 않는 것이다.
비록 가르치되 엄하게 하지 않는다면,
이 역시 자식을 사랑하지 않는 것이다.
부모가 가르치는 데도 배우지 않는다면,
이는 자식으로 자기 자신을 사랑하지 않는 것이다.
비록 배우기는 하되 부지런히 하지 않는다면,
이 역시 자기 자신을 사랑하지 않는 것이다.
이 까닭으로 자식을 기름에는 반드시 가르쳐야 하고,
가르침에는 반드시 엄히 해야 하며,

엄하게 하면 반드시 부지런해질 것이며,
부지런히 하면 틀림없이 성취하게 마련이다.
배우면 서인의 자식이라도 공경의 높은 신분이 될 수 있으나,
배우지 아니하면 공경의 자식이라도 서인이 되고 만다.”

柳屯田〈勸學文〉:

「父母養其子而不敎, 是不愛其子也.

雖敎而不嚴, 是亦不愛其子也.

父母敎而不學, 是子不愛其身也.

雖學而不勤, 是亦不愛其身也.

是故養子必敎, 敎則必嚴, 嚴則必勤, 勤則必成.

學則庶人之子爲公卿. 不學則公卿之子爲庶人.」

【柳屯田】柳永. 宋나라 때 建州 崇安 사람. 문학자이며 정치가. 耆卿 혹 景莊. 柳七로도 불림. 屯田員外郞의 벼슬을 지냈음. 詞 작품에 뛰어났으며, 내용과 표현이 통속적이고 음률이 완미하였음. 《樂章集》을 남김.

참고 및 관련 자료

1. 이는 〈柳屯田勸學文〉 全文이며 《古文眞寶》 앞머리에도 실려 있음.
父母養其子而不敎, 是不愛其子也. 雖敎而不嚴, 是亦不愛其子也. 父母敎而不學,
是子不愛其身也. 雖學而不勤, 是亦不愛其身也. 是故, 養子必敎, 敎則必嚴;
嚴則必勤, 勤則必成. 學則庶人之子爲公卿, 不學則公卿之子爲庶人.

358(10-3)
백거이의 〈면자문〉

백시랑白侍郎의 〈면자문勉子文〉에 말하였다.
"농토가 있으나 이를 갈지 아니하면 곳간이 비게 되고,
책이 있으나 가르치지 아니하면 자식이 어리석어진다.
곳간이 비니 세월이 궁핍하고,
자손이 어리석으니 예와 의가 성글도다.
만약 농사짓지 아니함과 가르치지 아니함이 있다면,
이는 곧 부형의 허물이로다!"

白侍郎〈勉子文〉:

「有田不耕倉廩虛, 有書不敎子孫愚.
倉廩虛兮歲月乏, 子孫愚兮禮義疎.
若惟不耕與不敎, 是乃父兄之過歟!」

【白侍郎】唐나라 때의 대문호인 白居易(772~846). 자는 樂天이며 당나라 華州
下邽 사람. 祖籍은 太原이며 만년에는 香山居士 혹은 醉吟先生이라 불림. 杭州
刺史·蘇州刺史·刑部侍郎 등을 역임하였으며 刑部尙書로 생을 마침. 시호는 文.
시문에 뛰어나 '新樂府'運動을 펼쳐 元稹과 함께
'元白'으로, 그리고 만년에는 劉禹錫과 병칭되어
'劉白'으로도 칭해짐. 〈長恨歌〉·〈琵琶行〉 등의 주옥
같은 훌륭한 글을 남겼으며 《白氏長慶集》이 전함.
〈全唐詩〉 780에 그의 시집이 실려 있으며, 《新唐
書》(119)와 《舊唐書》(166)에 그의 전이 실려 있음.

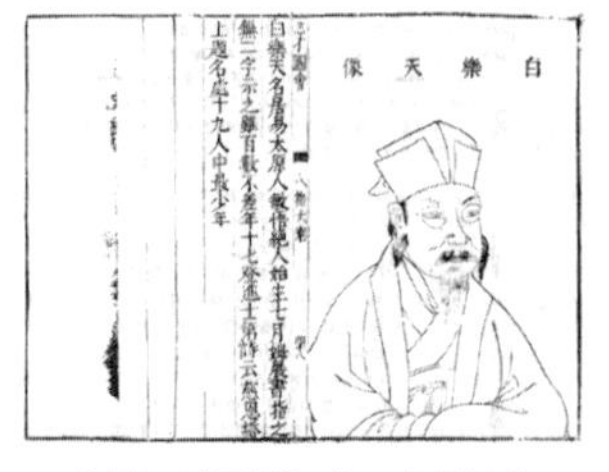

白樂天(居易) 《三才圖會》

【勉子文】 자식에게 학문에 힘쓸 것을 권유한 문장. 〈越南本〉에는 '勉學文'으로,
《古文眞寶》에는 '勸學文'으로 되어 있음.
【若惟】 〈越南本〉에는 '若爲'로 되어 있음.

1. 윗글은 白居易의 〈勉子文(勸學文)〉으로도 널리 알려져 있는 全文.《古文
眞寶》에도 실려 있음.

2.《昔時賢文》

有田不耕倉廩虛, 有書不讀子孫愚. 倉廩虛兮歲月乏, 子孫愚兮禮義疏.

白樂天 〈勸學文〉 丘堂 呂元九(현대)

359(10-4)*
손님이 찾아오지 않는 집

《경행록》에 말하였다.

"손님이 찾아오지 않으면 그 집안이 속되고,
　시서詩書를 가르치지 않으면 자손이 어리석게 된다."

《景行錄》云:

「賓客不來門戶俗, 詩書無敎子孫愚.」

【詩書】《詩經》과 《書經》. 고대 중요한 전적으로 반드시 읽고 공부해야 할
　과목을 총칭하여 말한 것.

1.《說苑》談叢篇

賢師良友在其側, 詩書禮樂陳其前, 棄而爲不善者, 鮮矣.

360(10-5)*
자식이 비록 똑똑하다 하나

장자가 말하였다.
"일이 비록 작다 하나,
하지 않으면 이룰 수 없고,
자식이 비록 똑똑하다 하나,
가르치지 않으면 명석해지지 못한다."

莊子曰:「事雖小, 不作不成;
　　　　　子雖賢, 不敎不明.」

〈莊子夢蝶圖〉 명말청초 馬駘

361(10-6)*
황금이 바구니에 가득하다 해도

《한서漢書》에 말하였다.

"황금이 바구니에 가득하다 해도,
 자식에게 하나의 경서를 가르침만 못하고,
 자식에게 천금을 준다고 해도,
 자식에게 하나의 기예를 가르쳐 줌만 같지 못하다."

《漢書》云: 「黃金滿籯, 不如敎子一經;
　　　　　　　賜子千金, 不如敎子一藝.」

【漢書】 후한의 班固가 지은 역사책으로 25史의 하나.
【滿籯】 '籯'은 '籝'의 俗字. 《漢書》와 《蒙求》에는 '籝'으로 되어 있음. 바구니,
광주리. 상자, 궤짝. 箸筒. 〈越南本〉에는 '滿贏'으로 잘못 표기되어 있음.

참고 및 관련 자료

1. 《漢書》(73) 韋賢傳
"鄒魯諺曰: 「遺子黃金滿籯, 不如一經.」"이라 하여 鄒魯(山東) 지역의 속담이었음.

2. 《蒙求》(133)
前漢, 韋賢字長孺, 魯國鄒人. 爲人質朴少欲, 篤志於學, 兼通禮·尙書, 以詩敎授,
號稱鄒魯大儒. 宣帝時爲丞相, 以老病乞骸骨. 賜黃金百斤, 加第一區. 丞相致
任自賢始. 少子玄成字少翁, 好學修父業, 尤謙遜下士. 復以明經, 歷位至丞相.
故鄒魯諺曰: 「遺子黃金滿籯, 不如一經.」玄成相元帝十年, 守正持重不及父,
而文采過之.

362(10-7)*
독서의 즐거움

"지극한 즐거움으로 독서만한 것이 없고,
　지극한 요체로서 자식 가르침만한 것이 없다."

「至樂莫如讀書, 至要莫如敎子.」

1. 〈越南本〉에는 앞장과 묶어 하나로 처리하고 있음.
2. 金纓《格言聯璧》齊家類
至樂無如讀書, 至要莫如敎子

363(10-8)
자식은 바꾸어 가르쳤다

공손추公孫丑가 물었다.
"군자가 자기 아들을 직접 가르치지 않는 것은 무슨 이유에서입니까?"
맹자孟子가 말하였다.
"형세가 행할 수 없기 때문이다. 가르침이란 반드시 정正으로 해야 한다.
　정으로 하였는데 실행되지 못하면 뒤이어 성을 내게 된다.
　성냄이 뒤따르면 도리어 상처를 입히게 된다.

그때 아이가 '아버지께서 나에게 정正으로 가르치시면서
아버지께서는 아직도 정도를 보여주지 못하십니다'라 하게 되면
아비와 자식이 서로 상처를 입게 된다.
아비와 자식이 다 같이 상처를 입고 나면 이는 잘못된 것이다.
옛날에는 자식을 바꾸어 가르쳤다.
부자지간에는 선善을 책하는 것이 아니다.
선을 책하게 되면 이반이 생기고,
이반이 생기면 불상不祥함이 이보다 더 큰 것이 없게 된다."

公孫丑曰:「君子之不敎子, 何也?」
　孟子曰:「勢不行也. 敎者必以正.
　　　以正不行, 繼之以怒.
　　　繼之以怒, 則反夷矣.
　　　夫子敎我以正, 夫子未出於正也,
　　則是父子相夷也. 父子相夷則惡矣.
　　古者易子而敎之. 父子之間不責善.
　　　責善則離, 離則不祥莫大焉.」

【公孫丑】 전국시대 孟子를 따라 배웠던 인물로《孟子》에 公孫丑篇이 있음.
【君子之不敎子】 君子는 자신의 아들을 직접 가르치지 않음.《孟子》集註에
"不親敎也"라 함.《論語》季氏篇에 "陳亢問於伯魚曰:「子亦有異聞乎?」 對曰:
「未也. 嘗獨立, 鯉趨而過庭. 曰:『學詩乎?』 對曰:『未也』『不學詩, 無以言』鯉退
而學詩. 他日, 又獨立, 鯉趨而過庭. 曰:『學禮乎?』 對曰:『未也』『不學禮, 無以立』
鯉退而學禮. 聞斯二者」陳亢退而喜曰:「問一得三, 聞詩, 聞禮, 又聞君子之遠其
子也」가 그 예임.
【夫子敎我以正】 夫子는 원래 선생님. 아버지가 선생님 역할을 하고 있음. 따라서
아버지를 가리킴. "선생님(아버지)께서 나를 正으로써 가르치다"의 뜻.

【反夷】도리어 상처를 입힘.《易》序卦傳에「夷者, 傷也」라 함.《孟子》集註에
“夷, 傷也. 敎子者, 本爲愛其子也, 繼之以怒, 則反傷其子矣. 父旣傷其子, 子之心又
責其父曰:「夫子敎我以正道, 而夫子之身未必自行正道」則是子又傷其父也”라 함.
【易子而敎】자기 자식을 남과 바꾸어 가르침.《孟子》集註에 “易子而敎, 所以
全父子之恩, 而亦不失其爲敎”라 함.
【父子之間不責善】부자 사이에는 善을 책하지 않음.《孟子》集註에 “責善, 朋友
之道也. ○王氏曰:「父有爭子, 何也? 所謂爭者, 非責善也, 當不義則爭之而已矣.
父之於子也, 如何? 曰: 當不義, 則亦戒之而已矣.」”라 함.
【不祥】상서롭지 못함. 祥은 福과 같음. 不祥事가 일어남.

참고 및 관련 자료

1.《孟子》離婁章(上)
公孫丑曰:「君子之不敎子, 何也?」孟子曰:「勢不行也. 敎者必以正; 以正不行,
繼之以怒; 繼之以怒, 則反夷矣. 『夫子敎我以正, 夫子未出於正也.』則是父子
相夷也. 父子相夷, 則惡矣. 古者, 易子而敎之. 父子之閒不責善. 責善則離, 離則
不祥莫大焉.」
2. 〈越南本〉에는 “孟子曰:「古者易子而敎之. 父子之間不責善. 責善則離, 離則
不祥莫大焉.」”의 구절만 실려 있음.

364(10-9)*
밖으로 엄한 스승과 벗이 없으면

여형공呂滎公이 말하였다.
“안으로 어진 아버지와 형이 없고,
　밖으로 엄한 스승과 벗이 없으면서 능히 성공한 자는 드물다.”

呂滎公曰:「內無賢父兄, 外無嚴師友,
　　　　而能有成者, 鮮矣.」

【呂滎公】呂希哲(1039~1116). 자는 原明. 壽州 사람으로 呂公著의 아들. 처음
에는 石介·胡瑗 등을 스승으로 하였다가, 뒤에 다시 程顥·程頤·張載를 따라
배움. 과거를 포기하고 古學에 힘써 蔭官으로 벼슬길에 오름. 元祐黨籍으로
몰려 좌천되었다가 뒤에 光祿少卿에 올랐으며, 滎陽郡公을 지내어 滎公이라
부름. 저술로《呂氏雜記》가 있음.《宋史》(336) 呂公著에 전이 함께 들어 있음.
〈越南本〉과 原典에는 ‘呂滎公’으로 잘못 표기되어 있음.
【鮮】‘드물다’의 뜻. ‘少’, ‘尠’과 같음.

참고 및 관련 자료

1.《小學》善行篇 實立敎
時公方十餘歲, 內則正獻公與申國夫人, 敎訓如此之嚴, 外則焦先生化導如此
之篤. 故公德器成就, 大異衆人, 公嘗言:「人生內無賢父兄, 外無嚴師友, 而能
成者, 少矣.」
2.《說苑》談叢篇
賢師良友在其側, 詩書禮樂陳其前, 棄而爲不善者, 鮮矣.

365(10-10)*
가르침을 잃은 아들과 딸

태공이 말하였다.
“사내아이로서 가르침을 잃으면,

자라서 틀림없이 완고하고 어리석게 될 것이요,
계집아이로서 가르침을 놓치면,
자라서 틀림없이 거칠고 엉성하게 될 것이다."

太公曰:「男子失敎, 長必頑愚.
　　　　女子失敎, 長必籮疎.」

【長必頑愚】 완고하고 어리석음. 〈越南本〉에는 '長大愚頑'으로 되어 있음.
【長必籮疎】 '籮疎'는 '儱疎', '儱疏', '儱疏'와 같음. 〈越南本〉에는 '長大粗疎'로
　되어 있음.

366(10-11)*
아들 딸 기르는 법

태공이 말하였다.
"사내아이 기르는 법은
마구 남의 말을 듣지 않도록 하는 것이요,
여자아이 기르는 법은
어머니 곁을 떠나지 않도록 하는 것이다.
사내아이는 자라서는
술을 즐기는 습관이 생기지 않도록 하며,
여자는 자라서는
마구 나돌지 않도록 해야 한다."

太公曰:「養男之法, 莫聽誰言.
　　　育女之法, 莫敎離母.
　　　男年長大, 莫習樂酒.
　　　女年長大, 莫令遊走.」

【誰言】〈越南本〉에는 '誑語'로 되어 있어 훨씬 의미가 타당함.
【莫令遊走】〈越南本〉에는 '莫敎遊走'로 되어 있음.

1. 〈抄略本〉에는 "男年長大, 莫習樂酒. 女年長大, 莫令遊走."로 줄여져 있음.

367(10-12)*
엄한 아버지

"엄한 아버지에게서 효성스런 아들이 나고,
어진 어머니에게서 재주 있는 딸이 난다."

「嚴父出孝子, 嚴母出巧女.」

【出巧女】〈抄略本〉에는 '出孝女'로 되어 있음.

1. 본 문장에 이어 〈초략본〉에는 다음 구절이 더 있음.

○「順兒多活動, 頑兒多贊譽.」

(순한 아이는 활동을 많이 시키고, 고집 센 아이는 칭찬을 많이 하라.)

368(10-13)*
귀여운 아들일수록

"아이를 가련히 여길수록 매를 많이 주고,
 미운 아들일수록 밥을 많이 주라."

「憐兒多與棒, 憎兒多與食.」

【憐兒】愛憐하여 귀엽게 여기는 아이.
【棒】몽둥이, 매질.

369(10-14)
귀염받은 아들

"가련함을 받는 아이는 공을 이루지 못하고,
　미움 받는 아이는 제 스스로 살 힘을 키운다."

「憐兒無功, 憎兒得力.」

【憎兒得力】〈越南本〉에는 '憎兒有力'으로 되어 있음.

370(10-15)
뽕나무 가지는

"뽕나무 가지는 작은 줄기로부터 울창해진다.
　자라서 울창해지면 굽힐 수 없다."

「桑條從小鬱, 長大鬱不屈.」

371(10-16)*
자손이 어짊

"사람은 누구나 주옥을 좋아하지만,
 나는 자손이 어짊을 사랑한다."

「人皆愛珠玉, 我愛子孫賢.」

参고 및 관련 자료

1. 〈越南本〉에는 366~371을 하나의 장으로 묶었음.
2. 《儒家龜鑑》(休靜)
人皆愛珠玉, 我愛賢師友.

372(10-17)
성장 과정에 따른 훈육 단계

《내칙內則》에 말하였다.
"무릇 자식을 낳으면 여러 고모 중에 옳은 이를 고르되,
 반드시 너그럽고 자애로우며, 따뜻이 하고 공경을 다하며,
 삼가고 말이 적은 자를 골라, 그로 하여금 자식의 스승으로 삼는다.
 아이가 능히 밥을 먹을 수 있게 되면 오른손을 쓰도록 가르친다.

능히 말할 시기가 되면, 남자는 '예'라고 하고
여아는 '알았습니다'라고 말하도록 가르친다.
남자아이는 가죽으로 띠를 하고 여자아이는 실로 띠를 한다.
여섯 살이 되면, 숫자와 방위 명칭을 가르치며,
일곱 살이 되면, 남녀는 자리를 같이하지 아니하며,
함께 밥을 먹지 않도록 한다.
여덟 살이 되면, 문을 드나들거나 자리에 앉거나 먹고 마시는 일에,
반드시 어른보다 나중에 하고, 사양해야 하는 예를 비로소 가르친다.
아홉 살이 되면, 날짜 헤아리는 법을 가르치고,
열 살이 되면, 밖으로 스승에게 나가 배우며,
거숙居宿할 방을 따로 마련해 준다."

《內則》曰:
「凡生子擇於諸母與可者, 必求其寬裕慈惠,
　溫良恭敬, 愼而寡言者, 使爲子師.
　子能食食, 敎以右手.
　　　能言, 男唯女兪.
　男鞶革, 女鞶絲.
　　六年, 敎之數與方名.
　　七年, 男女不同席, 不共食.
　　八年, 出入門戶及卽飮食, 必後長者, 始敎之讓.
　　九年, 敎之數日.
　　十年, 出就外傅, 居宿於外.」

【內則】《禮記》 제12번째 편명. 주로 집안에서 지켜야 할 예의범절을 기록한 것임. 孔穎達의 《禮記正義》에 "以閨門之內, 軌儀可則, 故曰內則"이라 하였고, 鄭玄의 《三禮目錄》에는 "以其記男女居室, 事保姆舅姑之法"이라 함. 한편 《禮記》는 三禮(禮記·儀禮·周禮) 중에 체계를 갖추지 아니하고 學術·禮俗 등을 잡다하게 모은 것으로, 공자 제자들이 輯錄한 것으로 보고 있음. 漢代에 이르러 《大戴禮記》(戴德)와 《小戴禮記》(戴聖)가 있었으며, 대대가 古禮 204편을 85편으로 줄이고, 다시 소대가 49편으로 줄여 지금의 《예기》가 이루어진 것으로 보고 있음. 그러나 이설이 많아 정확한 編定 과정은 자세히 알 수 없음.

【諸母】〈小學集註〉에 "諸母, 衆妾也"라 함.

【食食】'식사'로 읽으며, 앞은 述語(動詞, 먹다)이며 뒤는 目的語(名詞, 밥)임.

【右手】〈小學集註〉에 "男女皆用右手, 取其强而已"라 함.

【男唯女兪】'唯'는 얼른 크게 대답하는 것. '兪'는 느리고 부드럽게 대답하는 것. 〈集註〉에 "唯, 應之速; 兪, 應之緩. 剛柔之義也"라 함.

【鞶革·鞶絲】사내아이에게 큰 가죽띠를 띠게 하고, 여자아이에게는 큰 비단실의 띠를 띠게 함. 〈小學集註〉에 "鞶, 帶也; 絲, 帛也. 亦剛柔之義也"라 함. 〈越南本〉에는 '鞶'이 '盤'으로 되어 있음.

【方名】東西南北의 방위 이름.

【不同席·不共食】〈小學集註〉에 "不同席而坐·不共器而食, 敎之有別也"라 함.

【門戶】〈小學集註〉에 "耦曰門, 奇曰戶"라 함.

【數日】〈越南本〉에는 '數目'이라 함. '數目'은 숫자를 뜻함.

【外傳】〈越南本〉에는 '外傳'으로 잘못되어 있음.

참고 및 관련 자료

1. 《禮記》 內則篇

異爲孺子室於宮中, 擇於諸母與可者, 必求其寬裕慈惠, 溫良恭敬, 愼而寡言者, 使爲子師, 其次爲慈母, 其次爲保母, 皆居子室, 他人無事不往. 三月之末, 擇日翦髮爲鬌, 男角女羈, 否則男左女右. 是日也, 妻以子見於父, 貴人則爲衣服, 由命士以下, 皆漱澣, 男女夙興, 沐浴衣服, 具視朔食, 夫入門, 升自阼階, 立于阼西鄕, 妻抱子出自房, 當楣立東面. 姆先, 相曰: 母某敢用時日祗見孺子. 夫對曰: 欽有帥. 父執子之右手, 咳而名之. 妻對曰: 記有成. 遂左還, 授師子, 師辯告諸婦諸母名, 妻遂適寢. 夫告宰名, 宰辯告諸男名, 書曰某年某月某日某生而藏之, 宰告閭史,閭史書爲二, 其一藏諸閭府; 其一獻諸州史, 州史獻諸州伯, 州伯命藏諸州府.
夫入食如養禮. 世子生, 則君沐浴朝服, 夫人亦如之, 皆立於阼階西鄉, 世婦抱子
升自西階, 君名之, 乃降. 適子庶子見於外寢, 撫其首咳而名之, 禮帥初, 無辭.
凡名子, 不以日月, 不以國, 不以隱疾, 大夫士之子, 不敢與世子同名. 妾將生子,
及月辰, 夫使人日一問之. 子生三月之末, 漱澣夙齊, 見於內寢, 禮之如始入室,
君已食, 徹焉, 使之特餕, 遂入御. 公庶子生, 就側室. 三月之末, 其母沐浴朝服
見於君, 擯者以其子見, 君所有賜, 君名之. 衆子, 則使有司名之. 庶人無側室者,
及月辰, 夫出居羣室, 其問之也, 與子見父之禮, 無以異也. 凡父在, 孫見於祖,
祖亦名之, 禮如子見父, 無辭. 食子者, 三年而出, 見於公宮則劬. 大夫之子有食母,
士之妻自養其子. 由命士以上及大夫之子, 旬而見, 冢子未食而見, 必執其右手,
適子庶子已食而見, 必循其首. 子能食食, 教以右手. 能言, 男唯女俞. 男鞶革,
女鞶絲. 六年, 教之數與方名. 七年, 男女不同席, 不共食. 八年, 出入門戶及卽席
飲食, 必後長者, 始教之讓. 九年, 教之數日. 十年, 出就外傅, 居宿於外, 學書計,
衣不帛襦袴, 禮帥初, 朝夕學幼儀, 請肄簡諒. 十有三年, 學樂, 誦詩, 舞勺, 成童
舞象, 學射御. 二十而冠, 始學禮, 可以衣裘帛, 舞大夏, 惇行孝弟, 博學不教,
內而不出. 三十而有室, 始理男事, 博學無方, 孫友視志. 四十始仕, 方物出謀
發慮, 道合則服從, 不可則去. 五十命爲大夫, 服官政, 七十致事. 凡男拜, 尚左手.
女子十年不出, 姆教婉娩聽從, 執麻枲, 治絲繭, 織紝組紃, 學女事以共衣服,
觀於祭祀, 納酒漿籩豆菹醢, 禮相助奠. 十有五年而笄, 二十而嫁, 有故,
二十三年而嫁, 聘則爲妻, 奔則爲妾. 凡女拜, 尚右手.

2. 司馬光 《家範》(1) 治家篇

又子生七年男女不同席, 不共食. 男子十年出就外傅, 居宿於外. 女子十年不出.

3. 司馬光 《家範》(3) 父母篇

〈內則〉: 子能食食, 教以右手; 能言, 男唯女俞, 男鞶革, 女鞶絲. 六年教之數與
方名, 七年男女不同席, 不共食. 八年出入門戶, 及卽席飲食, 必後長者, 始教之讓.
九年教之數日. 十年出就外傅, 居宿於外, 學書計. 十有三年學樂誦詩舞勺成童
舞象學射御.

4. 《小學》 立教篇

〈內則〉曰: 「凡生子, 擇於諸母與可者, 必求其寬裕慈惠溫良恭敬, 愼而寡言者,
使爲子師. 子能食食, 教以右手; 能言, 男唯女俞, 男鞶革, 女鞶絲. 六年教之數與
方名, 七年男女不同席, 不共食. 八年出入門戶, 及卽席飲食, 必後長者, 始教之讓.
九年教之數日. 十年出就外傅, 居宿於外, 學書計. 衣不帛襦袴, 禮師初, 朝夕
學幼儀, 請肄簡諒. 十有三年學樂誦詩舞勺成童舞象學射御. 二十而冠, 始學禮,

可以衣裘帛, 舞大夏, 惇行孝弟, 博學不教, 內而不出. 三十而有室始理男事,
博學無方, 孫友視志. 四十始仕, 方物出謀發慮, 道合則服從, 不可則去. 五十
命爲大夫, 服官政. 七十致事. 女子十年不出, 姆敎婉娩聽從, 執麻枲, 治絲繭.
織紝組紃, 學女事, 以共衣服, 觀於祭祀, 納酒漿籩豆菹醯, 禮相助奠. 十有五
年而笄, 二十而嫁. 有故二十三而嫁. 聘則爲妻, 奔則爲妾.」

❋ 〈越南本〉에는 본 〈訓子篇〉이 여기서 끝나지 않고 다음의 4장이 더 실려
있음.

○ 도박을 경계함.

龐德公〈誡子詩〉云:
凡人百藝好隨身, 賭博門中莫去親.
能使英雄爲下賤, 解敎富貴作饑貧.
衣衫襤褸親朋笑, 田地消磨骨肉嗔.
不信但看鄕黨內, 眼前衰敗幾多人?

(방덕공의 〈계자시〉에 말하였다.
보통 사람은 온갖 기예가 제 몸을 따라다니는 것을 좋아하지만,
도박하는 문중에는 가서 친하려 들지 말라.
능히 영웅을 천한 사람으로 만들고,
가르침을 풀어놓아 부귀한 집안도 배고픔에 떠는 가난한 집으로 만든다.
그렇게 되면 의복은 남루하여 친구조차도 비웃고,
가졌던 농토도 다 소진되어 골육조차도 화를 낸다.
믿지 못하겠거든 향당을 살펴보라.
눈앞의 도박 때문에 쇠패한 이들이 그 얼마나 되는가를.)

○ 세상은 변하는 것

瘦地開花晚, 貧窮發達遲.
莫道蛇無角, 成龍也未知.
但看天上月, 團圓有缺時.

(척박한 땅에는 꽃도 늦게 피고,
빈궁한 집안에는 발전도 늦는구나.
그러나 뱀이 뿔이 없다고 말하지 말라.
그 뱀, 용이 될지도 모르는 일이로다.
다만 하늘의 달을 보라.
둥글고 둥글지만 기울 때도 있느니라.)

○ 원한 맺지 말라

萬事由天莫彊求, 何須苦苦用心謀?
三餐飯內休胡想, 得一帆風便可收.
生事事生何日了? 害人人害幾時休?
冤家宜解不宜結, 各自回頭看後頭.

(만사는 하늘에 말미암는 것이니 억지로 찾지 말라.
어찌 힘들고 고통스럽게 마음에 계책을 쓰는가?
세 끼 밥 안에서 헛된 생각 하지 말라.
한 돛의 순풍을 만나면 곧 거둘 수 있으리라.
일은 만들면 일이 생기니 어느 날에나 끝날 것인가?
남을 해치면 남도 나를 해칠 것이니 어느 때나 그칠 것인가?
원한 맺은 집과는 마땅히 풀어야지 더 맺어서는 안 된다.
각자 고개를 돌려 뒷일을 돌아보라.)

○ 참새와 제비

雀啄四顧食, 燕寢無疑心.
量大福亦大, 機深禍亦深.

(참새는 사방을 두리번거리며 먹이를 쪼지만,
제비는 사람 처마에 자면서도 의심을 하지 않는다.
도량이 크면 그만큼 복도 큰 것이요,
속임수가 깊으면 재앙도 그만큼 깊은 것이로다.)

임동석(茁浦 林東錫)

慶北 榮州 上茁에서 출생. 忠北 丹陽 德尙골에서 성장. 丹陽初中 졸업. 京東高 서울 敎大 國際大 建國大 대학원 졸업. 雨田 辛鎬烈 선생에게 漢學 배움. 臺灣 國立臺灣師範大學 國文硏究所(大學院) 博士班 졸업. 中華民國 國家文學博士(1983). 建國大學校 敎授. 文科大學長 역임. 成均館大 延世大 高麗大 外國語大 서울대 등 大學院 강의. 韓國中國言語學會 中國語文學硏究會 韓國中語中文學會 會長 역임. 저서에《朝鮮譯學考》(中文)《中國學術槪論》《中韓對比語文論》. 편역서에《수레를 밀기 위해 내린 사람들》《栗谷先生詩文選》. 역서에《漢語音韻學講義》《廣開土王碑硏究》《東北民族源流》《龍鳳文化源流》《論語心得》〈漢語雙聲疊韻硏究〉 등 학술 논문 50여 편.

임동석중국사상100

명심보감 明心寶鑑

范立本 編 / 林東錫 譯註
1판 1쇄 발행/2010년 11월 11일
2쇄 발행/2013년 4월 1일
발행인 고정일
발행처 동서문화사
창업 1956. 12. 12. 등록 16-3799
서울강남구신사동563-10 ☎546-0331~6 (FAX)545-0331
www.dongsuhbook.com
잘못 만들어진 책은 바꾸어 드립니다.

*

이 책의 출판권은 동서문화사가 소유합니다.
의장권 제호권 편집권은 저작권 법에 의해 보호를 받는 출판물이므로 무단전재와 무단복제를 금합니다.
이 책의 일부 또는 전부 이용하려면 저자와 출판사의 서면허락을 받아야 합니다.

*

사업자등록번호 211-87-75330
ISBN 978-89-497-0631-3 04080
ISBN 978-89-497-0542-2 (세트)